百川归海：
《世界遗产公约》的诞生和早期发展

Many Voices, One Vision:
The Early Years of the World Heritage Convention

[加拿大] 克里斯蒂娜·卡梅伦（Christina Cameron）
[德　国] 梅希蒂尔德·罗斯勒（Mechtild Rössler） 著
申玉彪　魏侠　译

南京大学出版社

Routledge
Taylor & Francis Group

献给所有珍视全球遗产地、厚植遗产保护文化的无私奉献者

目 录

序一 ·· 郭 旃 001
序二 ·· 马克平 009
中文版序 ·· 012
致谢 ·· 017

第一章　《世界遗产公约》的诞生 ················· 001
第二章　认定世界遗产的程序 ····················· 029
第三章　扩展《世界遗产名录》：1978年—2000年 ····· 045
第四章　保护世界遗产地 ························· 103
第五章　参与方 ································· 154
第六章　世界遗产体系评估：1972年—2000年 ········ 221

注释 ··· 246
参考文献 ··· 321

序 一

郭 旃

中国文物学会世界遗产研究会主任委员、国际古迹遗址理事会前副主席(2005 年—2014 年)

Many Voices, One Vision: The Early Years of the World Heritage Convention 一书于 2013 年面世。该书的两位作者，一位是几十年跟踪研究《世界遗产公约》(以下简称"《公约》")及其实施历史的著名学者、加拿大蒙特利尔大学建成遗产研究项目主持人(Canada Research Chair on Built Heritage)、多次担任《公约》缔约国加拿大代表团团长、曾担任第 14 届和第 32 届世界遗产委员会主席的克里斯蒂娜·卡梅伦教授；另一位是几十年在联合国教科文组织(简称"UNESCO")从事世界遗产工作、2021 年从世界遗产中心主任职位上退休的梅希蒂尔德·罗斯勒博士。

全书研究主要涵盖 1972 年《公约》通过前夕至 2000 年期间的相关信息，作为"世界遗产口述档案项目"的一项实施成果，以广泛收集世界遗产工作前期阶段各方面主要参与者的经验和见解的方式，详述和分析了《公约》这一 UNESCO 旗舰项目的缘起与航程；世界遗产体系的构成，包括宗旨、理念、准则和标准；《公约》的国际合作机制，包括规章、做法、程序、机构与职能设置；《公约》的意义、愿景、成就与经验,以及始终伴随的问题和不断面临的挑战等等。

该书将各个方面对世界遗产事务不尽相同的丰富体会和希求,汇总到了对多元文明相互交融、全球生态与环境保护和人类社会高品质可持续发展的共同愿景中;并紧扣遗产学的科学路径和国际政府间合作这两条世界遗产事业的基线,解读以往,面对现在和未来。

今天,《公约》已为 194 国所签署(美国和以色列近年退出了 UNESCO,但没有退出《公约》),共有 1154 项世界遗产和 1700 个预备项目。世界遗产已成为全球不分地域、种族、信仰和社会制度都拥戴的事物。若要全面、深刻和真切地了解与理解这一事业和相关工作,这部汇总研究和著述,是目前见到的无可取代之作。即便只从世界遗产申报成功与否这一最局限的功利角度出发,这部书也会是最权威的参考和借鉴。而此书的追寻和探讨当然远远不止于此,这还包括关注在同一面大旗下不同的声音。多种声音在殊途同归的大势中,有些原则的分歧和本质的导向也会造成事与愿违、南辕北辙的后果;其中的是非曲直、利弊得失,也都交给读者去发现、思辨、判断和取舍。

凡此种种,出版这样一部著作的中文版,就是必要且十分重要的。

* * * * * * * * *

一般来讲,翻译之难在于"信、达、雅"。世界遗产这一科学体系和政府间国际合作机制,基于对人类经验和认知最全面深刻总结之上的缔约国共识和共同意志,形成了严谨的理论体系、概念表述和实践规则,甚至是自有的话语体系,以及高度的国际政治敏感性。

翻译这部系统的著述是一件难度很高的事。两位译者近些年深度参与了世界遗产事务,并在激烈的国内外碰撞实践中领悟了世界遗产工作,完成了对此书的翻译。其品质是否够"雅",不好断言,但从专业性、政策性和可参考性评判,"信"和"达"是基本做到了。

说到 UNESCO 语境,一些常见的可以泛泛而谈的词汇在世界遗产事务中往往有不同常规的独特界定。比如世界遗产的要旨——"保护",通常可以用 conservation、protection、safeguarding、preservation 等诸多表述,但在特定的关联或并列使用时,就可能需要进一步界定为保护、防护、守护、保存等。这不仅体现不同的内涵,还关系到保护理念的异同。

在国际遗产保护理念中,在保护遗产本体的同时,也要保存和保护相应的内外环境(包括人文的和自然的)和历史脉络,英文对此有一个专门的词汇——setting。据说,即便在法语中,也没有单一的词汇能够直接对应 setting 的概念。在本书中,对 setting 采用了"设置环境"的译法。这一对应翻译意向最早是同济大学的陆地提出的(最初曾考虑简练译作"设境"或"置境",但业界同行感到拗口,我们讨论后提出现在的译法)。笔者曾与本书中被称为当代"两位世界上最出色的遗产理论家"(two of the world's best heritage theorists)之一的尤卡·约基莱赫托(Jukka Jokilehto)博士探讨了对 setting 的这一理解和翻译表达意向,并向他说明这样的翻译表达包括两层含义:一是某一城镇、住区、纪念物、工程等在选址落地时,先天存在的自然和人文状况及其背景脉络;二是此类历史性建造物在自身形成时对周边环境可能采取的规划与改变。约基莱赫托博士完全同意这一阐释和翻译。

Authenticity 是涉及文化遗产可信度和价值的一个核心概念。

在很多缔约国原本的遗产保护体系中都没有这个词汇，或根本没有这个概念。在中国文化遗产保护的现代语言中，一些同行采用"原真性"的译法。这里还有个故事。1994年奈良国际会议期间，中国、日本和韩国的同行相聚在奈良，曾专门讨论过authenticity对应的汉字。当时，中国同行提出的是"真实性"，日本同行称用"原真性"，而韩国同行用"本真性"。最后，日本同行提出，既然都用汉字来表述英文这一术语，那就采用以汉语为母语的中国同行的说法，译作"真实性"吧！（多年后日本同行看到中国有学者用"原真性"时，还曾诘问笔者为什么没有依约使用"真实性"。）实际上，如果对authenticity的本意有准确理解，中、日、韩三国学者各自提出的汉字对应译法就不存在重大歧义，但遗产保护实践中一次重大的争议事件凸显了这一词语的敏感性。那是在一次对国宝级文物建筑群的维修过程中，压倒性的意向是"再现辉煌"。笔者曾提出应坚持真实性优先和最少干预原则，试图阻止"再现辉煌"的维修方案，但败北。否决笔者意见的理由之一就是遵循国际共识"原真性"——"原来的真实性"（此案中被解读为"最辉煌时期的真实性"）原则。之后，笔者不敢再对"真实性"和"原真性"的翻译措辞不加区别，专注严格使用"真实性"来对应authenticity。后来有次在巴黎遇见约基莱赫托博士，笔者也曾专门向他请教在英文中authenticity有没有因人而异的"原来的真实性"这层含义，回答是明确否定的。按照共识的理念，一般情况下，有形（物质）文化遗产的真实性是该遗产自形成至当代被认定为遗产保护对象之际所具有的全过程的历史性真实存在。按照约基莱赫托博士在接受本书作者采访时的表述，"真实性，其实就是指真正的（genuine）、真实的（true）"。

涉及诸如此类遗产认证和保护领域核心理念和原则的敏感之

处,中文版的翻译都是严谨、准确的。

* * * * * * * * *

原作没有回避国际遗产界多样的讨论和分歧,比如对有形(tangible,中文常作"物质的")文化遗产与无形(intangible,中文常作"非物质的")文化遗产、文化多样性的关系,实际上一直存在不同的观点和主张。书中提及,曾担任世界遗产委员会咨询机构之一的国际古迹遗址理事会(简称"ICOMOS")世界遗产协调员 10 余年的亨利·克利尔(Henry Cleere)博士在评价多有争议的《奈良真实性文件》时说:"用一句话就能概括——真实性因文化而异。确实就这么简单。"约基莱赫托博士在《奈良真实性文件》之后反思:"有些细节作为属性特征不得不提及,基于这些属性特征,我形成了自己关于真实性的思考……如果我们观察艺术作品或创意,我认为这是一个维度;另一个维度是历史,体现在材料等要素之中;第三个是社会文化维度,就存在于社会本身中。"而另一位资深的世界遗产评估人士私下对笔者说过,其在真实性评估中,"从来不引用《奈良真实性文件》"。笔者也认为,《公约》和《奈良真实性文件》都好心地把有形遗产与无形遗产以及文化多样性不加区分地放在一起,但是这样做给读者造成了困惑。而一些似是而非的宏大叙事和理念在国际上也形成了一种普世的"政治正确"和潮流,淹没了科学的思辨,这是大可不必的。在 2003 年《保护非物质文化遗产公约》和 2005 年《保护和促进文化表现形式多样性公约》通过之后,应该对相关联的保护公约做出统筹协调。

* * * * * * * * *

中文版对原作相关内容的翻译都精准达意。这也包括对世界遗产申报与保护管理所有基本概念的表述,条理清晰,可供参照。例如:世界遗产的认证和申报首先需要一个从人类文明发展和自然演化角度看具有无可取代的意义的"大话题",要运行于书中陈述的"全球战略"视野之中。具体到文化遗产范畴,书中提及的"两位世界上最出色的遗产理论家"中的另一位——赫布·斯托弗(Herb Stovel)教授认为,首要关注"有哪些主要思想、有哪些根本主题、人类在这个星球发展中有哪些重要的故事"。而约基莱赫托博士则提出:"主题框架是所有提名的开端。我们必须明确有哪些主题、要传递什么思想、故事是什么、我们在谈论什么。然后,你就能明确(拟提名项目的)历史背景、文化背景,进而明确遗产类型。"缺乏这方面的基础和前提,世界遗产的申报就无从谈起。

作为全球政府间合作的平台,世界遗产体系在理论和建制上需要一个公开、公正、规范的运作流程,包括相应的机构设置、职责权限设定、协同机制和做法等等。全面了解和遵循相关规则和程序,是不可或缺的,不能有丝毫偏差。曾有缔约国不分角色和职责权限把世界遗产委员会秘书处工作人员的鼓励当作国际专业咨询机构的科学评估结论,导致项目申报受挫;也曾有一些国家的同行参与过一两次国际咨询机构委托的专业任务就标榜吹嘘自己,在任务报告被判定为次品后失去了继续参与国际合作的资格。对本书中所述世界遗产详尽定义和规则缺乏真正的专业了解和领会,可能是这些不尽如人意的结果的部分原因。

申报世界遗产不应只看重项目成功与否，而应重在保护过程和效应。当一个项目涉及大量人力、物力和精力的投入且久拖无果时，若从业者不能协助政府和公众分阶段实现可见的目标，不能给予社会及时合理的交代，就会使相关政府陷于被动或者挫伤公众对遗产的热情。如何清醒、适度、准确地把握相关工作，本书所提供的介绍和阐释可以指明门径。

专业基线是《公约》的立世之本和道德高地；政府间国际合作平台则是《公约》得以有效运作实施的保障。专业基线涉及文化遗产领域的科学内涵及其演变。由于文化背景、思维方式、语言习惯和历史脉络等等方面的差异，不同国家和族群之间在同一领域内的沟通也往往会出现困难和障碍。在欧洲的遗产理论研讨会上，笔者不止一次听到与会者反映，完全没有听懂遗产大师的演讲。欧洲语言大环境中尚且如此，东西方之间这种沟通就更为艰难。近30年前，约基莱赫托博士与笔者初次见面，第一句话就是询问"中国文化遗产保护的哲学是什么"。而他1988年第一次在中国演讲(泰山遗产研讨班)时，公共英语能力并不差的中方翻译却茫然不知其所云，与会者无论有无英语能力都不懂遗产术语和概念。

笔者后来还曾应邀向他负责的国际文化财产保存与修复罗马研究中心(简称"ICCROM")国际培训班推荐中国学员。我推荐过几次后，他再见到我时无奈地说："你推荐的人，人都很好，但是，以后你能不能给我推荐一些不只是会对着我憨憨地陪笑的人啊！"忆及此，着实令笔者尴尬和遗憾。在改进遗产领域的专业沟通状况方面，本书理论阐述丰厚，并且契合实际、详尽具体，无疑会有益于相关知识在中国的普及和从业人员能力的提升。

支撑世界遗产体系的第二条基线不可避免地会遭遇国际政治

纠葛和缔约国现时利益的考量。这有时会与科学理想的道德标准若即若离,甚至产生矛盾。这就是本书中指出的"政治化"问题。了解两条基线的存在及其相互作用,就会知晓《公约》的深远意义和伟大成就;也会明白产生看似悖论的现象的缘由,并以耐心和毅力去克服不断出现的问题,继续通过国际合作与努力改进和完善世界遗产事业体系。

对所有关心和参与世界遗产事务的人来说,读一读这部著述,相信都会获得全新的感受和启发。对中国同行和同好来说,此中文简体字版是可以信赖的译本。

序 二

马克平

中国科学院植物研究所研究员、世界自然保护联盟理事兼亚洲区会员委员会主席

收到 *Many Voices, One Vision: The Early Years of the World Heritage Convention* 一书的中文译稿《百川归海:〈世界遗产公约〉的诞生和早期发展》之后,我从头至尾浏览了一遍。我参与世界自然遗产申报工作二十多年,没有系统地学习过世界遗产保护工作的历史和相关知识。这本书给我补上一课,让我收获颇丰。很高兴有机会与大家分享我的阅读体会,希望有更多人受益于此书。

本书的两位作者都具有多年世界遗产工作的经历,对情况非常熟悉,既有较高的理论水平,又有丰富的实践经验。本书全面地梳理了《世界遗产公约》产生的背景、起草和审议通过的过程、管理机制的建立和完善,以及对存在问题的分析,是世界遗产工作者必读之书。每位读者都会由衷地体会到开卷的快乐。

作为世界自然保护联盟(简称"IUCN")的理事兼亚洲区会员委员会主席,我知道 IUCN 对世界自然遗产保护做出了重要贡献,但了解得并不全面。本书对此做了系统梳理。

一、IUCN 不仅重视自然遗产保护，而且关注文化遗产

首先，经 1962 年联合国大会同意，IUCN 拟定了第一个《联合国保护地和类似保护地清单》，并在同年正式发布。这个清单从最开始就包括一些文化遗址，如位于柬埔寨吴哥的大型高棉考古遗址和位于冰岛辛格维利尔的中世纪露天议会遗址。二者后期都被列入《世界遗产名录》。更加重要的是，IUCN 起草的提交给 1972 年联合国人类环境会议审议的关于保护世界遗产地的公约草案，也是包括自然和文化遗产两个方面的。在大会召开前一年 9 月，为大会做准备的政府间保护工作组预期只会收到 IUCN 的一份公约草案，结果收到了三份，即 IUCN 的《保护世界遗产公约》、UNESCO 的《关于在国际范围内保护具有普遍价值的史迹、建筑群和遗址公约》以及美国在会间提交的《关于设立世界遗产信托基金的公约》。尽管文本侧重点有所不同，但三个公约草案都涵盖文化和自然遗产。最后，IUCN 负责起草并提交给大会的文本综合了三个文本的内容。

二、IUCN 在《世界遗产公约》实施过程中发挥了重要作用

第一，1975 年 12 月《世界遗产公约》生效时，缔约国面临制订实施指南和程序的挑战。IUCN 首先提交了自然遗产评估标准并得到认可，为文化遗产的标准制订提供参考。

第二，IUCN 引领形成了评估世界自然遗产保护状况的监测机制，于 1983 年提交了一份监测世界自然遗产的理论框架文件。这标志着世界遗产地保护状况监测工作的非正式启动。1993 年世界

保护监测中心召开会议,确定了遗产监测定期报告的框架和监测的三种类型,即系统性监测、行政性监测和基于特定项目的监测,并得到遗产委员会审议通过。

第三,IUCN在《世界遗产公约》的三个咨询机构中历史最为悠久,而且工作也做得最好。如:自1985年起坚持派专家到现场考察,获取第一手资料;IUCN利用其网络和数据库优势,开展了多个全球性的主题研究,包括化石遗址(1996年)、湿地和海洋生态系统(1997年)、森林(1997年)、自然遗产内的人类功能(1998年)、地质特征(1998年)、具有罕见生物多样性的地点(1999年)等,帮助缔约国确定哪些自然遗产项目最可能填补《世界遗产名录》的空白;IUCN建立了遍布全球126个国家的4000名义务通讯员的网络,使得IUCN能够获得几乎所有自然遗产地真实可信的最新信息。

本书最后一章《世界遗产体系评估》的《优势和劣势》一节中,作者在肯定《世界遗产公约》取得的巨大成就的同时,直言不讳地指出其存在的主要问题,即世界遗产列入程序的结构设计问题、国际援助资金的短缺、不合理的大众旅游和渐渐出现的政治化问题等。本人对此深有同感,特别是最后两点,如果不能有效遏制其发展态势,将对世界遗产事业造成致命的伤害。

译者邀我写序,本人深感荣幸,并珍惜先睹为快的机会。译文忠实原著,语言通顺流畅,措辞严谨专业,使人在阅读享受中获取知识。译者既有专业知识,又精通英语;既是遗产工作的管理者,又是遗产保护的专家。借此机会向他们取得如此重要的成果表示衷心祝贺,也向读者朋友们郑重推荐。相信此中译本会助力中国世界遗产事业的发展,成为十分重要的中文参考书。

中文版序

我们非常荣幸地欢迎本书中文版问世。自1985年批准《保护世界文化和自然遗产公约》①以来，中国已成功将56项遗产列入《世界遗产名录》，一直积极参与世界遗产工作。中国先后四次担任世界遗产委员会②成员，其间曾于苏州（2004年）和福州（2021年）承办两届世界遗产委员会会议③。中国致力于推动文化和自然遗产领域国际合作，包括推动丝绸之路跨国系列遗产申遗和建立联合国教科文组织（UNESCO）二类中心——亚太地区世界遗产培训与研究中心。

本书英文版于2013年出版时，联合国教科文组织大会④于1972年11月16日通过的《世界遗产公约》40周年庆祝活动刚刚落下帷幕。10年后的今天，中文版问世适逢《公约》诞生50周年。我

---

① 一般简称"《世界遗产公约》"，本书中作者也常作"《公约》"。——译者注
② 全称为"保护世界文化和自然遗产政府间委员会"，由选举产生的《世界遗产公约》缔约国组成。委员会共21个成员，一般每年召开一次会议。——译者注
③ 全称为"世界遗产委员会会议"，国内一般称"世界遗产大会"。——译者注
④ 英文为"General Conference of UNESCO"，是联合国教科文组织的最高决策机构，决定该组织的政策和主要工作，审定该组织重大计划和预算等。大会由各会员国代表组成。各会员国不论大小和会费多寡，享有平等的投票权。大会每两年召开一次会议。大会选举执行局委员，任命总干事。——译者注

们对世界遗产的全球重要性及其积极影响坚信不疑。与此同时,我们仍然认为有些方面尚待改进。

作为 UNESCO 提出的鼓励文化领域国际合作与和平共处的文件之一,《世界遗产公约》植根于以下信念：一些特殊地点重要至极,甚至构成人类基本权利的一部分。因此,所有国家应为这些非凡遗产的保护和保存做出贡献,推动其为当代人欣赏品鉴、保护利用并不断传承。作为 UNESCO 的旗舰项目,《公约》对遗产工作的影响几乎遍及所有国家。如今,已有超过 1000 项遗产列入《世界遗产名录》,几乎所有国家在开展相关工作。毋庸置疑,"世界遗产"取得了成功。

本书缘起于 2005 年在巴黎举办的庆祝 UNESCO 成立 60 周年国际研讨会。时任总干事松浦晃一郎和时任文化助理总干事弗朗索瓦丝·里维埃(Françoise Rivière)鼓励学术界记录该组织诸多重大计划的历史,尤其要留住过往的声音。本书的两位作者当时活跃于世界遗产领域,我们意识到缔造《公约》的那代人正在老去,有些先驱甚至已经辞世,梳理和记录世界遗产体系的历史势在必行,随即与"UNESCO 口述档案倡议"合作,在加拿大建成遗产研究教席(Canada Research Chair on Built Heritage)的支持下于蒙特利尔大学发起了"世界遗产口述档案计划"。这一仍在持续开展的计划力图记录《公约》创始者和实施者记忆中的宝贵知识,以免其随时间消逝。世界遗产口述档案目前已收录超过 60 人的访谈实录,可以在 https：//whc.unesco.org/en/oralarchives/ 查阅。

本书研究涵盖《公约》通过前夕至 2000 年期间。之所以选定这个时间段,是因为世界遗产委员会于 2000 年澳大利亚凯恩斯会议上通过的重大改革议程为世界遗产体系设定了全新路径。我们认为,《公约》的早期发展和实施不仅为日后活动搭建了舞台,也为理解《公约》后续发展演进提供了背景。

为论述《公约》的诞生和早期发展情况,本书将文献记录与遗产工作先驱的访谈实录相结合。业已出版的世界遗产相关文献不计其数,既有学术作品,也有以世界遗产照片为主的消遣读物。本书涵盖的时段内,对世界遗产的研究主要关注丰富的遗产理念、保护、管理和法律等相关内容。支撑本书研究的资料包括学术出版物、未发表的博士论文、UNESCO 纪录和其他丰富档案。从 UNESCO 和世界遗产体系汗牛充栋的文献中找到有意义的故事,是一个不小的挑战。作者撰写中文版序言时,UNESCO 网站已发布 48,000 余份文件。

对《公约》初创者和实施者的深度访谈为丰富的文献记录提供了重要补充。这些先驱都为《公约》做出了重要贡献,从《公约》文本载明的三个参与方——缔约国、咨询机构[①]和 UNESCO 秘书处的不同视角进行阐述。2007 年启动的"世界遗产口述档案计划"目前仍在进行,作者未来将继续通过访谈记录世界遗产体系参与者们的观点。

本书从国际层面研究《公约》的创立和实施工作,无意论述缔约国和遗产地管理者开展的重要工作,除非国家或地区问题成为国际遗产工作对话的组成部分。基于此,本书作者没有访谈遗产地管理者,也没有查阅当时有关参与者的个人档案,但这两个方面可以成

---

① 英文为"advisory bodies",在世界遗产语境下特指以下三个机构:国际古迹遗址理事会,英文简称"ICOMOS";世界自然保护联盟,英文简称"IUCN";国际文化财产保护与修复研究中心,英文简称"ICCROM"。本书第五章介绍了三个咨询机构的历史沿革。——译者注

为未来的研究方向。

本书共六章。前两章按时间顺序呈现了《世界遗产公约》截至1980年的发展历史及实施工作。第三、四、五章是对平行时间框架内不同主题的研究。第六章整合多方信息形成截至2000年的总体评估。

本书的两位作者来自不同的学科领域,在世界遗产体系中扮演不同角色——一位来自UNESCO秘书处,另一位是《公约》缔约国代表团团长并曾担任第14届和第32届世界遗产委员会主席。2013年本书英文版出版时,两位作者参与世界遗产工作的时间累计达48年,如今已达66年。多年的经验令她们对《公约》实施的一些问题心怀担忧。是时候问一问,《公约》创始者们最初怀抱的人类共同价值和国际合作的乐观愿景,如今实现了吗?

其中一些担忧在2013年本书问世时就已出现。那时我们就注意到,尽管几十年来《公约》文本只字未改,但其实施方式已被全球范围内的大众旅游、气候变化,以及不断演进的遗产观念和保护路径改变。

从那以后,气候变化问题日益突出,已成为世界遗产最重大的威胁之一。极端天气、水位上升、生物多样性丧失导致物种迁徙等问题,都影响着遗产地对当地经济、文化和社会发展的潜在贡献,也威胁着一些遗产地本身的存续。世界遗产委员会仍使用陈旧的政策来认定和减少气候变化带来的风险,还在努力探索与2015年《巴黎协定》和联合国可持续发展目标相适应的新政策。

另一个变化是社会和政治秩序分歧不断加剧。冲突频发和社会凝聚力缺失削弱了多边机构。我们2013年出版本书时在序言中提到,UNESCO总干事呼吁《公约》重现活力,回归其科学基础。但这一呼吁一直未被重视，如今，我们可以看到越来越多出于本国优先事项和地缘政治博弈而拒绝接受咨询机构和其他专家意见的情形。

《公约》实施 50 年后的今天，我们必须承认《公约》取得了巨大成功，如今有 194 个缔约国、1154 项世界遗产和 1700 个预备项目[①]。然而这份成功也意味着世界遗产保护工作正在成为各国政府和国际合作体系"无法承受之重"。虽仍有人认为落实《世界遗产公约》的责任主要由缔约国政府承担，但显而易见的是，运行良好的保护体系离不开民间团体（civil society）和个体参与。开放的讨论平台可以推动基层组织、民间团体、科研人员和利益相关方的交流对话和相互学习，是未来大势所趋。

放眼未来，期待会有更多志愿者、民众、特别小组和民间团体凝心聚力，共同应对保护世界文化瑰宝和自然珍宝的挑战。仅仅依靠缔约国政府的力量是不够的，必须通过真正的国际合作才能为子孙后代保护这些最珍贵的遗产。全球各地的民众、社区、民间团体需要共同参与世界遗产工作，践行这一具有划时代意义的国际条约的承诺。《公约》50 周年之际，希望本书的中文版带我们重温那些启迪《公约》初心的崇高理想，推动人们反思《公约》的意义并重申对《公约》宏伟愿景的承诺。

2022 年 5 月

---

① 指缔约国列入预备清单的项目——译者注

致　谢

本书的研究在诸多机构和个人支持下才得以完成。两位作者非常荣幸地感谢这么多人提供支持,他们查询那些几乎被遗忘的文件,翻阅旧档案,为整个故事拼图。我们尤为感谢几十位遗产工作先驱欣然接受邀请,与我们分享他们的故事和资料。他们是(以姓氏首字母排序):卡门·阿尼翁·费利乌(Carmen Añón Feliu)、阿兹丁·贝绍伍什(Azedine Beschaouch)、热拉尔·博拉(Gérard Bolla)、穆尼·布什纳基(Mounir Bouchenaki)、汉斯·卡斯帕里(Hans Caspary)、吕西安·沙巴松(Lucien Chabason)、亨利·克利尔(Henry Cleere)、吉姆·柯林森(Jim Collinson)、贝恩德·冯·德罗斯特(Bernd von Droste)、卡特琳·迪梅尼(Catherine Dumesnil)、雷吉娜·杜里格哈罗(Regina Durighello)、哈尔·艾德斯维克(Hal Eidsvik)、伯纳德·费尔登爵士(Sir Bernard Feilden)、弗朗切斯科·弗兰乔尼(Francesco Francioni)、郭旃(Guo Zhan)、纳塔拉詹·伊西瓦然(Natarajan Ishwaran)、伊藤延男(Nobuo Ito)、尤卡·约基莱赫托(Jukka Jokilehto)、弗朗索瓦·勒布朗(François Leblanc)、弗朗西斯科·洛佩斯·莫拉莱斯(Francisco Lopes Morales)、让-路易·卢克森(Jean-Louis Luxen)、松浦晃一郎(Koïchiro Matsuura)、费德里科·马约尔(Federico Mayor)、阿马杜-马赫塔尔·姆博（Amadou-Mahtar M'Bow）、杰夫·麦克尼利（Jeff McNeely）、罗布·米尔恩（Rob Milne）、道森·曼杰利（Dawson Munjeri）、阿德里安·菲利普斯（Adrian Phillips）、哈拉尔德·普拉赫特（Harald Plachter）、莱昂·普雷苏耶（Léon Pressouyre）、安妮·瑞戴（Anne Raidl）、约翰·雷诺兹（John Reynolds）、雅内·罗伯逊·韦尔纳（Jane Robertson Vernhes）、罗兰·席尔瓦（Roland Silva）、赫布·斯托弗（Herb Stovel）、吉姆·托塞尔（Jim Thorsell）、阿卜杜勒-阿齐兹·图里（Abdelaziz Touri）、罗素·特雷恩（Russell Train）、利西娅·弗拉德·博雷利（Licia Vlad Borrelli）和雷·万纳（Ray Wanner）。他们的照片和简介在附录1中。①

　　我们感谢音频技术人员灵活、热情地开展工作，他们赴世界各地的工作室为我们录制访谈。他们是：UNESCO秘书处的法里德·齐度赫（Farid Zidour）、爱德温·穆里洛-梅尔卡多（Edwin Murillo-Mercado），班夫的马克·蒂尔尼（Mark Tierney），巴西巴西利亚林哈迪瑞塔（Linha Direta）的路易斯·奥古斯托·门东萨（Luis Augusto Mendonça），加拿大温莎北极星录音工作室（Polaris Recording Studio）的乔·柯林斯（Joe Collins）和乔治·海洛（Georgeo Hellw），加拿大渥太华博瓦声响（Bova Sound）的菲尔·博瓦和珍妮特·博瓦（Phil and Janet Bova），比利时天主教鲁汶大学音频工作室的维尔纳·马修斯（Werner Mathius），美国弗吉尼亚斯普林菲尔德拜尔斯工作室（Bias Studio）的科里·弗利-马塞洛（Cory Foley-Marsello）和格洛里亚·道森（Gloria Dawson），英国伦

---

① 中文版不包含此部分，有关专家信息和访谈音频可查询 https://whc.unesco.org/en/oralarchives。——译者注

敦水族馆工作室(Aquarium Studio)、德国美因茨史迹保护办公室、加拿大维多利亚夏浦影音(Sharp's Audio Visual)和日本京都缇-伯恩工作室(T-Born Studio)。上述工作室的协调工作由以下人员承担：UNESCO秘书处的戴维·马特尔(David Martel)，巴西联合国教科文组织全国委员会的安娜·露西娅·迪拉斯·吉马良斯(Ana Lúcia Dias Guimarães)，加拿大公园管理局的德博拉·米勒(Deborah Miller)、伊丽莎白·勒布朗(Elizabeth Leblanc)和珍妮弗·杜克特(Jennifer Duquette)，马德里和平文化基金会的布兰卡·巴尔加斯(Blanca Vargas)，马德里的卡门·阿尼翁·费利乌，联合国粮食和农业组织的帕尔维兹·库哈弗坎(Parviz Koohafkan)和布丽塔·基勒曼(Britta Killermann)，奥地利联合国教科文组织全国委员会的加布里尔·艾斯其格(Gabriele Eschig)，天主教鲁汶大学雷蒙德·勒迈尔保护中心的汉内洛蕾·德凯泽(Hannelore De Keyser)，以及美因茨的汉斯·卡斯帕里。

  作者想感谢诸多与本项目合作的档案保管员、图书馆馆员和记录管理员：UNESCO图书馆和档案馆(巴黎)的延斯·博埃尔(Jens Boel)、阿黛尔·托兰斯(Adele Torrance)、彼得拉·范登博恩(Petra van den Born)和潘桑(Phan Sang)，UNESCO公共信息处的卡罗勒·达尔穆尼(Carole Darmouni)，IUCN图书馆和文献中心(格朗)的凯瑟琳·里温克尔·埃-达维什(Katherine Rewinkel El-Darwish)，ICOMOS文献中心的露西尔·斯米尔诺夫(Lucile Smirnov)，ICCROM图书馆和档案馆(罗马)的保罗·阿伦森(Paul Arenson)和玛丽亚·玛塔·卡拉瓦卡(Maria Mata Caravaca)，剑桥世界保护监测中心的巴斯蒂安·波茨基(Bastian Bertzky)，鲁汶雷蒙德·勒迈尔档案馆的马克·德雷（Mark Derez），加蒂诺加拿大公园管理局世界遗产档案馆的约翰·平克顿（John Pinkerton），华盛顿美国国家公园管理局世界遗产档案馆的斯蒂芬·莫里斯（Stephen Morris）和乔纳森·帕特南（Jonathan Putnam），以及马里兰大学霍恩贝克公园学院乔安妮·阿彻（Joanne Archer）。

此外，作者感谢实习生和研究助手们付出的辛勤工作，他们寻找照片、准备文献并且将音频转写为文字，他们是：UNESCO 的克洛艾·比焦（Chloe Bigio）、斯妮佳娜·阿塔诺瓦（Snejana Athanova）和阿南德·卡尼特卡（Anand Kanitkar），蒙特利尔大学的克洛代特·沙普德莱纳（Claudette Chapdelaine）、洛哈·哈拉夫（Roha Khalaf）、米里亚姆·圣-丹尼斯（Myriam St.-Denis）、埃弗·韦特海默（Ève Wertheimer）和萨拉·杨布拉特（Sarah Youngblutt）。特别感谢蒙特利尔大学博士候选人朱蒂思·埃尔曼（Judith Herrmann）提供广泛翔实的世界遗产参考文献。

我们感谢许多朋友和同事通过多种途径推动项目进展，包括亨利·克利尔、菲莉丝·埃兰（Phyllis Ellin）、蒂娜·费尔登（Tina Feilden）、弗兰克·霍德索尔（Frank Hodsoll）、克洛迪娜·乌巴尔（Claudine Houbart）、稻叶野久保（Nobuko Inaba）、尤卡·约基莱赫托、乔·金（Joe King）、弗朗索瓦·勒布朗、休·米勒（Hugh Miller）、梅里尔·奥利弗（Meryl Oliver）、班尼迪克特·塞尔夫斯拉（Bénédicte Selfslagh）、彼得·斯托特（Peter Stott）、赫布·斯托弗、麦克·特纳（Mike Turner）、科恩拉德·范巴伦（Koenraad van Balen）、贝恩德·冯·德罗斯特和詹姆斯·沃登（James Warden）。我们特别感谢克里斯托弗·扬（Christopher Young）和迪克西·兰伯特(Dixi Lambert)的支持,他们审阅书稿并提供真知灼见。

当然,如果没有我们各自的丈夫休(Hugh)和托马斯(Thomas)的默默支持,这个项目就无法完成。感谢你们。

免责声明

本出版物中使用的名称和材料,并不意味着 UNESCO 对任何国家、领土、城市、地区或其当局的法律地位,或者国界或边界的划定发表任何意见。作者对书中事实的选择和陈述以及书中表达的观点负责,这些观点未必是 UNESCO 的观点,也不构成该组织的义务。

第一章 《世界遗产公约》的诞生

《世界遗产公约》(以下简称"《公约》")的诞生是个复杂的故事,充满建议草案、反建议草案、激烈的辩论以及机构之间的博弈。虽然通过建立国际合作体系保护具有全球重要意义的遗产地这一核心目标从未被质疑,但实现这一目标的方式受到文件起草机构相互博弈和外交运作的影响。第二次世界大战后,始于20世纪20年代的文化领域国际交流延伸至自然资源保护领域,为《公约》的诞生奠定了基础。《公约》体现了国际社会对城市发展和环境恶化的敏锐感知,显而易见是时代的产物。1972年《公约》通过集体行动认定和保护世界上最具重要意义的地方,是国际协议史上的突出成就。

回溯历史,《公约》的诞生似乎是必然的。这份国际协议绝非某个人或团体努力的产物,而是由数十年的讨论和几个独立倡议合力催生。可以说,《公约》的诞生是时代精神的体现。萨拉·蒂臣(Sarah Titchen)在她未发表的博士论文中提到,20世纪二三十年代,在国际联盟的支持下,共同遗产、国际合作的概念和独特的国际外交手段浮出水面。蒂臣指出,1931年国际联盟"国际博物馆办公室"举办的雅典会议正是其重要体现,它们最终在《公约》中得到体现。[1]作为1931年雅典会议的一部分,首届国际史迹建筑师和技术人员大会(the First International Congress of Architects and Technicians of Historic Monuments)形成了《关于史迹修复的雅典宪章》,其中提到"国际社会对保护人类的艺术和考古遗产抱有兴趣,是文明的守护者"[2]。蒂臣认为,国际联盟的活动传播了"应通过国际合作携手保护人类共同遗产的想法,这种想法在1946年12月UNESCO接替国际联盟这些职能时再次发挥重要作用,《世界遗产公约》由此发展起来"[3]。

20世纪40年代末,几个相互交织的倡议表明,环境保护运动正在积蓄力量。1948年,建立IUPN(International Union for the Protection of Nature,后改为International Union for the Conservation of Nature,简称"IUCN")的准备工作开始。[4] 1949年,"联合国资源保护和利用大会"在纽约成功湖①召开,大会的组织者均为有关领域主要的国际组织,包括联合国粮食及农业组织、UNESCO、世界卫生组织和国际劳工组织。约翰·麦考密克(John McCormick)在关于此事的记述中对"大多数环境保护历史学家不公地忽视联合国资源保护和利用大会"表示遗憾,并总结道,"毫无疑问,这次会议是全球环境保护运动崛起的重要一步"。[5]

两次世界大战给人类遗产带来了前所未有的浩劫,国际社会积极开展应对工作,发起了保护特殊地点(special places)的各类行动。对文化财产(cultural property)②的轰炸、洗劫和非法贩运推动UNESCO和其他国际组织开展工作,避免此类损失再次发生。20

---

① 位于美国纽约长岛,系1946—1951年联合国总部所在地。当时常以成功湖作为联合国总部的代称。——译者注
② 文化财产在UNESCO不同的公约和建议书中定义不同,各有侧重。总体而言,通常包括可移动文化财产和不可移动文化财产。《公约》的话语体系中多使用"property"一词,通常指一国的文化遗产、自然遗产和混合遗产,或具有世界遗产潜质的(不可移动)文物、建筑群、遗址、自然地点或区域等。——译者注

世纪 60 年代，关于战争的记忆渐远，新的问题却出现了。工业化和城市化以令人眩晕的速度推进，威胁生态系统和文化史迹。随着大众传播方式逐渐改善和长途旅行日趋便捷，国际机构的影响力持续提升。这一时期，创设保护世界范围内特殊地点的国际协议的动能持续积蓄，多点浮现但互不关联。两项分别涉及自然遗产和文化遗产的国际倡议同时产生，反映了当时对环境恶化和文化损失危机意识的增强。尽管这两项倡议大约同时在分别负责文化和环保的组织诞生，但直到 20 世纪 70 年代才开始被关联起来。[6]

两项倡议相互独立却理念相似，反映了当时各国从事保护工作的专业人员之间互动日益频密，以及环境保护和国土规划领域正在形成令人兴奋的全新系统路径，也说明彼时自然科学和文化学科相互隔离。正是 20 世纪 60 年代出现的创意方案和创新模式催生了接下来 40 年地位稳固、一骑绝尘的《公约》。20 世纪 60 年代文献和遗产工作先驱的回忆足以说明，正是充满活力的 20 世纪 60 年代，为日后世界遗产体系在概念和操作层面的发展奠定了基础。

自然遗产倡议

《公约》涵盖了自然遗产，这段历史涉及 IUCN、UNESCO 科学部门以及一群具有影响力的美国环境学家。IUCN 于 1948 年在 UNESCO 的支持下建立，这一国际环境保护组织主要从科学角度阐释其对谨慎使用和妥善保护自然资源的关切。作为政府间国际组织，UNESCO 要从科学角度，更要从政治角度看待自然资源的使用和保护问题。为了共同的目标，IUCN 和 UNESCO 聚焦学术研究、信息交换和特定计划。直到 1965 年白宫国际合作会议提出"世界遗产信托基金(World Heritage Trust)"的设想,有关缔结正式国际协议的建议才得到更多关注。1972年在斯德哥尔摩召开的联合国人类环境会议则推动IUCN准备了一份关于保护世界遗产地的公约草案。

在关于IUCN历史的记述中,马丁·霍德盖特(Martin Holdgate)将20世纪60年代视为"环保意识大爆发(environmental explosion)"的十年。[7]在这个阶段,IUCN引领创立了保护自然遗产的国际倡议。国际社会对具有生态意义上重要价值区域的保护可以追溯到1958年,当时IUCN向联合国经济社会理事会提出倡议——建立一个世界上最重要国家公园和类似保护地的清单。1962年,经联合国大会同意,IUCN拟定了首个《联合国保护区和类似保护地清单》并于同年正式发布。[8]值得注意的是,这个清单从最开始即涵盖一些文化遗产公园和景观,包括位于柬埔寨吴哥的大型高棉考古遗址和位于冰岛辛格维利尔的中世纪露天议会遗址。如今,它们都已列入《世界遗产名录》。[9]

1962年,这个倡议在IUCN举办的首届世界国家公园会议(华盛顿州西雅图)上得到进一步发展。这次全球盛会吸引了超过60个国家的保护工作者参会,包括许多美国代表。会议旨在增进全球理解,推动世界范围内的国家公园活动。[10]会议提出的28条建议涉及濒危物种、动物栖息地、农业用地、陆地和海洋公园,以及跨学科研究、管理和培训等。从世界遗产的视角来看,有两条建议脱颖而出,分别是:第12号,建议进一步研究将"自然保护地、科学区域、史前遗址、具有历史和文化意义的遗址等"纳入公园规划;[11]第4号,考虑到各类景观与国家公园和类似保护地之间明显的关联,鼓励支持UNESCO文化部门关于保护景观风貌与特性的提议。这一建议体现了对文化和自然相关联的认知，出现时间之早出人意料。[12] UNESCO工作人员米歇尔·巴蒂斯（Michel Batisse）（未参加西雅图会议）在他关于世界遗产的著作中认为，"文化和自然遗产地的紧密关联只可能在美国孕育，因为这两类遗产地的保护工作都归美国国家公园管理局负责"[13]。

世界遗产信托基金：1965年

如果不是美国时任总统林登·约翰逊（Lyndon Johnson）决定将1965年联合国成立20周年确定为"国际合作年"，IUCN也许会继续推进西雅图会议通过的十年计划。"国际合作年"的提出催生了白宫国际合作会议。会上，建立一个世界遗产信托基金的想法开始成形。会议要求包括自然资源部门在内的不同的经济和社会部门探索如何改善国际合作。

历史学家彼得·斯托特（Peter Stott）关于"白宫国际合作会议自然资源保护和开发委员会"的严谨研究报告提出的观点令人信服：是该委员会主席约瑟夫·费希尔（Joseph Fisher）最早提出了世界遗产信托基金的想法。[14] "保护基金会"时任主席、同样参加自然资源保护和开发委员会的罗素·特雷恩（Russell Train）在访谈中回顾了费希尔告诉他世界遗产信托基金想法时的情形：

乔[①]当时是一个名为"为了未来的资源"的机构的主席，该机构是福特基金会资助的经济智库，主要关注与资源有关的问

---

① 英文原文为Joe，指约瑟夫·费希尔。——译者注

题。他作为委员会主席主持一次会议时提出了建立世界遗产信托基金的想法。我不认为当时已经有明确的计划。当时他的提议还是概念性的,也相当简略,可能是他自己手写的,具体我想不起来了。我记得他给我看并问我的意见。在我看来,这是一个全新的想法。[15]

费希尔的委员会提出的几个概念最终成为《公约》的内容。委员会的最终报告提到"引发国际范围内合理关切的、独特且无可替代的资源应被保护起来,用于研究,供全世界人民欣赏并为所在国带来收益"。关于保护地的确定,报告呼吁"编写可能引发国际关切的区域和地点(areas and sites)的基础清单",指出需要"评估基础清单并选择少数高水准的区域和地点"。照此设想,世界遗产信托基金只涵盖"无与伦比(superb)、独一无二(unique)、不可替代(irreplaceable)的区域和地点"。这些遗产应通过资金、技术建议、教育、旅游推广等方式实现国际合作。费希尔的委员会正式建议设立"一个世界遗产信托基金,负责推动国际社会携手合作,认定、建立、发展和管理全球范围内非凡的自然风景名胜、历史遗址,造福当代和后世"[16]。值得注意的是,委员会提出的很多概念都被吸收进《公约》。

IUCN 和世界遗产信托基金:1966 年—1967 年

霍德盖特认为,这一时期政府部门和政府间组织"环境保护活动激增",制定法律、设立机构、委托撰写环境状况报告。[17] 1966 年,在瑞士卢塞恩召开的 IUCN 全体大会上,几个月前担任 1965 年白宫国际合作会议自然资源保护和开发委员会主席的美国人费希尔，将"世界遗产"的概念介绍给了 IUCN 大家庭，他的主旨演讲令全体与会者为之振奋。除费希尔外，另外两位有影响力的美国人也出席会议，一位是 IUCN 的创始人之一、在当年被选为主席的哈罗德·J.柯立芝(Harold J. Coolidge)，另一位是费希尔所在委员会的成员特雷恩。费希尔在卢塞恩发表题为《未来保护工作的新视角》的演讲，提出了 5 个具体的机制化建议，"作为我们勇于应对未来挑战、挖掘未来潜力以及必须开展的保护项目的例证"，其中就包括直接从 1965 年白宫国际合作会议移植而来的"世界遗产信托基金"建议。[18]

费希尔提出的概念和表述最终在《公约》文本中得到了体现。他使用了白宫国际合作会议建议中的具体措辞，并列举了一些他认为是"世界遗产"的自然和文化遗产地，比如"科罗拉多大峡谷、塞伦盖蒂平原、安赫尔瀑布、珠穆朗玛峰；吴哥、佩特拉等考古遗址，印加、玛雅、阿兹特克遗迹；金字塔、雅典卫城、巨石阵等历史建筑"。他提议建立两个清单，"一个可能包含全球关切区域和地点的基本清单"，并从中遴选出"达到高标准的区域和地点。遴选标准必须高度凝练，信托基金应只

图 1-1　约瑟夫·费希尔 ©
Special Collections & Archives, George Mason University

涵盖那些无与伦比、独一无二、不可替代的区域和地点"。两个清单的概念在《公约》文本中体现为"组成文化和自然遗产的财产清单"和《世界遗产名录》(《公约》第 11 条第 1、2 款)。最后,费希尔呼吁通过国际合作募集资金、提供技术协助,支持"合理使用此类区域,促进经济增长"[19]。

出席 1966 年卢塞恩大会的 UNESCO 科学部门代表巴蒂斯事后回忆:"那是我第一次听到约瑟夫·费希尔的倡议,我认为,保护自然和文化遗产应得到同等重视的想法既有吸引力又正当其时。"他承认,自己当时没有意识到这与 UNESCO 的关系,以为费希尔的设想是成立私人慈善基金会,而非政府间机制。[20]

第二年,美国专家继续推广世界遗产信托基金的概念。作为"保护基金会"的主席,特雷恩在世界自然基金会(World Wildlife Fund)于阿姆斯特丹召开的国际自然与人类大会上致辞,"详细阐释了约瑟夫·费希尔以及我们委员会提出的世界遗产这一概念,推动其发展,使其得到国际社会的认可"[21]。鉴于人类作品不可避免与物理环境相联系,特雷恩提倡开展"国际合作,把对人类自然遗产和文化遗产的共同关切整合为一个项目"[22]。

20 世纪 60 年代的 UNESCO 与自然科学

当美国专家提出的上述建议通过 IUCN 工作网络传播时,UNESCO 也履行其在自然科学领域的职能,通过制订国际标准和促进国际合作,开展自然遗产保护工作。早期成果之一是 1962 年 UNESCO 关于向发展中国家保护自然资源和动植物提供协助的决议。[23] 最初,UNESCO 在该领域的工作高度依赖 IUCN 的科学能力。[24] 20 世纪

60年代中期以前，UNESCO的主要关注点是为基础科学、地球科学、生命科学研究和以发展为导向的科学技术应用提供支持。

1966年，自然资源本身成为科学研究新的关注点。这一年召开的UNESCO大会上，会员国通过了一个广泛的、包含多个单独科学学科的研究和教育计划。此外，会员国还通过了一个新的"关于陆地区域自然环境和资源及其保护"的研究和培训计划，特别强调生态研究和跨学科工作的必要性。环境问题应被全面检视——这种认知在全球范围内日益得到认可。为推进这方面的工作，UNESCO获得授权，于1968年召开了一次专家会。[25]这次会议标志着环境问题开始在UNESCO占有一席之地。克洛伊·莫雷尔（Chloe Maurel）在最近出版的书中写道，这是UNESCO综合研究环境和发展问题的首次全球性科学会议，是后来可持续发展概念的序曲。[26]

1968年，有两个会议召开，分别是"关于合理使用和保护生物圈资源的科学基础的政府间专家会议"和"UNESCO文化专家会议"。它们研讨类似的全球问题：环境加速恶化、城市化突飞猛进、农村人口外流和工业化快速推进等。奇怪的是，1970年以前，UNESCO内部关于自然和文化遗产倡议的工作平行推进、互不通气，这也反映了当时该组织秘书处内部各自为政。当时担任UNESCO科学部门自然资源司司长的巴蒂斯承认："很遗憾，直到1970年才知道这些活动。"[27] 1968年文化遗产专家会议规模较小；生物圈会议的规模很大，来自63个国家的300余位主要来自大学、科学院和国际组织的代表参会，这也反映了20世纪60年代对环境问题的日趋关注。美国环境学家、世界遗产信托基金的支持者柯立芝、特雷恩和生态学家李·塔尔博特（Lee Talbot）也参加了会议。[28]

图 1-2　1981 年米歇尔·巴蒂斯（右一）和弗朗切斯科·迪卡斯特里（Francesco Di Castri）（后方）© UNESCO/Michel Claude

1968年会议的基本前提是，人是生物圈的关键因素。会议讨论产生了许多关于通过研究、教育和政策发展改善人类环境的创新想法。专家提出应建立公园和自然保护地，并以此为基准，与有人管理的人造生态系统进行比对。在对可持续发展概念的阐述中，专家较早地将"使用（use）"与"保护（conservation）"联系起来，指出"保护也包括保存（preservation），总体上指对资源的明智使用"。特别重要的是，会议建议在联合国教科文组织设立"人与生物圈计划"（Man and Biosphere Programme），通过设立自然保护区和国家公园保护自然区域和濒危生物，还建议在即将到来的1972年斯德哥尔摩联合国人类环境会议上，把这些新想法介绍给整个联合国系统。此时，专家构思的只是一个"世界保护和改善人类环境宣言"[29]，而非建立一个具有约束力的政府间协定。

1968年，UNESCO大会批准开展一项关于合理使用与保护自然环境和自然资源的长期的政府间跨学科计划，鼓励与联合国系统其他部门、国际非政府组织开展合作。[30]最终，UNESCO第16届大会于1970年10月23日正式批准设立"人与生物圈计划"。该计划的目标是研究生态区域的结构和功能、保护基因多样性，并鼓励自然科学领域的研究和教育。[31]大会同时批准成立该计划的国际协调理事会，以及在UNESCO建立该计划的秘书处，负责监测涵盖世界不同自然区域的生物圈保护区的全球网络。该计划将生态系统视作一个整体，包括动植物和人类对自然区域的利用，具有重要意义。尽管人与生物圈计划可以通过道德劝说、与国家荣誉关联等方式鼓励各方采取行动，但它不具备国际条约所具有的分量，因此该计划的效力十分有限。

尽管致力于在斯德哥尔摩大会后评估人与生物圈计划，但UNESCO无意设立自己的自然遗产国际公约。值得注意的是，UNESCO的巴蒂斯以会议秘书长身份参与了1968年专家会议，并对IUCN起草公约文本做出了贡献。

IUCN提出公约文本：1970年—1972年

IUCN拟订国际公约的契机出现在1968年。当时，联合国大会决定接受瑞典邀请，在斯德哥尔摩举办人类环境会议。这是国际环保主义运动发展过程中的开创性事件。[32]IUCN将斯德哥尔摩大会视为批准新的国际环境法的机遇，着手准备四个新公约，分别关于保护某些岛屿以开展科学研究、控制野生动物和植物交易、保护湿地和保护世界遗产。[33]

曾参与世界遗产信托基金提议的美国生态学家塔尔博特当时就职于IUCN。1970年9月,他正式向IUCN决策层提交了一份材料,斯托特认为,这份材料为IUCN起草公约文本奠定了基础。[34]随后,IUCN副总干事弗兰克·尼科尔斯(Frank Nicholls)带领由特雷恩、巴蒂斯和一名联合国粮食及农业组织代表组成的特别工作组,对文本进行了完善。保护世界遗产公约的草案以《联合国保护区和类似保护地清单》为基础,主要着眼自然区域,但也包含文化遗产。草案虽未明确公约的秘书处,但大家都认为IUCN将承担这一职能。[35]关于巴蒂斯何时意识到IUCN的倡议可能与UNESCO文化部门正在研拟的文化遗产公约重叠,说法不一。巴蒂斯写道,他是1970年5月无意中发现的,然后告诉了文化部门的同事。在巴蒂斯看来,他们漠不关心。[36]塔尔博特近期接受斯托特访谈时说,巴蒂斯直至1971年4月才"突然关注到我们在做什么",巴蒂斯还说UNESCO"已经有一个我们正在起草的公约,因为几年前的大会要求我们开展这项工作"[37]。无论如何,IUCN于1971年完成了公约草案的撰写,准备提交给负责斯德哥尔摩大会进程的国际工作组。

文化遗产倡议

UNESCO关于文化的职能逐渐拓展,文化遗产保护工作被囊括进来。遗产地一些规模不大的活动陆续为建立更大范围内保护、防护及修复史迹和遗址的合作体系奠定了基础。1948年,UNESCO决定研究设立国际专家委员会和国际基金以资助保护"具有历史价值史迹和遗址"的活动。[38]20世纪50年代,该组织的工作逐渐拓展至以下方面的信息共享,包括保护和展示技术、避免史迹受武装冲突危险影响的保护机制以及保护景观具体措施等。1951年,随着国际史迹、艺术和历史遗址以及考古发掘委员会(the International Committee on Monuments, Artistic and Historical Sites and Archaeological Excavations)的正式成立,此前关于建立国际专家委员会"作为UNESCO关于保护和修复史迹、艺术和历史遗址及考古发掘的咨询机构"[39]的设想成为现实。

在委员会的合作下,UNESCO这十年的早期成果包括通过《关于在武装冲突情况下保护文化财产的公约》(1954)、[40]建立国际文化财产保护与修复研究中心(ICCROM)(1956)[41]和通过《关于适用于考古挖掘国际准则的建议书》(1956)。[42]特别值得注意的是,由UNESCO总干事勒内·马厄(René Maheu)支持的第一次国际运动——于1960至1968年在埃及阿布辛贝和菲莱岛开展的拯救努比亚遗址行动,将保护人类杰出遗产这一国际共同责任从宗旨转化为实践。[43]莫雷尔称,该项目广受关注和赞誉,巩固了UNESCO在文化遗产领域的领导地位。[44] 1960年召开的UNESCO大会亦决定研拟一个保护乡村的建议书,"应涵盖对遗址和景观风貌及特性的保护",预示着接下来的十年将发展形成更全面的文化保护措施。[45]

20世纪60年代UNESCO的文化遗产倡议

两次世界大战给文化财产带来了浩劫。战后,城市化和工业化迅速发展,在发达国家尤为如此。基于这些原因,20世纪60年代UNESCO提出文化遗产地保护和推动国际合作新倡议的声势日盛。这些新倡议虽然不够完备,且多是对具体情况的临时回应,但往往植根于创造和平友好氛围的理念和价值观。尽管共同遗产属于全人类这一理念得到延续,但在十年间发生了转变,即不再将保护作为终极目标,而是更加重视文化史迹和遗址在日常生活中的社会和经济角色。当人们把遗产置于周围环境特别是城市环境中审视时,就需要面对如何在动态环境中保护静态史迹的新问题。20世纪60年代,城市和乡村设置环境(urban and rural setting)的概念进入视野,提倡将文化遗产纳入全域性土地规划,这与将自然遗产纳入生态系统的保护方法出奇地相似。这十年间,以此为基础,自然区域开始被视为文化的一部分,作为社会意义上社区生活的设置环境,而非纯粹的荒野。

UNESCO一系列新的规范和倡议反映了逐步发展的国际行动。首先是《关于保护景观和遗址风貌与特性的建议书》(1962年),规定了景观和遗址美学及文化价值的一般性原则,同时认识到其"强有力的物质、道德和精神层面再生性影响"[46]。除了将自然保护纳入文化文件,1962年建议书的重要创新点在于适用范围广,不仅适用于特定景观和遗迹,也关注历史建筑的周边区域,引发了其后关于环境和设置环境的学术兴趣。建议书本身不具有约束力,需依赖国家法律措施和规则,所以影响力有限。

1964年,第二届国际史迹建筑师和专业人员大会(The Second International Congress of Architects and Specialists of Historic Monuments)[①]通过了一项指导保护实践的国际准则——《国际史迹遗址保护与修复宪章》(也称为《威尼斯宪章》)。UNESCO与此次会议关系紧密,总干事勒内·马厄出席大会开幕式,开幕式后

---

① 英文原文有时也写作"II International Congress of Architects and Technicians of Historic Monuments"或"Second Congress of Architects and Specialists of Historic Buildings",后文均统一翻译为"第二届国际史迹建筑师和专业人员大会"。——译者注

文化部门具体负责人大福宏①(Hiroshi Daifuku)继续参会。[47]观点方面,《威尼斯宪章》提到了共同遗产的概念,将兴趣点从具体史迹拓展到了更大范围的城市和乡村设置环境,并认可各时期的有效贡献。然而,尽管《威尼斯宪章》强调适应新的社会需求的必要性,它仍优先考虑美学和历史价值。值得注意的是,本次会议采纳了UNESCO提出的建议,决定创建国际古迹遗址理事会(ICOMOS)。1965年,ICOMOS成立。

在这种令人兴奋的创新和国际专业交流的氛围中,新观点也层出不穷,比如旅游和文化遗产的关系,应对新建筑项目带来威胁的必要性,以及建立遗产保护综合性国际体系的愿景。UNESCO的一项研究分析了史迹保护工作对旅游进而对经济发展的贡献度,随后该组织大会于1966年通过了一项不寻常的决议,宣布旅游具有突出文化价值,并特别提及文化财产保存和有效开发计划之间的关系。[48]为应对无序增长、城市开发和工程作业对文化遗产保护日益增加的威胁,另一项国际准则《关于保护受公共或私人工程威胁的文化财产建议书》(1968)应运而生。[49]建议书阐明了文化遗产理念在这十年的演进发展,它把不可移动文化遗产放在历史街区和传统建筑的大背景下看待,而不是挑选出来的孤立的史迹;建议书强调了基于全域的城市和乡村设置环境的重要性。建议书主要在国家层面实施,因此并不涉及文化遗产地所具有的国际遗产价值。

---

① 大福宏(1920—2012),日裔美国人,考古学家,曾代表UNESCO参与起草《威尼斯宪章》。——译者注

UNESCO《世界遗产公约》草案之滥觞

上文提及的概念和倡议对世界遗产做出了重要贡献，UNESCO的公约草案拟写工作可以回溯至 1966 年大会。当时，大会授权总干事"根据有关国家的要求，研究落实合适国际保护体系的可能性，以保护作为人类文化遗产组成部分的少数史迹"[50]。重要的是，这一倡议涉及国际体系（这就意味着将采取系统性而非临时性手段）以及超越国家边界、拓展至国际范畴的遗产概念。同样值得注意的是"选择性"的概念，表明这个国际体系只针对少数史迹。

1966 年大会决议后的一系列工作推动了《公约》文本撰写工作。UNESCO 世界文化遗产发展处负责人大福宏，开始委托国际专家提交报告，以形成一份史迹修复指南。[51] 1968 年年初，UNESCO 召开特邀专家会，研究形成关于上述国际体系的提案。会议名称冗长复杂，但一目了然——着眼于国际社会采纳通过的关于保护文化财产、史迹和遗址之原则及科学、技术和法律标准的专家协调会。尽管自称为全球合作，但此项工作实际上由欧洲人主导。13 位参会专家中，超过一半来自欧洲国家；[52] 法国的罗贝尔·布里谢（Robert Brichet）、意大利的古列尔摩·德安杰利斯·多萨特（Guglielmo De Angelis d'Ossat）教授和波兰的扬·扎赫瓦托维奇（Jan Zachwatowicz）教授等提交了受委托撰写的技术文件；除去阿拉伯国家联盟（League of Arab States），所有非政府组织的参会代表是欧洲人。[53] 专家们比较了奥地利、西班牙、美国、法国、加纳、印度、意大利、日本、阿联酋、英国、苏联和南斯拉夫等 12 个国家的遗产保护体系，分析了各国体系蕴含的科学概念、操作原则，以及支撑国内和国际保护体系所需的法律条款。

这次会议的最终报告包含的概念、方法和措辞最后出现在1972年《公约》文本中,包括对"史迹、建筑群和遗址"的分类结构和蕴含人与自然共同作品的文化景观理念。自然遗产地也被包括在内,并非因为其对生态系统的重要性,而是因为其文化、美学和画境(picturesque)价值。专家们在报告中提出的最重要的建议与保护自然遗产的建议出奇地相似,即综合性国际体系应包括两个层面:国家层面保护所有文化遗产的体系,以及国际层面保护有选择的、具有普遍价值并需要技术和资金支持的史迹和遗址的体系。这一重要建议也解释了为什么存在一个鲜为人知的1972年《关于在国家层面保护文化和自然遗产建议书》,虽然它与《公约》同时通过,但一直以来基本上被忽视。[54] 参加1968年会议的专家当时并未提出建立包含普遍价值遗产地的总体清单,也没有明确UNESCO作为承担这项工作的行政机构。会议报告提出,需要一个"国际性保护机构,也可以是UNESCO"负责监督国际保护体系的落实,这一机构由各国专家、技术人员,以及常设工作人员组成。[55]

国际体系的基本架构与核心概念在讨论中逐渐丰富。专家们的兴奋和热情在会议报告中可见一斑——"全新的方式正当其时,用更加现代和富有活力的方式取代传统的方式……当代观点受到欢迎。文化遗产从未受到过如此多有见地的关注"[56]。次年又召开了一次专家会议,大部分参加1968年会议的专家出席,进一步研究建立这一体系的概念和具体措施。参会者仍主要来自欧洲。[57] 1969年会议研究了UNESCO委托撰写的两份工作文件,一份由比利时的雷蒙德·勒迈尔(Raymond Lemaire)和法国的弗朗索瓦·索兰(François Sorlin)负责,主要内容是关于保护具有普遍价值和名胜的史迹、建筑群和遗址的基本前提;另一份由法国的罗贝尔·布里谢和意大利的马里奥·马泰乌奇(Mario Matteucci)负责,旨在研究建立合适的国际体系的具体步骤。专家们建议着手准备一份 UNESCO 公约,强调有必要通过两个准则性文件:国家层面保护体系建议书和国际保护体系公约。[58]会议的最终报告非常重要,会后即由 UNESCO 印发。

20 世纪 60 年代的这些工作成就斐然,如果不向那些为 20 世纪文化遗产保护理论和实践奠定诸多基础的学术引领者们致敬,这一部分的论述就会有所缺失。贡献者众多,但其中一些关键人物影响深远。意大利建筑师皮埃罗·加佐拉(Piero Gazzola)主持了维罗纳历史建筑的修复工作,起草了《威尼斯宪章》,是 ICOMOS 首任主席并且主持了历史性的 1968 年 UNESCO 专家会议;比利时建筑师、鲁汶大学教授雷蒙德·勒迈尔为《威尼斯宪章》的起草做出了贡献,参与建立了 ICOMOS 并担任首任秘书长,参加了 UNESCO 专家会议并起草了一份工作文件;法国建筑师弗朗索瓦·索兰是历史古迹总监察,参与起草了《威尼斯宪章》,参加了 UNESCO 专家会议并起草了一份工作文件。[59]另外两位主要贡献者是波兰建筑学教授扬·扎赫瓦托维奇和意大利法官马里奥·马泰乌奇,他们也是《威尼斯宪章》起草组成员,并且为 UNESCO 专家会议撰写了技术文件。

在研究了专家会议的有关工作后,1970 年 UNESCO 大会审议通过了一份关于"通过一项保护具有普遍价值史迹和遗址的国际准则性文书的必要性"的文件。大会事实上同意开始准备"两份互为补充的关于保护具有普遍价值的史迹和遗址的文件"[60]。值得注意的是,UNESCO 这项工作与 IUCN 和美国同时开展的工作平行推进、没有交集。尽管1969年专家会议文件中出现了"世界遗产信托基金"的表述,布里谢和马泰乌奇起草的文件中也提到了罗素·特雷恩以及美国于1965年提出、IUCN参与的这一倡议,但它似乎没有得到多少关注。[61]参加UNESCO大会的会员国政府代表似乎也未将两个倡议联系起来。巴蒂斯说,他直到1970年才了解到IUCN提议的公约,并立即告知文化部门的同事。巴蒂斯注意到UNESCO秘书处有关部门各自为政的情况,当时文化部门既不担心另一个公约产生竞争,也未意识到斯德哥尔摩大会已经唤起强有力的运动。[62]因此,UNESCO继续起草两个关于文化遗产的准则性文书,浑然不知整个组织将很快被复杂磋商席卷,这场磋商汇聚众智,最终形成了1972年的《公约》。

美国的公约草案

第三个公约文本由美国起草,它的形成纯属机缘巧合。特雷恩表示,理查德·尼克松(Richard Nixon)1968年当选美国总统后,寻找从环境问题入手回应民意的工作抓手——为数众多的美国民众在民意调查中对环境恶化表示担忧。特雷恩回忆说,总统"组建了各种主题的工作组,为他作为候任总统提供政策建议",关于环境的工作组是后来增加的。特雷恩的朋友亨利·卢米斯(Henry Loomis)是负责该项工作的二号人物,邀请特雷恩领导环境工作组。特雷恩说:"我们的核心建议是,政府的行政部门应设专人负责环境方面的决策。最后,该建议以环境质量理事会的形式落地。"[63] 1970年,尼克松设立环境保护局和总统环境质量理事会。特雷恩被任命为理事会主席。

图1-3 罗素·E. 特雷恩 © Library of Congress, Prints and Photographs Division

特雷恩后来回忆尼克松1971年支持世界遗产的奇特情形：

> 我成为理事会首任主席，要牵头负责整合总统提交给国会的年度环境工作要点。尼克松在环境方面做得很好。我这样说，大家可能都不相信。他似乎对环境本身不是特别感兴趣，但非常支持……原因可能比较复杂，反映了尼克松的个性……他也很清楚年轻一代对环境问题极为关注，所以将环境问题作为优先领域之一。作家理查德·里夫斯（Richard Reeves）在《尼克松传：孤独的白宫岁月》[①]一书中描述，总统拿着黄色便签

---

① 英文原版书名为 *President Nixon: Alone in the White House*，中文版由经济日报出版社出版。——译者注

坐在摇椅上,列出他认为重要的事项,总共大约十个领域,包括他非常想深入参与的国防事务。随后,他在事项清单上加了几件事,并且说"我认为这些事情很重要,但我自己不想参与",其中就包括环境事务。[64]

特雷恩和其他世界遗产信托基金的支持者们巧妙地将他们的倡议和黄石国家公园百年庆典相结合。1971年,尼克松总统在提交给国会的工作要点中祝贺黄石公园成立一百周年。黄石公园是世界上首个国家公园,标志着全球国家公园运动的开端,它对所有美国人来说很重要,尼克松总统写道:

> 1972年,世界各国就以下原则达成一致正当其时:一些具有独特全球价值的区域应该被视为全人类共同遗产,它们应被纳入世界遗产信托基金来获得特别认可。这样的安排不会限制参与国家的主权,只会格外提升一些区域的国际认知度。这些符合条件的区域将在合适时获得保护和管理方面的技术支持和其他协助。我相信这样的倡议将为国际合作增加一个新的维度。[65]

尼克松总统在环境工作要点中指示政府官员"形成倡议并提交给合适的国际论坛,朝着世界遗产信托基金的目标推进"[66]。即将在斯德哥尔摩召开的联合国人类环境会议恰好合适。虽然知晓IUCN和UNESCO已经各有一个公约草案文本,美国人仍尝试整合出第三个文本。1971年8月,美国形成了《关于建立世界遗产信托基金的公约》草案,计划提交给1971年9月在纽约召开的斯德哥尔摩大会筹备会。美国文本提出了"遗产地总清单(overall inventory of sites)"和"最重要遗产地的选择性清单(selective list of the most significant ones)"的概念,这在 IUCN 和 UNESCO 的文本中都有所体现。美国文本还提出由缔约方选举专家组,负责制定保护标准,从清单中挑选和移除项目,通过拟设立的支持资金为有需求的区域和地点提供技术援助。不同寻常的是,美国草案没有明确世界遗产信托基金的秘书处。是因为美国人不愿意在 IUCN 和 UNESCO 之间选边站吗？一份内部备忘录显示美国倾向于把秘书处设在 IUCN,或许言不由衷,抑或的确如此。该备忘录称 IUCN"正在推动与世界遗产信托基金相似的提议,有望承担包括相应费用在内的职责。IUCN 的提议中没有规定该条款,或许是因为 IUCN 认为自身有充足的资源"[67]。也就是说,IUCN 可以使用自有资源组织和管理公约落实工作。

连线成面:最后的阶段

斯德哥尔摩大会筹备会吹响了三个内容互有重叠的公约的集结号。大会是世界领导人首次为了研讨环境问题共聚一堂。[68] 1971年9月,为大会做准备的"政府间保护工作组(IWGC)"在纽约召开会议,预期只会收到 IUCN 的公约草案,结果收到了三份——IUCN 的《保护世界遗产公约》、UNESCO 的《关于在国际范围内保护具有普遍价值的史迹、建筑群和遗址公约》以及美国在会间提交的《关于设立世界遗产信托基金的公约》。尽管文本侧重点稍有不同,但三个公约草案都涵盖文化和自然遗产。IUCN 草案主要关注国家公园和生态系统,也包含一些文化公园和景观；UNESCO 草案重视史迹、建筑群和遗址,同时涵盖具有文化、美学和画境价值的景观；美国草案对自然区域和文化、历史遗址给予同等关注。巴蒂斯用"怪诞(absurd)"来形容当时的情形。

IUCN 和 UNESCO 的文本目标相近。巴蒂斯将 UNESCO 文本交给环保主义者时,承认它过于倾向文化,并强调可在次年 4 月 UNESCO 举办的政府间专家会议上对文本进行修改。[69] 尽管如此,为大会做准备的"政府间工作组"认为,UNESCO 草案并未列入斯德哥尔摩大会进程,工作组将只审议 IUCN 草案。工作组通过了两个原则,用来指导 IUCN 文本修订:一是"世界遗产"的定义应该关注自然区域的保护,"但不排除文化遗产地";二是准备工作应该按计划进行,以便在斯德哥尔摩大会上收官。[70]

外交运作

纽约会议后,国际外交斡旋开始介入相关工作,主要是为了解决国际公约的重叠问题以及公约日常管理机构的掌控问题。三个草案都没有明确公约秘书处的问题。是设在 IUCN 这样的非政府组织,还是设在政府间的联合国系统?参与 IUCN 草案工作的专家不愿看到掌控权归于政府间官僚机构。而 UNESCO 认为这项工作属于该组织教育、科学和文化职权范围。[71] 这种情况下,一个解决方案是从 IUCN 草案中剥离文化内容,以便在斯德哥尔摩大会上通过;同样,也可以从 UNESCO 草案中剥离自然遗产,继而提交 1972 年秋天举行的 UNESCO 大会审议。

美国人支持合并成单一公约,所以对上述方案并不满意。UNESCO 这边,总干事马厄深信该组织草案可以拓展并兼容自然遗产,要求下属朝单一公约方向努力。1971 年 11 月,热拉尔·博拉(Gérard Bolla)卸下总干事办公室主任的职务后掌管文化部门。"对大西洋彼岸发生的事了然于胸"的巴蒂斯建议，博拉与美国人讨论这一方案。在后来的一次访谈中，博拉这样回顾他奔赴美国争取支持的外交之旅：

> 刚被任命15天，我即申请前往华盛顿出差……我会见了对这一问题感兴趣的美国团体……我表达，也倾听，要对公约进行根本性调整是完全可能的。1972年4月将召开专家会议。我们已经向专家们发出邀请。我们也将向各国政府说明情况，"听着，你们务必既派文化专家，也派自然专家参会，因为我们将非常严肃地研究将自然遗产地纳入的问题"。[72]

博拉与美国国务院、美国内政部和美国联合国教科文组织全国委员会官员会面。他特别赞赏美国国务院一位年轻律师卡尔·萨兰斯(Carl Salans)在会议安排方面发挥的作用。博拉离开华盛顿前，正式收到了美国对重新组织 UNESCO 公约草案的支持。[73]

对事情走向起决定作用的是两个联合国机构的领导人之间的沟通：UNESCO 总干事马厄与联合国人类环境大会秘书长、加拿大人莫里斯·斯特朗(Maurice

图1-4 1961—1974年 UNESCO 总干事勒内·马厄 © UNESCO

Strong)。斯特朗请马厄就 IUCN 草案发表看法,马厄在回应时坚称该领域属于 UNESCO 的职能范围。他指出,联合国机构内部重复工作实不可取,他呼吁斯特朗尽最大努力让各国免于"面对两个关于同一议题的竞争性提案"。他承认 UNESCO 文本过于重视文化遗产的史迹价值,提议在即将到来的专家会议上予以修改。[74]

马厄的呼吁成功了。巴蒂斯这样描述斯德哥尔摩大会政府间保护工作组随后于 1972 年 3 月开会的情形:

> 与会者们小心翼翼地进行协商以协调各相关方意愿,特别是那些坚持让自然保护获得与文化保护同等关注的环保主义者的意愿。最后,筹备委员会同意研究形成单一公约文本,并提交当年举行的 UNESCO 大会审议通过。[75]

1972 年 4 月,UNESCO 主办了一次政府专家会议,准备了两个国际准则性文件:公约草案和建议书草案。正是在这次关键会议上,《公约》实质上诞生了。会议汇集了来自 67 个国家的政府专家、观察员,以及 ICOMOS、ICCROM、IUCN、国际博物馆协会(ICOM)、国际风景园林师联合会(IFLA)等国际组织。会议再次以欧洲代表为主,其他参会者均匀分布在其他地区。[76]不幸的是,博拉和担任起草委员会主席的法国人米歇尔·帕朗(Michel Parent)在会议期间的手书笔记等资料在 1984 年 UNESCO 档案馆火灾中损毁。[77]有一点可以确定,会议期间发生了关于工作文件的程序性争论。美国人提交了给予文化遗产和自然遗产同等重视的草案,并认为应将此作为讨论的基础文件。但 UNESCO 坚持认为,就程序而言,工作文件必须是该组织关于保护具有普遍价值的史迹和遗址的公约草案。因此，美国代表团不得不提交多个修正案，将自身观点融入 UNESCO 的草案文本。巴蒂斯非常认可美国做出的重要贡献，提到专家将两个文本置于表格中进行对比[78]，"结果证明，这种对比具有积极意义，因为可以更深入地研究某些方面"[79]。

博拉用"紧张且艰难"来描述这次为期三周的会议。超过 60 个 UNESCO 会员国参加了 27 次全体会议。[80]各国政府对遗产价值门槛、真实性（authenticity）和完整性（integrity）的概念以及资金模式存在分歧。第一周的大部分时间，专家们都在走廊内讨论概念本身。文化遗产和自然遗产能否融合进一个公约？会议拒绝了几个建议自然和文化采取并行条款的修正案草案，倾向于将二者融合。文化专家的数量远超自然专家。博拉认为，需要被说服的是占多数的文化专家。博拉和巴蒂斯都认为，是帕朗将"文化和自然联姻的支持者和反对者"拉到了一起。[81]最终，会议建立了两个工作组，负责文化遗产和自然遗产的定义问题。博拉说，他们开始工作后，只用了 48 个小时就完成了任务。IUCN 关于自然遗产的条款被融入 UNESCO 草案中。[82]三周——时间确实很短——的会议结束时，专家们完成了最终文本的核心内容。博拉感谢美国人，特别是萨兰斯，协助简化和澄清措辞。斯德哥尔摩大会支持这个协商一致的文本，并建议各国政府在 UNESCO 系统内批准该文本。[83]

通过《公约》

1972 年 UNESCO 大会上，关于《公约》的提议先在第五委员会（关于综合计划事务）讨论，法国人让·托马（Jean Thomas）担任主持。尽管关键目标未受争议，但在博拉看来，当时的讨论如此激烈，以至于"围绕程序的争议和关于会员国责任的迥异看法,险些致使整个工作功亏一篑"[84]。

主要分歧是捐资模式,具体来说就是各国向拟成立的世界遗产基金缴纳费用是义务性质还是自愿性质。[85]大部分国家(主要是发展中国家),希望以会员国向 UNESCO 缴纳年度会费总额的1%向世界遗产基金义务缴纳费用。支持自愿捐赠的主要是发达国家,包括美国、英国、加拿大、联邦德国和苏联。尽管很多人认为美国之所以反对强制性缴纳费用是因为这会让他们缴纳太多,但美国政府内部信函揭示了完全相反的情况。1974年,美国国家公园管理局国际活动办公室的 R. G. 斯特吉尔(R.G. Sturgill)在写给一位同事的信中说,根据非自愿模式,各国只提供本国向 UNESCO 缴纳会费的1%,无法保证足够的资金来确保《公约》成功实施,因此美国奋力争取自愿捐赠模式,而不是非自愿模式。[86]鉴于各方未能就捐资模式达成共识,UNESCO 总干事提议将该具体条款的表决推迟到1974年大会,意味着整个《公约》的批准将一并延后。最终,第五委员会就此达成妥协。

当预计顺利通过的、协商一致的文本提交大会审议时,英国提出修改捐资模式致使程序中断。英国的修正案带来了不稳定因素,使会议一度陷入僵局。在其后的激烈辩论中,美国代表团突然改变立场,用博拉的话来说,"猝不及防"[87]。对后来发生的事,加拿大代表彼得·本内特(Peter Bennett)如此描述:

> 出乎所有人意料,美国毫无征兆地宣布他们接受协商一致的文本……并且要求立即对公约进行投票。投票结束后,公约以79票支持、1票反对、16票弃权(加拿大、英国、苏联和几个

西欧国家)获得通过。美国的变脸没有为他们赢得朋友,也没有提升他们在大会上的声望。值得注意的是,第二天早上,人们看到美国代表谦卑地就其代表团突然改变主意向所有人道歉。[88]

博拉证实,多国被美国代表团的行为激怒,德国代表对美国人的拆台行为表示不悦。[89]美国宣布支持后,大会立即在1972年11月16日晚上通过了《保护世界文化和自然遗产公约》和《关于在国家层面保护文化和自然遗产的建议书》。

"世界遗产"的概念出现于20世纪60年代。这一时代涌现出许多社会、文化和环境领域的公共政策。这一充满创造力的时代确立了自此以后无法复制的基准。1972年《公约》是遗产领域最后一批提出普遍价值和国际义务概念的全球协议之一。《公约》填补了保护重要文化和环境场所的国际协议和计划项目体系的巨大空白。1973年,美国成为首个批准公约的国家。1975年9月19日,瑞士成为第20个缔约国。3个月后的1975年12月19日,《公约》正式生效,这为1976年召开首届缔约国大会铺平了道路。①

---

① 缔约国大会是由《公约》所有缔约国组成的机构,每两年召开一次会议,主要负责选举产生世界遗产委员会成员、审查世界遗产基金账目、确定缔约国向世界遗产基金缴纳的金额、听取世界遗产委员会主席关于委员会活动的报告,以及围绕一些政策问题进行讨论。——译者注

第二章 认定世界遗产的程序

《公约》的非凡之处在于,将自然遗产和文化遗产纳入同一个全球准则性文件框架内。这在20世纪70年代并不寻常,因为当时大多数政府由不同部门分别负责文化事务和自然事务。本章记录《公约》早期至20世纪80年代的实施情况,这一时期的着力点几乎全部集中于《世界遗产名录》(以下简称"《名录》")的创建上。

《公约》本身包含的内容远多于建立《名录》。它的29条操作性条款中,有4条架设起负责《公约》实施的法定机构——缔约国大会、世界遗产委员会及其主席团、咨询机构和UNESCO秘书处。[1]为实现国际合作目标,《公约》近一半的操作性条款与资金募集和分配有关。[2]只有11条具体涉及遗产:第1、2条提供了具有突出普遍价值(outstanding universal value)的世界遗产的定义;第3、4条明确了缔约国认定和管理世界遗产的责任;第5条要求缔约国承担本国领土内遗产保护的责任;第6、7条提出了国际合作责任;第11、12条呼吁建立清单、《名录》和《濒危世界遗产名录》;第27条鼓励开展教育、提升意识;第29条提出关于报告的要求。

《公约》一经生效,UNESCO紧接着面临的挑战就是如何将其打造成一个有效的项目。UNESCO当时年轻的生态学家贝恩德·冯·德罗斯特(Bernd von Droste)自愿协助开展实施工作。他这样描述 1976 年世界遗产委员会 15 个成员[1]当选的情形：

> 必须确定标准，必须建立《操作指南》和委员会的《议事规则》。鉴于工作量巨大且 UNESCO 还没有提供资金……人们被要求以自愿形式提供服务。事实上文化部门并不需要建立自愿机制，因为该部门有一个法律标准处，项目专家安妮·瑞戴（Anne Raidl）作为时任负责人，理所当然地担负起协助《公约》生效后启动工作的责任。科学部门负责自然部分，没有人理应做这项工作，也没人主动请缨，特别是因为《公约》被认为晦涩难懂且与科学无关。从人与生物圈计划和生态科学司的角度看更是如此。[3]

从最开始，《公约》的缔造者们构想了一个具有突出普遍价值的遗产的选择性国际清单。遴选突出地点的进程在 UNESCO 和《公约》指定的咨询机构的领导下开展，具体工作包括制订遴选标准以及将遗产列入《名录》的其他要求。

《名录》的愿景

有必要回顾一下建立《名录》的初心。为与"有限数量的遗产地"这一理念保持一致，IUCN 最初提议基于 1962 年《联合国保护区和类似保护地清单》建立选择性清单。1965 年，美国关于世界遗

---

[1] 根据《公约》规定，世界遗产委员会成员由《公约》缔约国大会选出 15 个缔约国担任，《公约》缔约国数量达到 40 个以后，世界遗产委员会成员数量增至 21 个，本书第五章将进一步就世界遗产委员会进行论述。——译者注

产信托基金的提议呼吁"为数不多的达到高标准的区域和地点……只有那些无与伦比、独一无二、不可替代的区域和地点"[4]。1966年UNESCO大会提出将"少量的、作为人类文化遗产中必要组成部分的史迹"纳入一个由两部分组成的综合性国际体系——国家层面保护所有文化遗产的体系,以及国际层面保护有选择的、具有普遍价值并需要技术和资金支持的史迹和遗址的体系。[5]1971年,美国提出的草案文本重申了这一想法,即从"综合性全球遗产总清单"中挑选出"最重要遗产的选择性清单"[6]。

1975年12月《公约》生效后,缔约国面临制订实施指南和程序的挑战。为启动这一进程,UNESCO先后在瑞士莫尔日(1976年5月)和法国巴黎(1977年3月)召开筹备会,邀请《公约》涉及的IUCN、ICOMOS和ICCROM等三个咨询机构参会。参会的咨询机构代表均来自欧洲和北美。[7]此外,1977年3月的巴黎会议也包括"一小部分来自世界其他地区的专家"[8]。就《名录》的愿景而言,《公约》只是简单提出,它应由具有突出普遍价值的遗产地组成,其建立的总体原则交由筹备组予以明确。《名录》的规模没有正式限制,但应精心挑选,且实现文化遗产地和自然遗产地数量较好的平衡。这一愿景在早期发展中保持了连续性。

实际上,咨询机构在技术文件中提出了将愿景转化为可操作现实的路径。尽管ICOMOS乐见"有限数量的遗产地",但它鼓励世界遗产委员会对"普遍"这个词给予细致入微的解读,避免将其限定在那些最著名的遗产地,也应考虑知名度不够高但具有美学、教育和科学价值的遗产地。[9]IUCN从一个稍微不同的角度论证了"严格限制区域数量"的必要性,主要理由是有限的资金和援助应关注最高优先级的遗产地。IUCN认为:

《公约》考虑的区域将被限定为相对少数的、真正具有国际重要性的遗产……无论如何，世界遗产不是要保护和认可所有提议区域，而是只对相对少数的、被认为毫无疑问具有国际重要性的项目提供保护和认可。这并不否认所有合适区域可以得到合理保护和认可，但确实严格限制了《公约》框架下应予考虑的区域。[10]

IUCN列举了几个支持选择性清单的原因，包括快速响应"世界最高优先级受威胁区域"的需要、《公约》较少的可用预算、"小型却平衡的计划"更容易成功以及国际资金仅供"具有最重要国际意义区域"使用的期望。[11] 此外，IUCN还谈到其他保护具有重要国内和国际意义的地点和物种的既有机制，包括泛美和非洲湿地公约、《联合国保护区和类似保护地清单》，以及人与生物圈计划。筹备组最终提交给委员会的报告表达了他们的希望——"只有那些毫无疑问真正具有重要国际意义的项目才能被列入"[12]。

筹备组1977年文件提出的观点和表述在委员会的决定中得到体现，进而纳入《操作指南》。作为向大众传播世界遗产概念和保护方法的正式文件，《操作指南》是传播世界遗产委员会动向的重要文件。可以说，由于2000年之前的电子通信状况，仅有国家层面或遗产地层面的少数人能够看到委员会的其他文件和报告。因此，《操作指南》使得《公约》实施的规则更易被人们知晓。从这种意义上来说，《操作指南》对遗产实践的影响比世界遗产委员会其他任何文件的都要大。

1977年的工作文件对首版《操作指南》产生了影响，特别是在

《世界遗产名录》规模、"专有性(exclusive character)"以及对"普遍"的定义等方面。工作文件强调需要"一个渐进过程,让拟议的评估标准得到检验、更加明确,但这并不意味着应该对列入《名录》的遗产总数和缔约国可以申报的遗产数量施加正式限制"[13]。它进一步阐明《公约》"无意向所有具有重大利益、重要性和重要价值的财产和区域提供保护,只保护从国际视角来看最杰出的、选择性清单上的遗产"[14]。关于对"普遍"一词的不同观点,工作文件建议将该词定义为"获得'人类的大部分或重要部分'的认可"[15]。首届世界遗产委员会几乎一字不差地批准了这些建议并将其纳入《操作指南》。"几个委员会成员强烈认为,《名录》应该是专有的。考虑到其影响力,应以最谨慎的方式建立《名录》,并努力实现地理平衡、文化遗产与自然遗产平衡。"[16]

关于《名录》的规模,首版《操作指南》的文本直接援引工作组文件:

> 文化遗产和自然遗产应逐步纳入《名录》,无论是《名录》遗产总数还是每个缔约国后期可以申报的遗产数量,都不该被限制。[17]

关于《名录》的选择性特点,文本表述大幅引用了IUCN的技术文件:

> 《公约》向被认定具有突出普遍价值的文化和自然遗产地或遗产区域提供保护工具。《公约》无意向所有具有重大利益、重要性和重要价值的财产和区域提供保护,只保护从国际视角来看最杰出的、选择性清单上的遗产。[18]

世界遗产委员会对筹备组提交的"普遍"一词定义的段落修改最多,反映了该词的复杂性。不过,ICOMOS的技术文件对其也有所启发:

"突出普遍价值"中"普遍"的定义需要一些解释。一些遗产可能不会被所有人、所有地区认为具有高度重要性和重大意义。文化和时代的不同可能导致观点差异,因此"普遍"一词应被解读为"某项遗产对其所属的文化具有高度代表性"。[19]

这些表述多年未变,其中的某些部分在《操作指南》现今版本中依然存在。它们强调了《公约》早期的非凡共识:《名录》是开放式的,由精心挑选的文化和自然遗产组成。

突出普遍价值的构筑

世界遗产体系的核心是认定符合标准的遗产。《公约》生效时,缔约国尚无认定具有突出普遍价值遗产的操作性工具。应该如何遴选遗产地?《公约》明确了须具有突出普遍价值这一门槛。但必须注意的是,"突出普遍价值"这一表述在《公约》英文版中出现13次,但从未被定义。

措辞很重要。这方面,以下措辞微调值得注意。《保护世界文化和自然遗产公约》标题中使用了"世界"一词,"保护具有突出普遍价值的文化和自然遗产的政府间委员会,称为'世界遗产委员会'"(第8条第1款)和"保护具有突出普遍价值的文化和自然遗产基金,称为'世界遗产基金'"(第15条第1款)中使用了"突出普遍价值"这一表述。尽管未予明确定义,《公约》第 1、2 条指出,从历史、艺术、科学、民族志学或人类学的角度考量文化遗产的突出普遍价值,从科学、保护或自然美的角度考量自然遗产的突出普遍价值。[20] 世界遗产委员会"要制订相应标准"(第 11 条第 2 款)对突出普遍价值做出判断。

建立评估标准:1976 年—1980 年

UNESCO 在莫尔日和巴黎举办了两次筹备会,为制订遴选具有突出普遍价值的遗产地的评估标准奠定了基础。咨询机构的技术文件对框定评估标准的概念和措辞非常重要。[21] 为广泛听取多方意见,包括拟议评估标准在内的第一次会议总结报告分发给全球各地的 100 余位专家。此外,ICOMOS 还邀请其 55 个国家委员会提出意见建议。[22] 征求意见情况作为工作文件提交给首届世界遗产委员会会议审议,对标准制订工作很有帮助。这次会议期间,两个工作组在全体会议辩论之后成立,进一步完善这项工作。法国人米歇尔·帕朗和美国人戴维·黑尔斯(David Hales)分别主持文化遗产工作组和自然遗

图 2-1 米歇尔·帕朗于 1980 年前后 © ICOMOS

产工作组。[23]评估标准一经批准,便在首版《操作指南》上发布。委员会表示,标准在运用于具体提名项目后,可能需要进一步完善。

就这样,评估标准在1977年至1980年陆陆续续更新迭代。这也较早说明,对不同文化和地区的遗产地进行评估是一项复杂工作。值得注意的是,ICOMOS和IUCN在1976年的技术文件中提出的基本概念,经受住了历次修订的考验。法国代表团团长、委员会报告员帕朗1979年对最初提名的84项文化遗产项目所做的分析,对修订评估标准做出了重要贡献。[24]

文化遗产标准

除去文字表述方面的改进,1976年至1980年文化遗产标准最显著的变化是从具体的要素转向一般性原则,从建筑或地理视角转为人类学视角。标准(ⅰ)保留了ICOMOS于1976年提出的艺术维度,但从强调建筑师和建造者的成就转向表达创造天赋。1980年版《操作指南》指出,遗产应"代表独特的艺术成就,是创造天赋的杰作"[25]。

标准(ⅱ)延续了ICOMOS的观点,注重遗产历经时空对发展产生的影响,同时增加了城市维度,并用文化区域替代地理区域,这是非常重要的区别。1980年版本阐明,遗产应"对特定时期或特定文化区域在建筑和史迹性艺术、城镇规划和景观设计发展方面产生重大影响"[26]。

标准(ⅲ)从对古代(欧洲)的关注,演变为从更符合人类学的视角审视不同文明,1980年版本的表述是,遗产"是业已消逝的文明独有或至少是罕有的见证"[27]。

标准(iv)保留了最初 ICOMOS 和 ICCROM 的类型学概念,但从强调建筑风格、施工方法和聚居形式的具体特点转为更具概括性和包容性的阐述。此外,本条标准还删除了"威胁"的提法,并基于帕朗关于比较分析的关切增加了对历史背景的要求。1980 年版本的标准(iv)这样表述:"是展示某个重要历史阶段结构类型的杰出例证"[28]。

关于标准(v),ICOMOS 原本强调传统建筑风格、建造方法和人类聚居地的观点被大幅修改。ICOMOS 关于威胁要素的部分得以保留,但标准(v)从建筑视角转变为人类学视角,重点关注不同文化中的传统人类聚居地。1980 年版本要求遗产"是代表某种文化且受不可逆变化影响而变得脆弱的传统人类聚居地的杰出例证"[29]。

标准(vi)保留了 ICOMOS 提出的"关联性价值"概念,但删去了其中关于个人(相关遗产)申报资格的表述,因为帕朗观察到一些遗产与"学者、艺术家、作家或者政治家"相关。帕朗考虑了有关将美国爱迪生实验室列入《名录》的建议后提出,《名录》不应该成为"某种具有竞争性质的各国名人荣誉榜",而应该聚焦他们创造的杰出作品。[30] 此外,对于"可能已没有物质遗存但曾是重大历史事件发生地的这种极端情况",他表达了担忧。他特别提到了塞内加尔戈雷岛[①]的奴隶遗址和波兰的奥斯威辛集中营。他勉强同意将"一个萦绕于历史地点上的'理念'"列入《名录》符合《公约》精神,但认为应优先关注"有形的"文化遗产。[31] 讨论过程中,委员会认识到"关联

---

① 本书中提及的世界遗产项目,均采用世界遗产中心网站提供的中文译名。当英文原文使用项目简称时,译文也相应简化。——译者注。

性价值"可能涉及政治维度,指出应较少使用该标准:

> 应特别注意以标准(vi)申报的项目,避免因为大量潜在的此类提名项目和政治问题减损《名录》的价值。特别是关于历史事件或名人的项目,可能受到民族主义或其他与《公约》目标相悖的排他主义的强力影响。[32]

1980 年版本的标准(vi)用"普遍"意义取代"历史性"意义,并增加"直接或物质"作为进一步限定,以强化遗产的物质性,因此要求遗产地"与具有突出普遍意义的事件或观念、信仰存在直接或物质关联(委员会认为,此条标准只有在特殊情况下或与其他标准共同使用时,才能论证列入《名录》的合理性)"[33]。

自然遗产标准

IUCN 在 1976 年筹备会上提交了自然遗产评估标准。[34] 这些标准在 1976 年至 1980 年基本保持原样。不过,可能是为了体现《公约》关于自然与人互动的基本原则,委员会曾尝试在其中增加文化维度。委员会的行动可能正是 IUCN 最担心的:在 UNESCO 的《公约》框架下,自然遗产能否得到平等对待。委员会给自然遗产评估标准增加的文化维度表述,仅有一些被保留下来,成为日后部分困境的根源。

关于标准(i),IUCN 最初建议关注地球演化的例证。示例中包括的遗产地,"展现自然遗产和文化遗产共同阐释史前人类如何诞生于植物、动物、气候和其他影响进化的因素形成的环境中"[35]。

"环境与人类进化相关联"的说法在 1977 年委员会首届会议上经过微调予以保留,但 1980 年版本中标准(ⅰ)简化后不见踪影。此版本的标准(ⅰ)要求遗产地"是地球演化史中重要阶段的杰出例证"[36]。随后,古人类化石遗址(fossil hominid sites)按照文化遗产标准评估。[37]

关于标准(ⅱ),IUCN 最初建议聚焦持续的自然过程,未提及文化。1976 年筹备会期间增加了"文化演进"的表述,并以梯田农业景观为例,说明人类活动与土地的相互作用。[38] 1980 年版本的标准(ⅱ)保留了这一表述,要求遗产地"是持续的重大地质过程、生物进化和人与自然互动的杰出例证",特别强调动植物群落、地貌、海洋和淡水水体持续发展的过程。农业梯田的例子未能保留。[39]这一标准后来被认为与《公约》文本中对自然遗产的定义不一致。[40]

标准(ⅲ)经历了最为重大的变化。IUCN 最初建议只涉及突出的自然特征,随后增加了与美相关的文化维度。筹备会期间,"具有卓越自然美的区域"这一全新的、主观的概念被提出。[41] 1977 年委员会批准了这一改动,修订后的标准(ⅲ)在 1980 年版本中要求遗产地"蕴含绝妙的自然现象,具有卓越自然美的地貌、特征或区域"。说明文本(explanatory text)列举了突出的生态系统特征和自然体征、大尺度的景观以及自然与文化要素的卓越结合。[42]这一标准后来被认为与《公约》文本中对自然遗产的定义不一致。

标准(ⅳ)关注稀有的受威胁物种的栖息地。IUCN 最初的建议基本上被保留下来,1980 年版本要求遗产地"包括最重要和最有意义的、从科学或保护角度来看具有突出普遍价值的濒危动植物种仍然存活的自然栖息地"。[43]

列入《名录》的其他要求：1976年—1980年

遗产地通过符合文化遗产6条标准和自然遗产4条标准而具有突出普遍价值后，还需要在其他方面接受评估，包括真实性或完整性，以及保护措施。文化遗产应满足真实性要求，自然遗产应具有完整性。管理和保护问题在这一时期很大程度上被忽略。

真实性

世界遗产体系真实性的概念源自ICOMOS，虽然1976年筹备会的工作文件令人费解地使用了"品质的统一性和完整性（unity and integrity of quality）"的表述，但会上很快被改为"真实性"。ICOMOS认为，这一概念的认定基于"环境、功能、设计、材料、工艺和状况"等属性特征（attributes）。[44]在筹备组讨论过程中，设计、材料、工艺和设置环境等属性特征得以保留，但功能和状况等属性特征不复存在。1977年委员会首届会议通过的对"真实性"的定义如下：

> 遗产应满足设计、材料、工艺和设置环境的真实性检验。真实性不限于最初形态和结构，也包括在历史过程中后续的具有艺术或历史价值的调整和增补。[45]

真实性的含义几乎立刻受到大量提名项目的挑战。特别是波兰提名重建的华沙历史中心，推动了对真实性含义的进一步反思。

图 2-2　重建的波兰华沙市集广场 ⓒ UNESCO/ A. Husarska

问题的焦点在于，真实性是必须通过物质属性特征衡量，还是可以只依靠非物质的属性特征做出判断？这也为后来的辩论埋下了伏笔。[46]华沙在第二次世界大战中被摧毁。作为重塑民族骄傲的举措，这座城市艰辛重建。尽管重建工作基于专门技艺和科学研究，但无法否认华沙是重建之城。1978 年 6 月，ICOMOS 给委员会主席团的建议中对华沙历史中心符合真实性标准提出质疑，并提议"进一步听取专家意见"[47]。主席团决定推迟审议这项提名，"以便专家进一步评估真实性标准"[48]。1979 年 10 月，主席团在再次讨论该项目时出现分歧。讨论聚焦于这一提名是否满足真实性要求，以及秘书处并没有收到关于复原建筑和重建建筑的占比信息，因为二者截然不同。主席团会议还提到了帕朗即将正式出炉的关于首批提名项目一般性问题的报告。[49]关于真实性，帕朗在报告中提出了一个问题：

　　委员会一开始即确定真实性是必要条件，《名录》不应该列入完全损毁或重建的城镇或其中某部分，无论重建的质量如何……现在的问题是，后者是否可以因为与重建有关的特殊历史背景而被列入《名录》。[50]

　　帕朗知道 ICOMOS 的《威尼斯宪章》禁止重建，于是在"复原（restoration）"和"重建（reconstruction）"的区别上做文章。就"华沙困境"的具体情况，帕朗提出了一个问题——"一个 20 世纪的系统重建项目能否基于历史理由而非艺术理由被列入《名录》呢？"[51] 帕朗虽然承诺在结论中给出答案，但实际上一直没有兑现。

　　1979 年，第 3 届世界遗产委员会会议讨论了帕朗报告中的一般性问题，没有具体讨论华沙项目。不过，委员会决定设立几个工作组，继续修订标准。[52] 此后，ICOMOS 关于该项目的态度出人意料地出现反转，其 1980 年 5 月向委员会主席团提交的建议中指出，从严格意义上讲，真实性可能并不适用，但其真实性源于波兰于 1945 年至 1966 年重建 13 世纪至 20 世纪历史的独特成就，故建议将华沙项目列入《名录》。[53] 主席团同意 ICOMOS 的意见，建议将华沙"作为与具有极其重要历史意义事件相关联的文化遗产被异常成功且一模一样地重建的象征"列入《名录》，并补充说明"未来不能再将其他重建的文化遗产列入"[54]。同年，委员会决定将华沙项目列入《名录》，未做其他评论。委员会修订了对真实性的定义，对重建项目加以限制，这反映了对重建项目的普遍担忧。[55] 至此，遗产需"满足设计、材料、工艺和设置环境方面的真实性（委员会强调，重建只有基于原建筑全面细致的档案且不得有任何臆测,才能被接受)"[56]。从技术角度看,何为臆测,可能不得而知。

完整性

1976年IUCN的技术文件建议,完整性的核心在于遗产地的范围足以涵盖所有或大部分与其重要性和延续性相关的关键要素。文件清晰地使用单独的段落和案例解释完整性适用于每一条标准时的含义。[57]比如,代表地球演化史重要阶段的区域应"包含遗产地自然关系中所有或大部分相互关联和相互依赖的关键要素",代表濒危物种栖息地的区域应"有足够的空间并包含有关物种生存必需的栖息地要求"[58]。IUCN对标准(ⅰ)演化类遗产地、标准(ⅱ)生态系统及标准(ⅳ)栖息地的措辞几乎被完整保留。关于自然地貌和自然美区域的标准(ⅲ)被微调,增加了珊瑚礁的例子。1980年版《操作指南》还增加了强调迁徙物种完整性的段落,后被并入关于栖息地的段落。[59]

管理和保护

奇怪的是,委员会早期版本的《操作指南》几乎不提管理和保护问题。1976年IUCN的技术文件曾建议,应在列入《名录》的过程中考虑管理问题,这很有道理。IUCN受《公约》(第5条)启发,建议积极考虑那些依靠制度约束、实际能力、专业人员和财政资源等管理自然区域、保护世界遗产价值的提名项目。IUCN进而提出一个严格的条款,其中所述正是许多世界遗产地后来出现的情况:

如果某个区域或者（某些情况下）其邻近土地，拟用于与自然保护冲突的事情（伐木、放牧、采矿、水电项目）或者可能产生消极影响的事情（污染型产业、航空线路、高速公路），那么投入稀有的世界遗产资金资源、浪费本可用来保护其他区域的时间，可被认为是不合理的。[60]

IUCN 的这些建议未被工作组保留。ICCROM 提交给本次会议的报告则关注文化遗产的劣化问题，认为这为研究推动"保护科学从总体上"改善提供了机遇。[61] ICOMOS 的技术报告没有提到管理和保护要求。筹备组的报告仅从教育角度谈及保护问题，"应考虑提名项目的保护状况以及围绕保护问题开展科研和培训情况"[62]，呼应了 ICCROM 的观点。

从 1976 年到 1980 年，在国际遗产地选择性清单这一共同愿景的引领下，一个指导《名录》发展、要求严格的框架搭建完成。在 UNESCO 的领导下，IUCN、ICOMOS 和 ICCROM 发挥咨询机构的作用，世界遗产委员会建立、检验并调整突出普遍价值的评估标准，以及真实性和完整性的基本要求。管理和保护几乎没被关注，法律保护手段根本未被提及。可见各方的注意力都聚焦于扩展《名录》这一激动人心的美好前景。

第三章 扩展《世界遗产名录》：1978年—2000年

随着全球参与日趋广泛以及"世界遗产"金字招牌热度渐涨，《名录》从1978年的12项增至2000年的数百项。[①] 随着项目数量逐年增加，诸多令人困扰的问题也浮出水面，包括《名录》的规模、文化遗产和自然遗产适当平衡以及不同区域和文化的合理分布。为解决这些问题，世界遗产委员会探索战略，以建立更具可信度、平衡性和代表性的《名录》，并在20世纪80年代和90年代做出关于景观和真实性的重要政策决定。但诸多倡议收效甚微。20世纪临近尾声之际，建立一个合理且可管理的体系的压力与日俱增。

最初20年，《名录》中的项目迅速增加，但不均衡。委员会常常就《名录》情况及问题进行讨论。虽然数据只能在一定程度上说明问题，但图3-1有助于研究提升《名录》公平性和可信度的政策。1978年至2000年三项数据尤为相关，即《名录》项目的数量增长和区域分布，以及文化遗产、自然遗产和混合遗产的占比。[1]

扩展《名录》的工作起步谨慎，直至20世纪90年代中期都以适当的速度增长，1978年是《名录》启动的第一年，委员会首次使用当时拟好的评估标准，仅批准了12个项目。第二年，50个项目蜂拥

---

① 截至2000年，总数为690项。——译者注

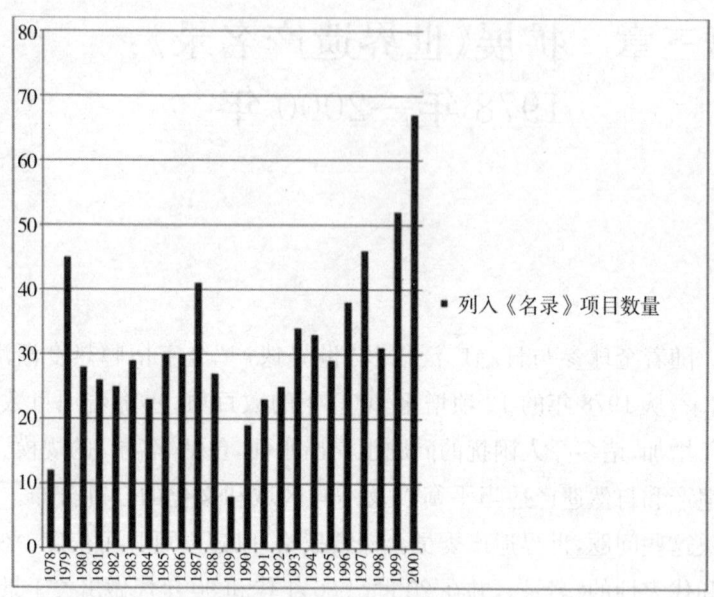

图 3-1　1978 年至 2000 年列入《名录》项目数量年度统计 ©
UNESCO/Mechtild Rössler and Anand Kanitkar

而至,委员会审议批准其中 45 个列入《名录》。此后,尽管申报项目数量增长更为迅速,但每年列入《名录》的项目基本维持在 25 个至 30 个。比如,1987 年委员会审议了 63 个项目,最终将其中 41 个列入《名录》。到了 1996 年,申报项目已激增至评估体系无法负荷的程度,1997 年和 1999 年分别有 46 个和 48 个项目列入《名录》。2000 年创下纪录,89 个项目接受审议,其中 60 个列入《名录》。这种不可持续的规模凸显了改革的紧迫性。

尽管数量并非衡量文化遗产、自然遗产和混合遗产是否平衡的唯一方法,但数据清晰地表明,文化遗产一直在《名录》中占据主导地位。任意年份的新列入项目中,至少 70% 为文化遗产,20 世纪 90

年代高达80%,甚至90%。截至2000年,《名录》中文化遗产占比76%(529项),自然遗产占比20%(136项),混合遗产占比4%(25项)。

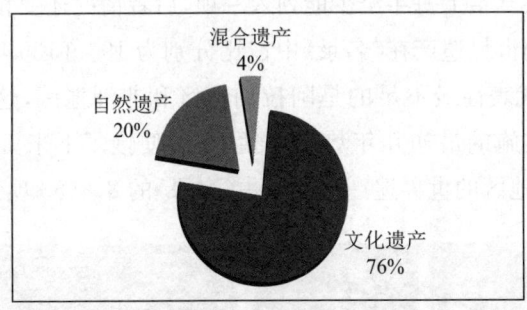

图3-2 截至2000年文化遗产、自然遗产和混合遗产数量占比 © UNESCO/Mechtild Rössler and Anand Kanitkar

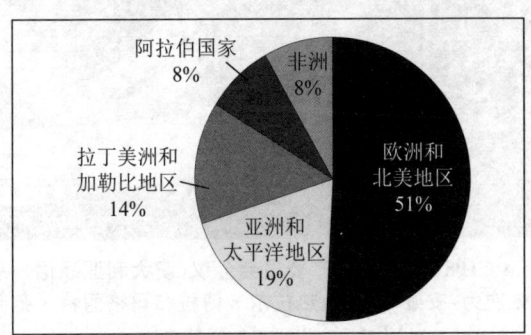

图3-3 截至2000年世界遗产区域分布占比 © UNESCO/Mechtild Rössler and Anand Kanitkar

就世界遗产的区域分布而言,欧洲和北美地区一直在《名录》中占据主导地位。最初,超过一半的列入项目来自那里。20世纪80年代初,欧洲和北美地区的列入项目占比降至30%,但到了20世纪90年代中期,占比再次超过半数,甚至达到令人震惊的60%——

70%。截至 2000 年,《名录》中的世界遗产总数达到 690 项,欧洲和北美地区独领风骚,占比达 51%(351 项)。亚太地区、拉丁美洲和加勒比地区基本上每年至少能列入一项,后者情况还要稍差些。这两个地区的世界遗产在《名录》中占比分别为 19%(135 项)和 14%(98 项)。代表性最不足的是阿拉伯地区和非洲地区,这两个地区在《公约》实施的最初几年势头迅猛,随后便慢了下来。截至 2000 年,这两个地区的世界遗产分别仅占《名录》的 8%(53 项)。

图 3-4 1981 年世界遗产委员会会议(澳大利亚悉尼),从左到右依次为:安妮·瑞戴、热拉尔·博拉和玛格丽特·范弗利特(Margaret van Vliet) © Bernd von Droste

《名录》的规模

《公约》的缔造者们设想建立一个高度选择性的名录,其中的遗产地应满足突出普遍价值的严苛要求。[2] 秘书处牢记这一目标,考虑了两种方案：一种是直接启动列入《名录》的程序；另一种是循序渐进，按照《公约》要求（第11条第1款），先建立《缔约国拟申报项目的清单》（以下简称"《清单》"）作为列入《名录》的基础。当时受聘于UNESCO文化遗产司、1976年至1991年活跃于世界遗产领域的律师瑞戴在访谈中说，秘书处当时意见并不统一：

  那时，我从最开始就认为整个局面将不受控制，将会有太多项目列入，最好严格按照《公约》文本要求开展工作，由缔约国先行提交《清单》，然后再列入项目。只有我强烈支持这一点，博拉先生和巴蒂斯先生则希望更加迅速地推进工作。[3]

尽管瑞戴承认很难确定何时才会有足够多的国家批准公约并完成《清单》，以便推进下一步工作，但她仍然认为有必要在起始阶段就限制列入《名录》项目的数量。

UNESCO生态科学司的贝恩德·冯·德罗斯特从最初就参与《公约》工作，他同意瑞戴关于该讨论一直限于秘书处范围的说法。他回忆说，在1977年首届委员会会议开始前和进行中，秘书处建议自然和文化遗产的上限均设定为100项。冯·德罗斯特解释说，提议这个上限是因为突出普遍价值的概念最初以一种较为简单的形式存在，他当时担心，一旦出现"无限制的子分类"，无论多少项遗产列入《名录》都能被论证为合理。他把对数量的限制与支撑体系的能力联系起来，强调国际社会资源有限：

  只有通过限额来明确工作边界，保护……才具有操作性。《公约》并没有说不在《名录》里的遗产就不具有突出普遍价值。

是的，它们具有且一定有。但是……委员会也有义务确保《名录》具有可操作性和可信度、目标可实现、资金够用且服务保障到位。[4]

雅内·罗伯逊·韦尔纳（Jane Robertson Vernhes）自1979年开始在UNESCO工作，她回忆道：

> 米歇尔·巴蒂斯特别提到过，肯定要有某种限制，这是一个非常有声望的名录，名录上都是世界范围内真正的明星项目。由此，我认为，《名录》应该有某种限额，以维持《名录》的高水准。[5]

自1977年首届委员会会议起就开始参与美国代表团工作的罗布·米尔恩（Rob Milne）说："最初没人想过《名录》会收录近1000项遗产。我认为，那时人们需要绞尽脑汁才能说出100处最重要的遗产地。"[6]

委员会本身没有为《名录》设定数量限制，但是，关于大量提名项目蜂拥而至的担忧很早就出现了。当1978年首批世界遗产列入《名录》时，委员会就讨论过是否应该限制每个国家和每年提名项目的数量。[7]实际上，委员会一直在限制数量的客观必要性和主观不情愿之间举棋不定。1979年，面对当年的50个待审项目，委员会承认这是个问题，但仍表明"不应限制提名项目的数量"[8]。

从1978年至今一直参与世界遗产工作的突尼斯考古学家阿兹丁·贝绍伍什（Azedine Beschaouch）表明了自己对狂热的申遗活动的看法。他回忆，早期的确存在通过迅速行动来彰显《公约》重要性的压力。他说，比利时文物保护建筑师雷蒙德·勒迈尔告诉他，"扩展《名录》是正常的……没人能为一个仅有 20 项或 30 项遗产的《公约》宣传，至少得有 100 项"。在贝绍伍什看来，这解释了为何委员会早期解读列入要求时较为宽松，而随着《名录》扩展逐步收紧了要求。[9]

咨询机构形成了自己的立场。IUCN 做了内部评估后，就自然遗产数量的非正式限额提出建议。1977 年至 1980 年在 IUCN 工作的哈尔·艾德斯维克（Hal Eidsvik）描述了这一建议的决策过程：

> 那时我在 IUCN 工作，对自然遗产数量还没有明确限制。但 1980 年我离开 IUCN 时，我们当时在准备一份缔约国其实既不需要也不想要的"潜在世界遗产地清单（an inventory of potential World Heritage Sites）"，作为缔约国……的参考清单。清单于 1981 年完成，当时我已离开 IUCN 一年。我前期做了准备工作。在准备清单过程中，我在之前一年还参与了《联合国国家公园和保护区名录》的编制工作。我们在 IUCN 坐下来，国家公园委员会进行内部研讨。《公约》应包含什么样的世界遗产地？我们看着《联合国国家公园和保护区名录》说："肯定不会是这个名录的 100%，也不会是 50%，应该是 10% 还是 1% 呢？"然后我们达成一致，是 10% 左右。那只是一个主观判断，并没有科学依据作为基础。[10]

1981 年委员会会议报告印证了艾德斯维克的回忆。会上，IUCN 表示"根据目前通过的标准，《联合国国家公园和保护区名录》中 2000 个自然区域中 5%—10%"满足列入《世界遗产名录》的条件"。

换言之，IUCN 预计世界自然遗产地的总数在 100 项至 200 项之间。[11]

1980 年至 1983 年在 IUCN 负责世界遗产工作的杰夫·麦克尼利(Jeff McNeely)协调了《世界上最伟大的自然区域(1982)》报告的研究工作。这份国际清单由生物地理领域的专家负责，收录了 219 个卓越的自然区域。麦克尼利在前言里写道，这份国际清单"旨在说明各类可以被认为具有世界遗产特质的区域；我们希望这份远未穷尽、尚不完整的清单能激发更多关于杰出遗产地的想法，并能更为直接地鼓励缔约国提名这份清单上的项目"[12]。在访谈中，麦克尼利在回顾这一过程时说，IUCN"早早选定了最优秀的遗产地"，但也承认扩展清单在所难免。"我认为很难为任何特定限额进行辩解，但我们应该尽力确保《名录》项目都具有突出普遍价值。"[13] 1994 年至 2000 年担任 IUCN 世界保护地委员会主席的阿德里安·菲利普斯(Adrian Phillips)这样回忆 IUCN 最初对数量的预估：

> 无论是 250 项还是 300 项，数字并非随意产生……是基于 IUCN 对海洋、森林和地球两极等区域的分析，这为我们判断多少遗产地确实具有突出意义而值得列入《名录》提供了抓手。[14]

文化遗产方面的挑战更大。冯·德罗斯特察觉到文化部门最初的困惑："面对《公约》，文化部门的同事彻底迷失了，彻彻底底。他们连续几个小时发表意见、互相争辩——是应该优中选优，还是按类别挑选最优？抑或是选择最受威胁的遗产？但他们从未考虑过具体数量。"[15] 冯·德罗斯特关于数量的说法，遭到了 1979 年至

1982年在ICOMOS工作的弗朗索瓦·勒布朗(François Leblanc)的反驳。勒布朗回忆说,ICOMOS早期预计《名录》中文化遗产总数在3000项至6000项之间,"特别是考虑到《名录》未来将向欧洲以外国家的遗产开放。一旦向世界其他地区开放……就可能发现大量此前没有认识到的遗产地"[16]。那些年负责向世界遗产委员会汇报ICOMOS评估建议的莱昂·普雷苏耶(Léon Pressouyre)表示赞同:"我从未听过任何人认真地支持限额的想法,从来没有人说过最多是500项、1000项还是2000项。当时的想法更像是摸着石头过河。"[17]委员会在1982年一次关于列入程序的讨论后,明确表示《名录》的选择性应只基于突出普遍价值这一门槛。"几位代表认为,措辞中不应有任何对可能列入《名录》项目的范围、种类进行限制的暗示。"[18]

到1985年,整个系统已明显不堪重负。UNESCO助理总干事提请委员会解决"不断增长的提名项目数量"问题,指出这一重要问题不但没有消失,反而愈演愈烈。[19]委员会主席团大胆提出减少每年审议提名项目数量的建议:

　　主席团提出每年审议项目的总数(讨论中提出最多为20项或25项);
　　对每个缔约国被准许提交项目数量的限额(比如2项);
　　已有大量项目列入《名录》的国家暂时且自愿停止提交新申报项目。[20]

然而,委员会直接拒绝了这些措施,更倾向于呼吁各国自愿限制提名数量。[21] 2年后,文化遗产提名项目激增,再次引发了人们对

《名录》连贯性和世界遗产体系支撑能力的担忧。

1986年和1987年世界遗产委员会主席吉姆·柯林森（Jim Collinson）表达了他对列入如此众多遗产地的担忧：

> 当时我担心……我们在提名程序方面花的时间有限，因为我们要讨论其他问题，包括检视已列入《名录》的遗产地运行和管理状况，是否存在一些困难，有哪些问题需要委员会直接提供技术协助或少量资金或者提请会员国予以关注。我们没有足够的时间讨论这些问题。我们也没有很多时间讨论评估标准，特别是操作程序。这也引发了从那时起开始的对操作程序的反思。[22]

他说，1987年世界遗产委员会审议了超过60个提名项目，其中46个是文化遗产提名项目，时间有限就意味着一些项目"可能没有得到应有的关注"。"当时处于两难境地，是将项目推迟一年让会员国①惴惴不安，还是尽最大努力审议项目并期待得出正确的结论？"[23]次年，UNESCO提醒委员会应"更好地解决持续增长的提名数量问题，以实现《公约》的根本目的——保护世界遗产、监测其保护状况并募集资源以确保实现目标"[24]。委员会在1992年战略回顾期间，保持原有立场，重申其观点——不应该对《名录》设定数量限制，而是对申报项目进行更为全面的评估。[25]更为严格的评估流程，以及要求缔约国提交更为翔实的申报文本，都增加了工作量。此后

---

① 英文原文为Member State，《公约》语境中一般作State Party（缔约国），作者在本书中多次使用"会员国"指代"缔约国"。——译者注

直至 2000 年,这两项要求日益严格,影响了申报工作的进展,考验了各国提交令人满意的申报材料的能力。

此时已经是法国代表团成员的普雷苏耶认为,上述问题在 20 世纪 90 年代中期每况愈下:

> 在我看来,对世界遗产数量增加的担忧是近期才出现的,大概在 1995 年或者 2000 年变得突出。这个时候人们开始思索事态会如何发展。会这样一直持续下去吗?我们有没有妥当的解决方法?我们是否在犯愚蠢的错误?但最初,我感觉不需要限制。[26]

1997 年,处理申报项目的方式发生了根本性改变,这一年因此而载入史册。UNESCO 助理总干事在意大利那不勒斯召开的 1997 年世界遗产委员会会议上,直言不讳地提醒委员会,《公约》的声望岌岌可危,请各方就如何在改进普遍性的同时避免"《名录》项目总数增长过快"提出建议。[27] 令他这番告诫显得尴尬的是,1997 年会议承办国意大利正是这一危机的最大制造者,当年提名了 12 项遗产。[28] 实际上意大利最初提交了 17 个项目,在世界遗产中心主任的劝说下才减少了数量。[29] 自 1982 年起在意大利代表团担任文化遗产专家逾 20 年的利西娅·弗拉德·博雷利(Licia Vlad Borrelli)说,意大利向 1997 年会议提交了"很长的申报名单",她当年就不同意这种做法,因为"将项目列入《名录》需要全面的研究工作,但当时没有时间开展研究"。她总结道,还是应该每次只提交少数项目为宜。[30]

世界遗产工作的先驱们常常在访谈中强调,正是《名录》的规模彰显了《公约》的巨大成功,增强了其调动缔约国和全社会参与遗产工作的能力。鉴于近些年的种种担忧,我们在访谈中请他们对《名录》的最终规模进行推测。知名保护专家、1977年至1981年担任ICCROM总干事的伯纳德·费尔登(Bernard Feilden)认为,《名录》"应该在1000项左右封顶。任何名录,一旦其总数突破某个相当少的数量,将面临贬值风险。如果全球世界遗产数量在300项左右,很容易让人相信某个项目列入《名录》确系殊荣,值得珍视和守护"[31]。20世纪90年代担任ICOMOS世界遗产协调人的亨利·克利尔(Henry Cleere)表示:"我的直觉是,《名录》总数达到约1500项就会停止,对我而言这个数量是可以管理的,否则可能需要设置的不仅是B级名录,还需要C级,然后继续往下直至Z。"[32]冯·德罗斯特更为严苛,表示"IUCN提出最多200项是正确的……文化遗产最多或许500项。我认为大致规模也就这么多了……但我们就要超过这个数量或者快让系统不堪重负了"[33]。曾先后在ICCROM和ICOMOS工作多年的建筑师和学者尤卡·约基莱赫托(Jukka Jokilehto)认为,《名录》有一个"自然限额……很难预测是1500项、2000项还是2500项,但我想它不会无限扩张"[34]。

1998年世界遗产委员会主席、1999年至2009年间担任UNESCO总干事的松浦晃一郎(Koïchiro Matsuura)在接受访谈时说,委员会最终不得不面对限制遗产总数的问题,"现在还为时尚早。然而,当《名录》遗产超过1000项时,委员会可能会请专家更为严肃地探讨这个问题……我对此提出忠告,要慎重对待世界遗产数量的增加"。他进一步警告,不要"再把配不上世界遗产头衔的项目列入《名录》,否则将损害《名录》的可信度"[35]。

其他几位先驱也强调了《名录》规模和可信度之间的关系。柯林森指出：

> 我不认为可以持续将地点和区域纳入《名录》……到某个时候，说列入《名录》的项目是——借用自然遗产评估标准的表述——"卓越的（superlative）、最佳中的最佳（best of the best）、具有代表性的（representative）"，将不再具有可信度。到某个时候，可信度消耗殆尽，人们重复提交类似项目，毫不理会标准，我认为那将是一个悲剧。[36]

弗朗切斯科·弗兰乔尼（Francesco Francioni）强调，解决方案在于严格落实《操作指南》：

> 唯一的处理方法是，认真对待、严格审查遗产地突出普遍价值的问题。我认为《公约》提供了解决上述问题的所有工具，包括法律层面、政治层面和科学层面的工具。问题在于我们是否想使用这些工具……我是说，顶住政治压力，避免提交和《名录》上的项目有所重复的项目。[37]

历史学和考古学出身的郭旃长期在中国政府工作，参与了1985年中国加入《公约》后的世界遗产工作，访谈中，他关注遗产质量。他认为设定自然遗产的上限容易些，"因为我们非常了解自然世界。我们知道哪些现象在地球历史、自然生物史中非常重要"。他认为确定文化遗产的上限更具挑战性，"既因为其多样性，又因为认知文化遗产突出普遍价值的新视角，但即便如此，也应该有所限制"。[38]

一些人思考引入新遗产类型的必要性。自 1990 年开始参与 ICOMOS 对世界遗产评估工作的雷吉娜·杜里格哈罗（Regina Durighello）强调："如果目标是推进遗产保护、认可遗产的突出普遍价值并把这些价值传承下去，我认为，我们就应该从遗产地的质量和价值，而不是数量来思考。"[39] 1993 年至 2002 年担任 ICOMOS 秘书长的路易·卢克森（Louis Luxen）同样关注列入项目的质量而非数量。他说："我相信世界上还有一些具有突出普遍价值的地点，可能还有一些今天看起来不符合列入标准但未来有一天会符合的地点。"[40]

另一些专家将《名录》规模与世界遗产体系的保护和监测能力联系起来。曾任职于 ICOMOS 和 ICCROM 的建筑师赫布·斯托弗（Herb Stovel）教授在访谈中谈及这一关联：

> 我认为，我们不得不对《名录》持续扩展和多样化持开放态度。我认为数量问题……会自己得到解决，因为我认为到了某个节点，《名录》内遗产数量过多时，《公约》将无法实现其更宏大的保护目的。如果世界遗产陡增至 2000 项，而 UNESCO 无法以任何严肃的方式运行好一个能管理 2000 项遗产的监测系统，那么我认为《公约》的根本目的——保护的目的，将会声名扫地。《公约》自身将不再那么重要，人们将转身离场，《公约》要么解体（fall apart），要么自我毁灭（implode）。[41]

有时，受访专家会提出控制甚至减少《名录》项目数量的建议。自 1986 年起在 UNESCO 生态科学司工作的纳塔拉詹·伊西瓦然（Natarajan Ishwaran）指出，《名录》内的一些遗产如果改为现在申报,"可能无法成功……如何解决这个问题？如何用外交手段提出问题、讨论潜在方案、寻找外交上可以接受的和解之道？这是非常有趣的问题"[42]。托塞尔(Thorsell)谈及他在1992年世界公园大会(委内瑞拉)上提出的创新提议——世界遗产列入《名录》后"应该只有25年有效期,期满后遗产接受评估,以判断其价值是否依然存在、列入过程是否存在任何错误、项目完整性问题是已得到解决还是已经失去完整性"[43]。

到20世纪90年代末,问题已演变成危机。UNESCO在1998年委员会会议上警告,世界遗产体系濒临崩溃,"1999年有89个新提名项目,打破了过去所有的记录。这带来了非常严重的问题,能否给予每个项目应有的关注？这考验着ICOMOS和IUCN,以及秘书处、主席团和委员会的能力"[44]。委员会终于采取行动了。作为2000年凯恩斯改革议程的一部分,委员会经激烈争论通过了限额提议,即每届会议审议的新提名项目上限为30项,且每国仅能提交一项。[45]

文化遗产和自然遗产的均衡

合理的文化遗产和自然遗产代表性是《公约》的基本前提。1978年召开的首届世界遗产委员会会议认可这一观点,批准了比利时人米歇尔·奥利芙(Michel Olyff)设计的世界遗产徽标。当时参会的澳大利亚代表拉尔夫·斯拉特耶尔(Ralph Slatyer)这样解读徽标的设计:"内部的方形可以被认为代表建造出来的、人类创造的文化遗产,被外面环绕的代表自然遗产的球形连接起来。"[46]然而,1978年委员会批准列入《名录》的首批12项遗产中,三分之二是文化遗产，由此设定了延续至今的模式。

1980年委员会会议上，美国代表团对文化和自然遗产数量失衡表达担忧，委员会通过了多项措施以改善这种状况。其中一些措施旨在吸引更多自然遗产地申报，比如向申报筹备工作提供定向协助、落实《公约》关于潜在遗产项目清单或预备清单的要求等。另一些措施关注委员会本身，特别是每两年主席在文化和自然遗产领域的专家间轮换，以及落实《公约》关于委员会代表应是"文化或自然遗产领域符合资格人员（第9条第3款）"的要求。为支持这一目标，IUCN公布了其计划建立"世界自然保护地清单"①以指导各国准备自己的预备清单。[47]

1981年会议上，委员会回避该问题，通过了一项老生常谈的声明，指出"《名录》应当尽可能地代表所有满足《公约》突出普遍价值要求的文化和自然遗产"[48]。两年后，《名录》中的自然遗产仍旧寥寥无几，缔约国被鼓励加快提名自然遗产[49]。

景观

增加自然遗产数量的方法之一是列入更多景观。在1984年在阿根廷布宜诺斯艾利斯召开的委员会会议上，许多国家对IUCN发布的《世界上最伟大的自然区域》（"The World's Greatest Natural Areas"）表示欢迎。[50]但众口难调，因为这份全球清单仅包括原始的、没有人类互动的自然区域，并非所有国家都满意。人口密集国家抱怨IUCN清单存在缺点，没能列入人类通过改造环境创造出来

---

① 即日后发布的《世界上最伟大的自然区域》——译者注

的生态上平衡、文化上富有意趣的景观。这类项目能被纳入《公约》范畴吗？IUCN 偏爱没有人类活动的原始区域，这在对几位先驱的访谈中可见一斑。任职于 IUCN 的麦克尼利帮助我们了解了 IUCN 如何看待遗产保护区内的人类活动。他忆及澳大利亚大堡礁项目提名时认为该项目边界过大，"因为当时有一些活动……确实与世界遗产理念不相符"[51]。

米尔恩还记得早期的一件事，从中可以看出世界上不同区域如何以不同的方式理解自然。他回忆起 1979 年委员会会议在埃及开罗召开时埃及总统安瓦尔·萨达特（Answar Sadat）的夫人在开幕式上致辞的事：

> 她对委员会谈及，她从后花园的玫瑰花中领略到大自然的美好和自然遗产的重要性。她的致辞，一方面强调了人性和对文化价值、美学价值的感知和认可；另一方面，淡化了自然区域、自然生态系统和大自然运行的意义和全球重要性。当时我们中的任何人都没有预料到这种解读会在这些年里延续下来，并且在某种程度上铺就了《公约》未来实施的思路。[52]

普雷苏耶认为，IUCN 总体上抱持"人类不被视为自然的一部分"的观念。这种观念源于 18 世纪的思想体系，并在 19 世纪强化。谈及评估兼具自然和文化价值项目的经历时，普雷苏耶认为 IUCN 解读自然的方式令人沮丧。评估英国"巨人之路"及其海岸项目时，IUCN 认可遗产地凸出海面的柱形黑色玄武岩属于卓越的地质构造，但无视遗产地与爱尔兰神话的关联。评估希腊曼代奥拉项目时，IUCN 认为支撑修道院建筑的花岗岩石柱毫无特别之处。普雷苏耶完全不赞同这一点,"如果你说文化和自然价值之间没有关联,那是大错特错,因为关联是显而易见的,就在景观当中。它是景观的本质"[53]。

法国代表团成员吕西安·沙巴松(Lucien Chabason)在 1984 年委员会会议上介绍了乡村景观的概念,这一重要概念对《公约》的实施产生了重大影响。在一次访谈中,沙巴松回想起他的想法,指出美国电影中刻画的广袤景观往往位于国家公园中:

> 《公约》中有些是我们在欧洲,特别是在法国、意大利和英国等传统农业国家,找不到的东西。我们会陷入尴尬的境地,因为我们欧洲人没有同样的概念,比如美国关于荒野(wilderness)的概念。我们在自己的国家找不到。我们要找一些其他应被纳入《公约》的东西。[54]

沙巴松这样解释他为何提出"乡村景观":

> 纵观历史,自新石器时代以来,至少是在欧洲,人类很大程度上改变了土地的形态,使其得以耕种,使其适于居住。在改变土地形态的过程中,人类……改造了生态系统,虽未创造史迹,但创造了新的、往往具有突出特点的土地,比如爪哇岛或菲律宾的水稻梯田,这符合《公约》的精神。[55]

一些代表团认为,水稻梯田和葡萄酒园等遗产地与 IUCN 研究报告中的自然保护地不同,因为它们是"自然和文化要素的卓越结合"[引自自然遗产标准(ⅲ)的表述]。起草布宜诺斯艾利斯会议纪要的罗伯逊·韦尔纳在访谈中说起沙巴松的发言,"用的是'人类景观'这个词……我认为他们根本没用'文化景观'这个词……我认为法国人看到菲律宾和巴厘岛的梯田后很大程度上想到的是自己的葡萄园"。至于其意义,她补充说:"是'人在环境中'的概念,也就是说,它既不是荒原旷野(savage nature, wildness nature),也不是礼拜之所(churches),而是介于两者之间,具有世界遗产价值。"[56]

1983年世界遗产委员会主席、1984年意大利代表团成员弗拉德·博雷利在访谈中回忆了在解释"位于历史悠久国家的人化(humanized)景观"这一概念时遇到的问题。她指出,《公约》"将文化遗产和自然环境结合"具有原创性,当委员会要求提名自然遗产时,"引发了关于人化自然遗产的疑问,因为很难让那些提名森林特别是大面积森林的人认为类似卡普里岛①这样的小地方也可以被视为自然遗产"[57]。

1984年委员会会议的深入辩论显示出ICOMOS、IUCN和UNESCO对当时称为"乡村景观"概念的不同考虑。UNESCO的米歇尔·巴蒂斯认为,按照《公约》精神,"不应该有'非文化即自然'的两极化思维模式。或许过去有这种倾向,因为缔约国最初的提名项目明显对应文化或自然遗产评估标准"。ICOMOS给出了清晰冷静的表态,"《公约》的角色不是将此类景观'固定'下来,而是要用动态的、演化的框架维持其和谐稳定"。此外,IUCN保持谨慎,表示认可受保护景观(protected landscapes),比如"本质上包含人类改造和人类维护的景观"的英国国家公园。IUCN同时又提出"应谨慎认定这类景观,以确保只提名具有突出普遍价值的遗产"[58]。

---

① 意大利著名旅游目的地,面积10平方公里,岛上岩石峭立,景观奇特。——译者注

委员会设立了由 ICOMOS、IUCN 和国际风景园林师联合会（IFLA）技术专家组成的工作组，为认定和提名乡村景观准备基础准则。[59]委员会的这一要求开启了耗时近十年才得以结束的国际理论探讨，在某种意义上转移了委员会对《名录》平衡性的关注，尽管当时《名录》中三分之二的项目是文化遗产。

1985年，工作组报告了意外发现的委员会工作工具的严重瑕疵——《公约》文本和评估标准并不一致。《公约》定义文化和自然遗产时，明显为与文化遗产相关联的自然特征保留了位置，但只提到了自然特征的"美学"价值和自然遗产地"自然美"的粗略概念。《公约》第1条明确了自然属性特征被纳入文化遗产项目考虑的两种情形：第一种是建筑群，"鉴于其在景观中的位置"；第二种是阐释"自然与人类的共同作品"的遗址。《公约》第2条将自然遗产的范围限定于科学和保护价值，除非是"从美学或科学角度具有突出普遍价值的……自然地貌"和"从科学、保护或自然美角度具有突出普遍价值的天然名胜或明确划分的自然区域"。

委员会确定自然遗产列入标准时，未能与《公约》文本保持一致，而是错误地在自然遗产标准（ⅱ）中加入"人与自然环境的互动"、在自然遗产标准（ⅲ）中加入"自然和文化要素的卓越结合"。[60]工作组只建议对标准（ⅲ）进行一些修改，以处理第二处不一致，并建议对文化遗产标准予以增补，纳入乡村景观。[61]委员会不确定这些建议可能带来的影响，对相关问题的复杂性保持谨慎，要求继续研究，提出可考虑检验适当的申报项目。[62]冯·德罗斯特在访谈中表示愿为这些错误承担责任，但指出《公约》文本本身存在的歧义：

　　1976年，我们在自然遗产标准委员会主席戴维·黑尔斯的领导下形成评估标准,一开始就犯了错……风貌和美学没被纳入文化遗产标准,而是被纳入了自然遗产标准,特别是把自然和文化之间精彩、和谐的相互作用纳入了自然遗产标准……如果你阅读《公约》文本,当然可以看到自然和文化的关联在《公约》的文化遗产部分得到清晰表达,但是……风貌和美学只出现在自然遗产标准中。所以《公约》本身也存在一些误导性文字,但对《公约》第2条的阐释……将文本这一条表述转化为评估标准时不完全准确,引发了关于景观应按自然遗产还是文化遗产标准评估的无休止的辩论。[63]

1986年委员会主席团研究工作组上述报告文件后保持谨慎。主席团对乡村景观的定义、提名项目的激增和活态景观的管理等问题感到担忧,认为对委员会工作指南进行任何改动都为时尚早。主席团同时欢迎英国提交"湖区国家公园"这一乡村景观申报文本草案,用以检验拟议修订的评估标准是否适用。[64]

接下来的三年,委员会试图明确如何以该项目作为试点处理乡村景观问题。在1987年6月的主席团会议上,ICOMOS支持将湖区项目作为文化遗产列入《名录》,但IUCN无法"就该项目是否达到自然遗产标准做出结论,因为IUCN内部开展了讨论,争论这项提名是否真正属于《公约》第2条意义上的'自然'遗产(即未经人化的自然)"。主席团认为,这个试点项目表明,需要重新考虑"包含文化和自然要素协同结合"的提名项目问题,同时要求准备一份问题清单,内容关于"严格应用《公约》规定的文化和自然遗产定义;可能被认为具有突出普遍价值的乡村景观的种类和分布;确保持久保护而不将活态乡村景观'石化'需要具备的条件"[65]。

委员会依然踌躇不前。这时，UNESCO开始研究如何阐释那些自然和文化价值（未必是卓越价值）占有同等比重项目的突出普遍价值。在巴蒂斯的指导下，一个奇特的建议出现了——用圆形和方形图案来说明，即使一个项目既不满足文化遗产标准也不满足自然遗产标准，其仍可被认为具有突出普遍价值。巴蒂斯解释，这个类别的项目"蕴含价值丰富的自然和文化要素，单独看无法达到文化或自然遗产标准，但它们的结合可以使项目符合混合遗产的要求"。他认为乡村景观似乎属于这个类别，"当它们具有文化和自然属性特征时，通过这些属性特征的结合，提供了某些卓越且具有普遍性的价值"[66]。

图 3-5 英国湖区国家公园 ©
Michael Turner, United Kingdom

案例4：

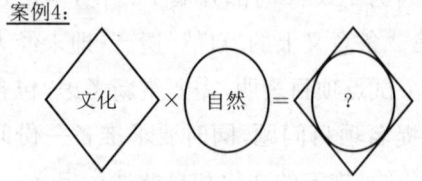

图注：一项遗产蕴含价值丰富的自然和文化要素，单独看无法满足标准，但这些要素结合可以满足混合遗产的要求。

图 3-6 米歇尔·巴蒂斯向1987年世界遗产委员会提交的关于乡村景观的建议 © UNESCO

第三章　扩展《世界遗产名录》：1978年—2000年 / 067

参与这项提议的罗伯逊·韦尔纳描述了当时她心中的不安：

我个人不喜欢这个想法，因为它不符合我自己对具有突出普遍价值的世界遗产的看法。仅此而已。没有必要把两座各建到一半的房子拼到一起，然后说"这就是一座房子"。……像这样，用这些圈圈和框框把文化和自然价值拼到一起，我很不喜欢。[67]

图3-7　1990年世界遗产委员会（加拿大班夫），从左到右为詹姆斯·张伯伦（James Chamberlain）（美国）、阿杜·维奇恩沙赫恩（Adul Wichiencharoen）（泰国）、玛格达林娜·斯坦切瓦（Magdalina Stantcheva）（保加利亚）、阿兹丁·贝绍伍什（突尼斯）、克里斯蒂娜·卡梅伦（加拿大，会议主席）[①]、利西娅·弗拉德·博雷利（意大利）、赛义迪纳·西拉（Seydina Sylla）（塞内加尔）、莱斯利·泰勒（Leslie Taylor）（班夫市市长）和萨尔瓦多·迪亚斯-贝里奥（Salvador Diaz-Berrio）（墨西哥）ⓒ Christina Cameron

---

① 本书作者之一——译者注

委员会仍然未就湖区项目做出决定,等待对"文化景观"这一新说法进行澄清。奇怪的是,没有任何解释,它就取代了"乡村景观"。柯林森记得这一措辞变化好像是因为"乡村"一词被认为过于狭窄。"有人担忧'乡村'一词会遗漏掉更为偏远的区域。在全球许多地方,乡村意味着农业社会和一种土地使用方式。然而一些有人聚居的自然区域,综合起来看仍可以代表一种整体景观。"[68] 1988年列入《名录》的自然遗产比例约25%,创下新低,委员会对《名录》内文化和自然遗产持续不平衡表达了遗憾。鉴于 IUCN 对人化景观缺乏兴趣,委员会决定暂时委托 ICOMOS 单独负责自然和文化要素结合的遗产的评估,仅以文化遗产标准进行评估,并明确 IUCN 的角色是提供咨询。[69] 实际上,这一决定进一步加剧了不平衡,因为景观列入《名录》后被划归为文化遗产。

1990年,委员会在再次审议湖区项目时陷入僵局。各方观点相去甚远,激烈辩论无果而终,最后通过正式投票解决(那时还很少用到投票程序),结果是湖区项目未能列入《名录》。委员会认为,没有足够清晰的标准来裁定这类项目,要求秘书处研究形成意见提交下届会议审议。[70] 在普雷苏耶看来,未将湖区项目列入《名录》是一个"历史性错误",这也说明《公约》陈旧僵化——审视自然遗产时视野宏大,看待文化遗产时无法跳出建筑史迹的狭小范围。他最后说:"人人都知道如何保护宣礼塔、教堂尖塔、房子,但没人知道如何保护一种生活方式、一片广袤景观、一个在全球化威胁下脆弱不堪的聚落。"[71] 1991年世界遗产委员会围绕秘书处关于文化景观的最新研究报告展开了激烈辩论,委员会最终要求 ICOMOS、IUCN 及有关合作伙伴进一步开展研究。[72]

为落实委员会要求,一些专家在法国小皮埃尔召开会议,为

1992年委员会会议做准备。内容包括委员会会议期间拟对列入标准进行的修订,以及文化景观定义和分类的新指南。值得注意的是,IUCN在这次会上一反常态,积极参与讨论。菲利普斯称,IUCN世界保护地委员会时任主席宾·卢卡斯(Bing Lucas)是"受保护景观"的积极倡议者,卢卡斯"深入参与了文化景观概念起草和三个类别的确定工作"[73]。经过近十年的讨论,基于这次专家会议的建议,世界遗产关于文化景观的框架终于获得批准。框架将文化景观分为三类:人类设计的(designed)、有机演化而成的(organically evolved)和关联性的(associative)。最后一类景观标志着向非物质价值靠近,"由于自然要素强有力的宗教、艺术或文化关联,而非或许不太显著甚至缺位的物质性文化证据"[74],衍生出意义。已有文化遗产标准中的以下四条增加字词,以便与新增的"文化景观"做好衔接:标准(ⅲ)增加了"文化传统",标准(ⅳ)增加了"景观",标准(ⅴ)增加了"土地使用",标准(ⅵ)增加了"活态传统"。因为文化景观体现动态过程,其真实性很难评估,所以对文化景观真实性的评估进行了修改,聚焦"其独特之处和构成要素"[75]。如今,这些改动仍然体现在《操作指南》中。

同年,IUCN在委内瑞拉加拉加斯举办的第四届世界公园大会期间召开特别会议,旨在研究形成自然遗产标准的修改建议,以消除困惑和误解。会议认为,"关于人与自然互动[标准(ⅱ)]和自然与文化要素的独特结合[标准(ⅲ)]的表述,与《公约》第2条关于自然遗产的法定定义不一致",应该删除。[76]认真考虑这些建议后,1992年,委员会也认为这两处表述与自然遗产的法定定义不一致,决定将其删除。此外,自然遗产标准(ⅲ)修改过程中加入了"美学重要性",所以要求遗产地"包含绝妙的自然现象,或具有卓越自然美和美学重要性的区域"。为与标准(ⅲ)调整的内容相一致,重新拟写了关于完整性的解释性说明,以强调遗产地应"具有突出美学价值,并包括长期维持该地点美丽风貌必不可少的区域"[77]。

1993年,上述小皮埃尔专家组在德国滕普林和绍尔夫海德召开的会议上继续研讨。专家组确认了调整后的评估标准和文化景观的框架具有适用性;专家组还开展了文化景观类遗产的全球研究,用来指导缔约国确定合适的候选项目。[78]同年,此前仅以自然遗产标准列入《名录》的新西兰汤加里罗国家公园,成为第一个作为文化景观列入《名录》的项目,其对毛利人文化和精神的重要性获得认可。历经10年,这些理论问题终于得到解决。[79]

图3-8 新西兰的汤加里罗国家公园 © UNESCO/ S.A. Tabbasum

回望过去,一些先驱思考了引入文化景观类别产生的影响。柯林森谈及(将标准运用于文化景观项目)做出合理判断的复杂性:

我认为这个想法是合理的。我只是觉得难点在于把这个复杂的问题想明白。在所有案例中,确实只有回归《操作指南》确立的标准和程序,才能的的确确对项目做出公正的判断。[80]

摩洛哥代表团代表、考古学家阿卜杜勒阿齐兹·图里(Abdelaziz Touri)同样认为文化景观概念丰富了《名录》,但同时指出,需要澄清这一概念,"景观让我们走出史迹、走出城市……进入更广阔的地方,对于我来说,这是一个有趣的概念。现在需要一些距离来审视它……目前还不清楚景观包括什么……委员会将从对文化景观更加精准的定义中获益"[81]。普雷苏耶则走得更远,他认为,很多早年间以自然遗产标准列入《名录》的项目,如今看来更符合文化景观标准,他以基于自然遗产标准列入《名录》的阿德尔和泰内雷(尼日尔)为例,强调其拥有丰富的史前岩画遗产。他认为,"人们此前不愿将文化和自然混在一起,某种意义上说,人们那时认为自然遗产是颁发给那些缺少史迹国家的安慰奖"[82]。西班牙景观专家、小皮埃尔专家组支持者卡门·阿尼翁·费利乌(Carmen Añón Feliu)同意普雷苏耶的观点,认为很多早期列入的项目应该被再次讨论,"地理学家说人类历史存在于景观中。那怎能将自然和文化分割开来?无法想象。即使那些到目前为止仅以自然遗产标准列入的项目也是如此。这是我未来要研究的问题"[83]。

文化景观项目于 1993 年开始列入《名录》,文化和自然遗产不平衡的问题继续加速恶化。事实上,将文化景观归入文化遗产的决定加剧了不平衡。尘埃落定后,委员会又开始担忧文化和自然遗产不平衡的状况。1994 年,委员会就《名录》中自然遗产数量过少提出批评,并将失衡部分归咎于评估标准的调整——突显景观文化维度的同时埋没了其自然特色。[84] 1995 年,委员会围绕增加自然遗产数量面临的障碍和建议的解决方案进行了激烈讨论。大家的想法包括委派更多自然遗产专家出席委员会会议、提升自然遗产在秘书处的地位,以及形成新的全球潜在的自然遗产清单。一些人将(自然和文化遗产)不平衡问题贬低为一种没有意义的竞争,支持建立一套适用于所有遗产的共同标准。[85] 1996 年,根据委员会要求,后续专家会议在法国瓦娜色国家公园召开,专题研讨自然遗产全球战略。结果,专家会议工作超出授权,建议制订一个总体的全球战略,把文化和自然遗产都包括进来,由此强化世界遗产的统一理念。[86] 2000 年,自然遗产数量经过 20 年的努力,仍只占《名录》的 20%。在此时间节点,围绕文化和自然遗产平衡性问题的辩论被纳入更为广泛的关于代表性的全方位讨论之中。[87]

区域和文化合理分配

除了文化和自然遗产失衡带来的不安,遗产体系也面临在《名录》内实现区域和文化合理代表性的困难。关于代表性的讨论,最初是围绕委员会本身的代表性,后来才把《名录》的代表性也包括进来。《公约》文本要求委员会构成反映"世界不同区域和文化的合理代表性"(第 8 条第 2 款),这一措辞后来被应用于世界遗产合理代表性的目标。前者是政治问题,后者涉及关于遗产定义的复杂学术探究。然而,有证据表明两者相互关联。1990 年有 112 个缔约国,其中 21 个是委员会成员。尽管委员会成员只占缔约国总数的 19%,但这些国家列入《名录》项目比例竟高达 47%。十年后的

2000年,委员会成员仅占缔约国总数(当时为162个)的13%,但有43%的列入项目位于这些国家。[88]基于这些令人不安的数据,可以推论,实现委员会代表性的合理化将推动实现《名录》中区域和文化代表性的合理化。

随着多年来缔约国数量稳步增长,委员会构成招致的不满情绪与日俱增。1987年委员会选举后,一些缔约国抱怨"没有均衡分配不同地区组的席位",呼吁实现《公约》要求的具有普遍性和文化代表性的委员会"。[89]两年后,轮换原则初获认可,各国被要求自愿放弃竞选以确保委员会构成更为均衡[90],但几乎没有国家照办。问题持续升级。关于世界遗产委员会构成的数据和第一份关于不同区域和文化合理代表性的专门研究报告的发布,是火上浇油。[91]1991年《公约》缔约国大会期间的激烈辩论将矛盾推至顶峰。然而,尽管对竞选制度和委员会构成不满,缔约国仍拒绝制定严格的席位分配规则。此后近十年,该问题愈发严重,成为筹备2000年凯恩斯改革议程四个工作组中一组的主攻议题。[92]

《名录》的代表性涉及更为复杂的问题。委员会的构成或许对保障《名录》项目的合理代表性具有一定作用,但决定因素还是申报和评估流程。1978年,委员会讨论了"具有普遍重要性的文化和自然遗产的分类、可比性、互补性和普遍性问题",并且以一种忽视国家利益的天真姿态,建议各国就具有可比性的遗产进行商议,以便协调遴选申报项目的方法。[93]

为建立一个比较性的环境,各国被要求提交其考虑作为申报项目的初步清单。《公约》要求每个缔约国提交一份"本国领土内适用于列入《名录》的、组成文化和自然遗产的项目清单(第11条第1款)"。委员会认为,这些清单可以提供一个框架,"使委员会能够更好地以全球视角了解《名录》内项目可能的模样,进而更好地确定评估标准"[94]。1980 年修订《操作指南》时,引入了"预备清单(tentative list)"一词,而非"清单(inventory)"。委员会显然对各国准备预备清单所需的工作量一无所知,乐观地认为各国有可能"在下届委员会会议前提交拟于未来 5 年至 10 年内提名列入《名录》的项目清单"[95]。委员会每年都重复这一要求,但多年来很大程度上被忽视。预备清单的缺失和比较框架不完善致使《名录》进一步失衡。

为解决这一问题而做的探索,推动形成了《公约》的主要成就之一——通过对概念和对比性框架的研究,实现了遗产领域思想的理论化。理论化早在 1980 年就开始了,当时委员会拓展了遗产地的定义,将"一系列位于不同地理位置,但属于同一个历史文化群和类型的文化遗产地"[96]纳入世界遗产范畴。技术顾问探索了开展比较研究的方法。IUCN 利用其全球网络,通过问卷调查、专家会议和深度比较研究,准备了世界范围内的自然遗产清单,以帮助各国准备自己的预备清单。那时,ICOMOS 认为开展文化遗产全球主题研究并不可行,转而提出开展定向比较研究,作为具体申报项目评估工作的一部分。[97]

考虑到遴选世界遗产项目的复杂性,委员会多方努力,搭建合乎需要的框架。委员会意识到了"代表性"和"选择性"目标之间的潜在矛盾,研究拟定了一份试图将两个概念融为一体的声明——"《名录》应当尽可能代表满足《公约》突出普遍价值要求以及文化和自然遗产标准的所有文化和自然遗产"。委员会还要求各国将自然遗产地根据生物地理区、文化遗产地根据文化阶段或区域对其预备清单进行分类,但这一指令从未得到落实。委员会天真地呼吁各国有所克制,避免《名录》失衡问题进一步恶化,鼓励"那些已有几个项目列入《名录》的国家保持克制,至少避免在一定时间内再次提交申报项目(特别是文化项目)"[98]。

1982年,许多国家仓促建立自己的预备清单,尽管此时并无关于预备清单规模和指标的说明。比如,法国和联邦德国雄心勃勃,计划各提交包括50个项目的预备清单。于是,对位于相同文化区域内各国项目进行协调的要求被提了出来。[99]委员会决定,由于预备清单对开展"建立《名录》所需方法和路径必要的比较和系列研究"至关重要,自1984年起将不再考虑未提交预备清单的国家所提名的文化遗产项目。为加速工作进程,鼓励各国咨询技术顾问、IUCN和ICOMOS在必要时向世界遗产基金申请资金支持。[100]

全球研究:1983年—1994年

委员会在考虑遴选文化遗产地的分析工具时,其中一项便是开展"全球研究",它始于1983年,1994年被放弃,改为研究推进"全球战略"。"全球研究"形成于普遍性和文化多样性相互对立的背景下,旨在推动委员会决策更加客观和透明。

文化遗产理论化的早期关键人物是法国建筑师米歇尔·帕朗。他参与世界遗产工作,最初是法国代表团的成员,后担任ICOMOS主席直至1986年退休。1979年,他向委员会提交了一份报告,是基于《公约》规定的三大类文化遗产(史迹、建筑群和遗址)对超过50项文化遗产提名材料所做的分析和初步分类。[101]5年后他担任ICOMOS主席,基于逾150个列入《名录》的文化遗产和其他候选项目进行总体研究。1983年,他在主席团会议上的发言非常精彩、富有远见。他尖锐地指出了世界遗产可信度面临的主要挑战,认为未来数年围绕这些问题会纷争不断。出于对委员会决定的质量的关切,他强调,比较性评估是委员会的决定"连贯性的保证",一旦缺失,委员会的决定便"失去公正性、科学性或道德基础"。他指出,不同国家对普遍性、代表性、完整性和真实性的不同阐释导致相互矛盾的评估结果,缔约国在项目被推迟审议或拒绝时感到失望。他建议,逐步"基于《名录》现有情况进行审慎检视,同时认真思考未来,建立以明确目标为导向的机制,不再停留在抽象地提及一套评估标准,应该最终改变目前种种模棱两可的状况"。基于预备清单协调工作和主题研究,他构想了这样一个框架:

> (该框架)将使我们明晰"世界遗产"的边界,并让委员会和ICOMOS免于所有关于不严格和不连贯的指控。我对仅仅基于遗产项目本身进行遴选这一做法的基本疑虑是,这种做法在现有情况下可能最终导致《名录》缺乏连贯性,进而损失部分可信度。[102]

帕朗的提议推动了上述"全球研究"的开展,旨在建立一份可能符合列入《名录》条件的所有类型遗产的全球清单。该研究旨在建立一个综合性框架,酝酿列入《名录》的项目,并指导各国选择申报项目。由此开启了持续多年的专家会议和研究工作,以期找到确保《公约》可信度的方案。

1983年,委员会批准开展三个主题的研究:历史城镇,事件、观念和信仰相关遗址,以及真实性概念。[103] 1984年,委员会研究审议了ICOMOS历史城镇专家会议的报告,并在略微修订后通过了"遴选《名录》历史城镇类备选项目的框架"[104]。尽管框架于1984年通过,但直到 1987 年才写入《操作指南》,此后几乎未再调整,也因此影响世界上许多地区的遗产理论和实践长达 25 年。简而言之,框架提出了历史城镇的三个类别并举例说明。分别是:

1. 已无人居住,但能恒久提供历史考古证据的城镇
2. 尚有人居住,但其本质已经并将继续在经济社会和文化变迁中发展变化的历史城镇,这种情况下,评估其真实性更加困难,保护政策会引发更多问题。这个类别包括四个小类:代表某一特定时期文化的城镇、随时间演进的城镇、包围在现代城市中的历史中心、为业已消失的城镇提供例证的孤立聚居单元
3. 20 世纪的新城镇

委员会决定,在"代表人类遗产中最脆弱部分的传统历史城镇列入《名录》之前",不应考虑列入新城镇。[105]

1985 年和 1986 年,委员会再次敦促缔约国完成其预备清单,以便在尽可能大的范围内审视遗产项目。[106] 尽管委员会多次呼吁,但截至 1987 年年底,98 个缔约国中仅有 30 个提交了预备清单,意味着不可能基于这些信息搭建主题性比较研究框架。为加速进程,ICOMOS 牵头在巴尔干半岛、北美、非洲法语国家、北欧和亚洲等多个地方开展了一些协调工作。[107] 尽管委员会对此已有明确指导意见——虽然这种情况很少——但大部分委员会成员显然不愿据此行事,1987 年列入的 20 世纪城市巴西利亚就是案例。1984 年,委员会即已决定新城镇申遗"应被推迟,直到所有传统历史城镇……被列入《名录》",但修订后的《操作指南》迟至 1987 年会议期间才由

秘书处分发，而此时，巴西利亚已被列入《名录》并在巴西公开宣布。三个委员会成员（加拿大、印度和美国）发言反对秘书处这种公然无视程序的做法。[108] 阿马杜-马赫塔尔·姆博①（Amadou-Mahtar M'Bow）在访谈中透露了秘书处延缓分发《操作指南》的原因，称自己作为总干事坚持将巴西利亚列入《名录》，"世界遗产委员会从最开始就倾向于考虑真正古老的遗产，我是第一个为晚近遗产，即巴西利亚市，说话的人"[109]。

大量提名项目蜂拥而至，比较研究框架却屈指可数。1987年，委员会决定设立工作组，研究并提出确保严格执行评估标准，进而维护该体系可信度的方法和途径。[110] 于是，1988年迎来文化遗产在世界遗产体系中的重大转折点。工作组提议开展"全球研究，内容可包括一份国际预备清单，供缔约国参考和确定项目，辅助委员会评估提名项目"[111]。换言之，要效仿1982年IUCN发布的《世界上最伟大的自然区域》做法，以自上而下的方式建立文化遗产清单，而非等待各国提交预备清单。[112] 在早前的一次访谈中，瑞戴就认为有必要开展此类研究，展示文化类型及其广阔背景。她说："我认为这些文化类型值得知识渊博的专家认真考虑和讨论，厘清这类主题研究能否为目前遗产项目好像互不相干、相互独立地列入《名录》的做法提供替代方案。"[113]

ICOMOS负责牵头开展文化遗产"回顾性与前瞻性的全球思考"，涉及位于《公约》缔约国和非缔约国的文化遗产，基于"时间、地理、生态、功能、社会和宗教等具有内在连续性的指标"开展研究，是"全球研究"的组成部分。[114] 工作组报告提出，研究的优先领域包括

---

① 塞内加尔人，1974年至1987年担任UNESCO总干事，任内曾多次访华。——译者注

乡村景观、传统村落和当代建筑等有问题的类别。第一阶段的研究采用主题框架的形式，由此引发了它与其他研究在研究方法方面关系的质疑。该研究最初着眼于文化遗产，之后拓展到自然遗产领域，将 IUCN 全球地质和化石遗址清单囊括进来。[115]

1990 年，"全球研究"第一份具体成果提交世界遗产委员会。最初的研究涉及已列入项目、预备清单和专家的其他研究。秘书处的瑞戴在两位希腊专家的帮助下夜以继日地工作，形成了一份报告。她认为，"全球研究"旨在建立一套主题研究的体系，"它背后的想法是，梳理现存遗产情况以及为实现一定的均衡而被列入《名录》遗产地的特征，甚至可以面向尚未批准《公约》的国家"[116]。先期开展的三个研究都与欧洲地区文献记录翔实的区域有关，分类相对容易，分别是希腊文化、罗马文化和拜占庭文化。但是，关于地理和文化分类的观点多元，在所难免，所以无法按僵化的框架在全球层面对不同的文化现象进行分类。同时，也有一些对于文化重合的担心，以及对于通过时间、文化和主题混合的方式获取海量信息实际意义的质疑。毫无意外，"全球研究"因为过于复杂以及缺乏严谨的方法而停滞。为世界上所有文化和地区创建整体框架，是一项规模过于宏大、无法完成的任务。

用斯托弗的话说，"全球研究"是在"努力搭建可以安放所有文明及其所有表现形式的综合矩阵"。在评论这一他认为不明智的做法时，他揶揄这是一个"可以盛放所有潜在世界遗产申报项目的地理文化模板。如果这个矩阵足够大……就可以在面对任何一个新项目时说'哦，我们没有任何此类遗产'，然后我们马上可以知道答案应该是什么"[117]。

尽管遇到了上述困难，"全球研究"仍是推动国际范围内遗产工作交流探讨的里程碑，缔约国、专业组织和独立学者得以加入内容丰富的全球对话中。[118]"全球研究"引发的系列活动尽管有些松散，但令人印象深刻。到1991年年底，新研究领域包括美学主题（哥特式、浪漫主义、巴洛克、新艺术）、文化圈层（赫梯人和斯拉夫人）、地理圈层（从古典时代到近代的东欧）等。研究主要聚焦于欧洲，因而受到诟病。作为回应，秘书处公布了针对伊斯兰教遗产地和佛教遗产地的研究计划。此外，"全球研究"还标志着重要的角色转换——秘书处接管了ICOMOS在该领域的很多职责，却将起草总体全球框架这一吃力不讨好（和不可能完成）的任务甩给了ICOMOS。[119]

委员会逐渐意识到"全球研究"的研究方法有缺陷，成本也是个问题，因此对这个文化遗产评估工具的热情有所减退。一些人提醒，该研究"不应在遗产概念本身还在经历迅速演变时，形成关于世界遗产文化价值的固化清单"。另一些人希望看到具有实操性的成果，认为"全球研究"不应成为一部"世界艺术史百科全书"，而是"辅助委员会工作的参考框架"。[120]瑞戴对1991年委员会没能支持"全球研究"感到失望，"迦太基会议上，许多代表并未真正理解这些研究的价值。有一些国家非常反对，导致这项工作获得的预算极其受限"[121]。

与此同时，鉴于"全球研究"在一定程度上总结了《公约》20年来的实施情况，其理念被视为1992年《公约》20周年纪念活动的重要组成部分。[122]各国将20周年活动视为面向未来的交流平台，探讨委员会和《名录》的文化多样性，以及文化和区域均衡代表性。[123]为做好梳理总结工作，UNESCO于1991年委托本年度世界遗产委员会主席贝绍伍什撰写一份评估报告。这一重要报告分析指出，有关各方未能商定"全球研究"的研究方法。他指出，委员会混合时间、文化和主题的方法没能获得一致支持；一些 UNESCO 工作人员提议基于年代、地理或艺术史的研究方法或许更为合适。另一些人则认为社会文化方法或许更为可取。贝绍伍什的评估报告总结道：

> 准备"全球研究"是一项复杂艰巨、有必要、跨学科的任务。"全球研究"不能忽视现在和未来种种观点和态度的演变，也绝不应成为具有约束力的文件。"全球研究"仅仅是一个总体参考框架，主要是帮助委员会更好地阐明申报列入《名录》项目的"突出普遍价值"，并推动《名录》更加均衡。[124]

1992年在圣达菲开展的纪念《公约》20周年有关研讨会上，委员会设定了五个战略方向。与"全球研究"相关的是第二个目标，即通过完善评估程序、推动代表世界不同地理文化区域的文化项目和代表所有地质形态生成和生态系统的自然项目列入《名录》，力争确保《名录》的代表性和可信度。[125]美国对"全球研究"进展缓慢感到失望，同时对将计算机技术应用于研究工作很有兴趣，于是，在会议期间提交了一个基于时间、文化和人类成就三维网络的替代性框架。委员会将美国的框架交给工作组予以研究。[126]

随着工作推进，"全球研究"最终被放弃。这是在所难免的。诚然，主题研究取得了一些成功，包括 ICOMOS 关于工业遗产和20世纪建筑的报告，以及西班牙和加拿大分别提议召开的关于文化线路和运河遗产的专家会议[127]，但"全球研究"的致命缺陷在于其"以欧洲为中心"的偏见和总体方法论。斯托弗将其描述为"误入歧途的努力"。他这样批评研究方法存在的根本性缺陷：

虽未明说,但"全球研究"关注的是遗产类别(categories of heritage),而非与遗产项目相对应的主题类型(thematic typologies)。我为什么这么说呢?比如说,人们在看待新申报项目时,会考虑已经有多少项同类型的遗产。若有一个法国大教堂要申遗,我们会问"已经有多少个这种法国大教堂了?有6个了。还需要更多吗?需要第7个吗?"……这个问题看起来肤浅,但是个根本性问题。然后会继续问"是哪些特质让第7个教堂不同于之前6个呢?如果讨论突出普遍价值,我们能说这个教堂与已列入《名录》的教堂有不同的突出普遍价值吗?""全球研究"不知为何接受了遗产类型的那套研究方法。但是,我们当中一些参与遗产类型研究的人对诸如此类的讨论一直很不满意。事实上,关于"多少法国教堂才足够"这个问题是没有答案的……无法用一个清晰、客观的数字来回答。[128]

当时担任 ICOMOS 世界遗产协调员的克利尔不同意那些批评"全球研究"的人。他说:"ICOMOS、希腊和美国研究形成的方法被普雷苏耶猛烈抨击为一种机械的方法,但我仍然认为它是正确的。"为回应那些关于"全球研究"过分僵化的批评,他继续说:"这只是一个框架。你可以用不同的方法阐释。你可以用宏观的方法关注整个群组,将其视为一个整体,也可以关注其中的一个方面,ICOMOS 采用的方法就是后者。"[129]

1993 年的斯里兰卡专家会议提出了一个新框架,但未获得专家们的共识。根据 UNESCO 的报告,大家在理论前提和概念框架上存在分歧:

一些专家担心,这一程序可能过度重视传统艺术史的传统分类,这种分类围绕对伟大史迹和伟大文明的研究发展形成,当时正值《公约》的相关机构……在探讨未来将其拓展至其他类型遗产或者目前完全没有代表性或代表性很低的文化是否是明智之举。[130]

这种对遗产意义理解的转变开启了新的方向。这标志着一个阶段的到来——历史学和人类学视角通过世界遗产"全球战略"(the World Heritage global strategy)的形成发展获得了更稳固的立足之地。

全球战略:1994年—2000年

1994年见证了《公约》的重要时刻。这一年,"文化遗产的概念是不断演变的"这一共识得以推进,催生了鼓励非史迹类遗址列入《名录》的措施,提升了对非物质价值和文化多样性的认可。经过10年的努力,一系列突破性进展接踵而至:"全球战略"获得批准、"真实性"概念被重新定义、创新主题得以明确、潜在申报项目的范围得到拓宽。

在委员会要求下,UNESCO和ICOMOS共同组织了一个尤为重要的专家会议,这些专家来自不同地区和学科,负责界定列入文化遗产的概念性框架、研究方法和共同目标。[131]如同凤凰涅槃,停滞不前的"全球研究"化身为开放的"全球战略",得到了委员会和专家们的支持。"战略"一词也是经过精心挑选,以体现动态、开放和演进的研究方法。"全球战略"摆脱了"全球研究"的种种束缚,呼吁以更具灵活性和适应性的方法认定突出普遍价值。专家们承认，文化遗产的概念自《公约》创立以来已经发生了演变。他们指出，1972年文化遗产的概念很大程度上限定于古老的建筑史迹和遗址，当前考虑范围应包括"复杂、多维度的文化群落，它们在空间上展现社会结构、生活方式、信仰和知识体系，以及各种过去和现在文化的表现形式"。为进一步完善《名录》，"全球战略"力争"通过考虑纳入那些随知识和观念发展而价值显现的新类别遗产，尽可能拓展和丰富《名录》"[132]。

"全球战略"最重要的贡献在于，详细阐述了一个总体人类学框架，拓展了《名录》可列入项目的类型。这个框架包含两个主题和一些子主题。主题和子主题都是概括性的，以鼓励来自代表性不足的区域和文化的提名项目。"人类与土地共存"主题包括人的迁徙、定居地、生存方式和技术发展等子主题。"社会中的人"主题包括人类互动、文化共存、精神性和创造性表达等子主题。"全球战略"旨在成为一个持续就科学思想和世界文化发展开展合作研究的过程。这种开放的方法鼓励各国提名新类别的遗产，进而大大拓展突出普遍价值的范畴。当时如果能有进一步指导，其影响本可以更加深远。斯托弗认可"全球战略"取得的成就，但认为应进一步阐释概括性的主题，以更好地指导各国选择申报项目。"我认为它本可以改变提名的方式。设想如果各国看到自己的项目在助力某个重要主题的阐释方面发挥作用，它就可以帮助各国更好地理解……这样，该项目与突出普遍价值的联系就很清晰了。"[133]

"全球战略"提议实施的行动计划包括召开区域会议、开展优先议题主题研究和微调列入标准。1994年10月，专家会议报告阐明了如何在操作层面开展工作，说明20世纪建筑"不应该只从'伟大'

建筑师和美学角度考量,而应体现它们给材料、技术、工艺、空间组织和更宽泛的社会生活等带来的多重意义的显著变化"[134]。专家会议关于文化遗产评估标准的一些修改建议体现在 1996 年版本的《操作指南》中。为避免美学偏见(并与法语版相一致),标准(ⅰ)删除了"独特艺术成就",代之以"人类创造天赋的杰作"。对于标准(ⅱ),考虑到文化影响单向传播被视为殖民时期不平等制度的残余,为消除这种感觉,用"体现人类价值观重大的交流互鉴"取代"产生了重大影响"。标准(ⅲ)中增加了"延续至今的文明",不再限于那些业已消逝的文明。[135]

两位世界上最出色的遗产理论家一致认可"全球战略"的重要意义。[136]约基莱赫托认为,主题框架"是所有提名的开端"。我们必须明确有哪些主题、要传递什么思想、故事是什么、我们在谈论什么。然后,就能明确(拟提名项目的)历史背景、文化背景,进而明确遗产类型"[137]。斯托弗认为,"全球战略"推动《名录》从以遗产类型为中心转向以主题为中心,因此视其为"委员会与过去审视遗产方式的重大决裂"。

这的确事关补充和识别遗产类型关于地球发展的阐释。主题框架提供了一个机会去问清楚"有哪些主要思想、有哪些根本主题、人类在地球发展中有哪些重要的故事"……一旦使用主题框架,就很可能列入一系列项目,包括长期以来人类社会组织起来创造生存和发展条件的所有主要方式。这是看待遗产更加成熟的方式。[138]

尽管"全球战略"最初只涉及文化遗产,但出于对自然遗产区域分配不均的担忧,自然遗产很快也被纳入进来。缔约国本着更加全面的遗产概念,也希望更加重视文化在保持生态系统中生物多样性方面的作用。委员会设立的优先研究主题包括生态系统主要类型、文化景观的自然维度,以及自然遗产评估程序中"完整性"的阐释。随着遗产新概念的形成,在"全球战略"的有关讨论中,首次出现了"一套统一的标准"的提法。"尼日尔代表表达了他的希望,即最终应舍弃单独的自然和文化遗产地评估标准,用一套统一的标准评估各种类型的世界遗产地。"[139]

"真实性"概念的演变

就文化遗产概念的演变而言,1994 年的另一个重要成就是明晰了"真实性"一词的概念。《公约》实施之初,帕朗就写道,定义"真实性"这一文化遗产列入《名录》的基本条件实属不易。他指出,"真实性是相对的,它取决于遗产地的性质",并提出,一个日本木质庙宇"经常有木材因腐烂被替换,但历经千年丝毫未改变建筑结构或材质外观,毫无疑问,它具有真实性"[140]。20 世纪 80 年代,委员会在基于材料的严格阐释和更为灵活的象征性阐释之间摇摆不定。这从普雷苏耶在其专著中关于卡尔卡松和其他遗产地的叙述中不难看出。[141]

基于材料的真实性评判方法具有局限性,这一观点最初只是在专家范围内交流,到 1992 年日本批准《公约》时,全球范围内关于真实性的讨论开始逐渐形成气候。先是挪威和加拿大在俾尔根合作举办了一场预备会议,然后日本于 1994 年在奈良举办了来自不同区域和文化的 45 位专家出席的重要国际会议。ICOMOS 时任主

第三章 扩展《世界遗产名录》:1978 年—2000 年 / 087

图3-9 1994年在日本奈良参加关于真实性的会议的人们 ⓒ Bernd von Droste

席罗兰·席尔瓦(Roland Silva)主持会议。他认为会议标志着"阐释或原则的发展(a growth of an interpretation or of a principle)"[142]。会议的两位总报告员象征性地代表了旧方式和新方式的对立。来自比利时的勒迈尔是《威尼斯宪章》的作者之一,也是ICOMOS联合创始人,对史迹建筑抱有兴趣;来自加拿大的斯托弗代表了新一代遗产专家,关注乡土建筑、遗产地管理和社区参与。奈良会议也认为"满足真实性才能具有突出普遍价值",但是会议过程中丰富的思想交流反映了一个重要的理论变化,即更加认可文化和遗产多样性,更加认可遗产地的关联性价值。[143] UNESCO 前总干事、世界遗产委员会前主席松浦晃一郎在访谈中支持更加灵活的方式,认为1980年委员会在争议中将重建的华沙列入《名录》有先见

图 3-10 雷蒙德·勒迈尔 © Raymond Lemaire International Centre for Conservation

之明,"华沙的列入在某种意义上是基于《奈良文件》①的理念,尽管大家知道那时它是作为特例被列入的"[144]。

《奈良文件》尤为重要的是,在特定文化背景下以相对视角评估遗产地的真实性:

> 不同文化对文化遗产价值及其相关信息可信度的评判,可能各不相同,甚至在同一文化内也不尽相同。因此不可能基于固定标准来评判价值和真实性。恰恰相反,若是对所有文化给予应有的尊重,就必须将遗产置于其所属的文化背景下进行考量和评估。[145]

---

① 国内常称作《奈良真实性文件》。——译者注

第三章 扩展《世界遗产名录》：1978年—2000年 / 089

图3-11 2001年3月19日赫布·斯托弗和亨利·克利尔在意大利五渔村的里奥马焦雷 © ICCROM

克利尔回忆，曾担任1991年委员会主席的贝绍伍什在奈良会议开始时做了"他做过的最好的事"，询问参会者"真实性"在各自语言和国家的含义：

> 一些人说"我们的语言里甚至没有这样的词"，我当时想这就对了，就对了……我认为他这么做虽非有意，但证明我们无法认定"绝对的真实性"。不存在这种东西，也没什么绝对可言。当然，赫布和雷蒙德……耗费很长时间形成了一份3页纸的文件，其实用一句话就能概括——真实性因文化而异。确实就这么简单。[146]

冯·德罗斯特认为奈良会议"让所有人大开眼界，我们不得不改变我们行动的方向，用不同的方式看待真实性问题。我们必须……更好地理解其他文化如何传承自己的遗产"[147]。卢克森说：

> 人在某些时刻会意识到，不同地区对遗产的定义不尽相同。奈良会议正是这样的时刻。如果我们突然发现，其他文明比我们更加关注某些价值，这是一种重要的丰富。我们睁开双眼看到这些维度，这很重要。[148]

不过，关于《奈良文件》的反馈也不都是正面的。卢克森认为文件很难解读。"《奈良文件》将相互矛盾的阐释方式纳入其中，是危险的；实际上英、法文版从来没有完全一致，因为雷蒙德·勒迈尔在赫布·斯托弗完成翻译前即与世长辞。很遗憾这两个版本并不完全相同，法文版比英文版更为严谨。"[149]约基莱赫托认为英文版不够清晰。他赞赏文件强调了对文化和遗产多样性的认可，说道：

> 有些细节作为属性特征不得不提及，基于这些属性特征，我形成了自己关于真实性的思考……如果我们观察艺术作品或创意，我认为这是一个维度；另一个维度是历史，体现在材料等要素之中；第三个维度是社会文化，就存在于社会本身中。[150]

约基莱赫托这样总结："真实性，其实就是指真正的（genuine）、真实的（true）。"[151]中国同行郭旃认为遗憾的是，《奈良文件》并没有通过提供总体保护导则在《威尼斯宪章》的基础上有所增进。"当我检视这份文件的时候，除了多样性及其重要性之外，我几乎找不到其他任何实质内容。而标准、原则、方法、保护路径，什么都没有……没有任何可以取代《威尼斯宪章》的东西。"[152]

提交世界遗产委员会的奈良会议报告建议，世界不同区域间应开展更多对话，进一步完善真实性概念及其在文化遗产评估中的应用。[153]委员会历经数年才将《奈良文件》的成果吸收，其间也有过公开分歧。一些人认为，应恪守《威尼斯宪章》精神，真实性须基于材料并具有普遍性；另一些人坚持认为，应根据《奈良文件》解读真实性，它是无形的，且与特定文化背景相关联。[154]在日本和ICOMOS不断敦促下（ICOMOS于1998年在其墨西哥大会上最终通过该文件），委员会于1999年正式通过了《奈良文件》，但直到2005年才将其作为附件纳入世界遗产《操作指南》。"真实性"一词的属性特征从"设计、材料、工艺或设置环境"拓展为一份包括非物质维度的长清单，这些维度包括"用途和功能、传统、技艺、管理体系、语言和其他无形遗产形式、精神和感觉"[155]。真实性的定义拓展后，不可逆转地改变了世界文化遗产的遴选过程。[156]

落实增强代表性的战略

文化景观、"全球战略"和对真实性的阐释获得了非凡的政策收益，这些理念在1995年至2000年得到巩固和落实。"全球战略"为增强《名录》的代表性提供了框架和方法，鼓励各国批准公约，呼吁缔约国准备代表性不足的类别和区域的提名项目。挑战在于既要填补《名录》空白，又不能无限制地列入项目，使《名录》不易管理或失去可信度。

这些倡议引发的一系列活动最终由1998年委员会正式纳入"全球战略行动计划"。行动计划呼吁召开地区会议，让各国参与世界遗产进程中。委员会拓展了"全球战略"的范畴，将自然遗产纳入,并要求自然遗产专家和文化遗产专家共同参与。许多此类会议,特别是在代表性不足区域召开的会议,通过使用新的人类学主题、"全球战略"实施后修改的标准以及奈良会议之后对真实性更为广泛的阐释,拓展了潜在申遗项目的范围和多样性。[157] 斯托弗认为世界遗产中心通过组织地区研讨会,动员更多人参与遗产工作,带来了实际效益:

> 对一些人来说可能有些重复,但是通过把人们集结在一起,在同一个文化群中或文化背景下深入交流,确实打开了认识一个区域文化特性的大门……随后他们带着新能量、新想法回到各自国家,同时也成为世界遗产网络的一部分。[158]

"全球战略"特别指向非洲地区。"尽管拥有大量的考古、技术、建筑和精神财富,土地和空间组织形式,以及商品和观点交互网络系统",但非洲遗产在《名录》上代表性不足。[159] 因此,委员会要求UNESCO与非洲专家开展研讨,内容既包括《公约》总体工作,也特别涉及"全球战略"具体工作。三个关注非洲文化遗产区域类型的主要会议分别在津巴布韦、埃塞俄比亚和贝宁举办。[160] 当时负责津巴布韦博物馆和遗产工作的道森·曼杰利(Dawson Munjeri)将自己投身于世界遗产工作归功于这一倡议。在哈拉雷的会议上,他谈及小组被赋予的职责:

> 基于我们地区的特点,提出我们认为应该属于世界遗产的组成部分。我们提出了我们认为尚未列入《名录》的重要类别——虽然1994年"全球战略"就已提出框架,但接下来我们

需要把框架置于非洲的背景下。[161]

其他会议聚焦预备清单的协调、文化景观新类别的相关性，以及非洲遗产环境中真实性、完整性的含义。[162]参加世界遗产委员会的非洲国家代表团予以认可，认为这些活动有助于增强《名录》代表性。[163]持续开展的活动也是国际团结的例证。世界遗产体系的各方面都提供了支持，包括世界遗产基金、咨询机构、多个缔约国和新成立的北欧世界遗产办公室（Nordic World Heritage Office）。从这一系列非洲专家会议的报告可以看出，非洲专家们讨论非洲遗产地时情绪激昂，现场气氛热烈。这些报告凝结了非凡的智识，为丰富遗产知识体系做出很大贡献，值得进一步研究。2000年，曼杰利在津巴布韦组织的国际专家会议具有开创意义，进一步探讨了非洲语境中真实性和完整性的概念，将系列活动推向高潮。[164]

"全球战略"通过后的5年间，UNESCO在其他地区发起了几十个会议，均被列入向委员会提交的年度进展报告。[165]特别有趣的是在斐济举办的太平洋岛屿国家会议。该区域专家显然认同遗产概念处于不断演变中，探讨了文化和自然之间不可分割的相互关联。他们强调"太平洋岛屿区域突出的海洋景观与陆地景观之间具有不可分割的联系，这些景观由太平洋岛屿人民丰富的历史、口头传统和生活传统紧紧编织在一起。这些元素组成了该区域的文化遗产……通过航海、贸易、亲属关系和其他关系联系在一起"[166]。一直让1998年世界遗产委员会主席松浦晃一郎感到骄傲的是，委员会在他的领导下认可了所罗门群岛东伦内尔岛申遗材料中的传统管理方法。当时，委员会的《操作指南》只接受文化遗产而非自然遗产的传统保护和管理机制。[167]IUCN建议按照《操作指南》规定行事,松浦先是提议当场修改规则,然后又提议将项目列入,"这是我们在'全球战略'背景下应该做的事,因为在许多国家……管理规划基于传统法,不一定需要议会通过法律。所以我们要让申报要求更具包容性"[168]。

没有史迹类遗产的国家对文化景观这一新类别尤为感兴趣。UNESCO、ICOMOS、IUCN 开展前所未有的合作,组织了一系列地区会议,探索这一新类别在特定自然和文化背景下的含义。在菲律宾的会议上,专家们研究了丘陵地区发展池塘农业形成的亚洲水稻梯田。专家总结道,梯田景观不仅因为其内在价值,而且因为其展现的传统文化而价值非凡——形成了包括文化、社会经济、生态、农业和水利实践在内的体系:

> 它们是生活本身的丰碑。这些景观向亚洲人的传统生活方式致敬。正是这种特别的区域性文化给自然留下的印记及其与自然的关联,体现了重大的美学价值与和谐之美。这种景观每天都在更新,只要这种不间断的生活方式持续下去,景观就将长期存在。[169]

另一些会议进一步探讨了用文化景观方法评估遗产突出普遍价值的可能性。在澳大利亚召开的一次会议上,专家讨论了亚太地区遗产地的非物质维度,这一地区的许多传统文化基于景观形成,又反作用于景观发展。[170]在奥地利、波兰和斯洛伐克召开的几次会议上,专家评估了欧洲的文化景观,同时为起草《欧洲景观公约》做出贡献。[171]在安第斯地区的一次会议上,专家将该地区文化景观的多样性归因于"因南北、东西气候区的差异而形成的安第斯山脉丰富多样性",指出这些景观在生态多样性和人类创造性管理农业系统的影响下演化而成。此外,专家认为安第斯景观的神圣价值通常与古代信仰体系相关。[172]

随着"全球战略"的推进,世界遗产体系出现了去中心化的趋势。在加强《公约》落实方面,区域中心逐渐显露并发挥引领作用。比如,1995年,北欧国家共同建立"北欧世界遗产办公室",旨在为非洲等代表性不足的区域准备提名项目和开展其他保护活动提供实际支持。[173] 1997年,日本表达了对在亚洲发挥类似作用的兴趣,提请委员会明晰地区化的具体政策。[174] 1999年,面向东南亚、太平洋、澳大利亚和新西兰的亚太联络办公室成立,它位于澳大利亚,致力于通过分享信息经验、发展网络、助力培训来推进世界遗产事业。[175]

在智识发展方面,"全球战略"强调需要综合性、总括性的框架指导这一进程。受"全球战略"启发的一些研究工作体现了遗产概念的拓展,它呼吁围绕遗产鲜为人知的方面开展主题研究,拓展了考虑其他类别遗产的途径。[176]

比如,在"人类与土地共存"的主题下开展的运河研究,包括工业技术、水管理以及人与货物运输路径等内容。1994年在加拿大召开的关于运河遗产的国际专家会议就运河遗产的定义给出了建议,并研讨了如何考量尚在使用的运河的真实性。专家指出,运河遗产的独特之处在于其随着适应新用途和新技术而不断演进,致使此类遗产很难满足《操作指南》原本对真实性的要求。真实性最初的四个属性特征没能很好地兼容技术类遗产,但奈良会议中关于使用、功能、技艺等新属性特征更适用于演进的运河遗产。[177] 上述专家会议建议在标准(ⅱ)和标准(ⅳ)中增加"技术性的"一词,这一建议于1996年被纳入《操作指南》。[178]

廊道遗产(heritage corridors)也契合拓展后的主题框架。1994年马德里专家会议直接参考"全球战略",认为线路遗产(heritage routes)的概念是开放的、动态的和具有启发性的。这一提议反映了遗产讨论对文化景观、真实性和"全球战略"的影响——"线路遗产由物质性的元素组成,其重大文化意义源于国家和区域间的交流互鉴和多维度对话,阐述了时空中的沿线互动"[179]。

咨询机构也为主题研究的繁荣发展做出了贡献。在世界遗产基金的部分支持下,咨询机构利用自身的学术网络和数据库,启动了一些(通常基于类型学的)主题研究。这一时期,ICOMOS开展的研究涉及古罗马剧场、古人类化石遗址、伊比利亚殖民城镇、哥特式教堂、中亚和南亚的伊斯兰军事遗址、中东欧日耳曼统治下的城堡、非洲南部文化景观和西非的史前遗址。此外,ICOMOS与国际现代运动建筑、遗址和社区记录与保护委员会(DOCOMOMO)合作研究20世纪建筑,与国际工业遗产保护委员会(TICCIH)合作研究运河、桥梁、铁路遗产等。与此同时,IUCN围绕地质和化石遗址、湿地和海洋生态系统、森林以及独特的生物多样性区域开展研究。[180]为收集研究数据,IUCN提议将原先只针对文化遗产的预备清单作为必要条件适用于自然遗产。[181]

"全球战略"行动计划的实施一路高歌猛进,申报程序和规则相关工作继续推进。尽管符合委员会《操作指南》中关于"尽可能严格"的要求,但IUCN严格阐释自然遗产评估标准的做法还是惹来缔约国不满。[182] 1996年,在法国瓦娜色国家公园的会议上,一些自然遗产领域颇有影响的国际专家建议重新界定"自然的"一词,以体现人类对自然的影响。专家们提出的定义转而突出生态可持续性,其中一些开创性说法最终纳入《操作指南》。

自然区域(natural area)指生物物理过程和地貌特征相对完整的区域,此类区域的主要管理目标是确保自然价值得到保护。"自然的"是一种相对概念。众所周知,没有区域完全处于原始状态,所有自然区域处于动态过程中。自然区域内有时会有人类活动,若坚持以可持续发展为前提,人类活动可以为该区域的自然价值提供有益补充。[183]

为体现《公约》对文化和自然采取统筹立场这一独特之处,专家们提出了一些不同寻常的建议,特别是将自然遗产标准和文化遗产标准整合,倡导人类杰出遗产的统一身份。这个想法最初在 1994 年由尼日尔提出。这次则是由提议用统一方法评估自然和文化遗产完整性的同一批专家提出。专家们还注意到《操作指南》在频繁修订过程中积压了许多前后不一致的问题,于是提议全面检视和重构《操作指南》,包括准备委员会 1995 年就提出的专用词汇表。[184]

委员会对瓦娜色会议报告的讨论无果而终,之后围绕采用有差别的文化方法评估真实性进行辩论[185],这些想法最终在 1998 年阿姆斯特丹的专家会议上得到进一步研讨。来自自然遗产和文化遗产领域的专家们研究了关于整合评估标准的建议、真实性和完整性等相关问题,以及突出普遍价值的含义及其在不同区域和文化背景下的应用。出席阿姆斯特丹会议的专家们认为,一套整合性标准将更好地反映《公约》中明确提出的文化和自然相统一。专家们还提出,完整性应该是 10 条标准的统一要求,应针对每条标准撰写特定的解释性说明。为更好地阐释真实性和文化价值之间的关联,专家们建议根据地理文化背景为每条文化遗产标准明确真实性要求。[186]关于突出普遍价值,阿姆斯特丹会议建议将其阐释为"对普遍性问题的突出回应",进而鼓励采取更加基于区域的主题研究方式。[187]约基莱赫托认为这一指导意见恰到好处地为从更加多元的文化视角遴选世界遗产奠定了基础。

专家们认可"全球战略"实施取得的进展,呼吁加大力度填补《名录》的空缺。[188]委员会对此表示支持,认为阿姆斯特丹会议报告提出的建议不足以平息对《名录》代表性失衡的不满。在次年委员会会议的辩论中,缔约国认为,相对而言,《名录》均衡问题与遗产数量有关,但更多是关于不同区域的主题以及文化和自然多样性的表现形式。[189] 1998年委员会会议期间,一些参会者批评委员会关于提名项目的决定"有时与落实'全球战略'的要求脱节——委员会在第22届会议上列入了许多欧洲遗产"[190]。至于阿姆斯特丹会议的具体建议,委员会将其交给了负责修订《操作指南》的专家组研究。

关于代表性,存在着一个不言而喻的假设,即代表性是基于现有民族国家的视角来衡量的。并非所有人都同意这种观点。克利尔认为这是《公约》的一个根本缺陷,"《公约》的工作不得不基于现代国家、现代政权,但在很多情况下这些国家的疆域与文化运动并不相关"[191]。参加过多届委员会会议的美国外交官雷·万纳(Ray Wanner)认为欧洲遗产数量过多,他曾表达自己的担忧:

> 我听说有个原则,让我一直感觉很不舒服,总干事松浦也经常提起它,即……每个国家都有权利……列入遗产项目,(用我的话来说)如果说不是非要达到某个特定数量的话。我从未

对此抱有好感。到最后,这些危险的原则或者类似原则将导致某种意义上所谓的遗产均衡分布。但我认为均衡应该是结果,而不应作为原则……我不赞成每个国家都有权利列入特定数量的项目。[192]

为修订和重构《操作指南》,专家会议最终在 2000 年春天召开,开启了重构一版便于使用的《操作指南》的工作,委员会多年来已经批准但尚未纳入《操作指南》的所有修订积压到一起,最终耗时 5 年才完成这一漫长过程。[193]

尽管各方为落实"全球战略"付出了诸多努力,但对进展缓慢的不满情绪在 20 世纪 90 年代末沸腾起来。在 1998 年会议上,即将离任的世界遗产中心主任忠告:"如果不能扭转目前的趋势,区域不平衡问题将进一步恶化。本届委员会审议的 35 个提名项目中,没有一个来自非洲,只有一个来自阿拉伯国家。事实上,绝大多来自欧洲。"[194] 委员会成员拍案而起,要求在下一届缔约国大会上增加一项议题,检视确保《名录》代表性的方法和途径。实际上,《名录》区域分布不均的情况自 1994 年以来进一步恶化,这引发了紧张激烈的辩论。斯托弗认为:"尽管尽了最大努力,尽管加大了那些区域的资金投入和技术援助力度以推动更多提名,尽管各方努力……比如 ICCROM 十年间加强对非合作、全力以赴推动提名工作,结果却什么都没有改变。"[195]

各方对"全球战略"的一致承诺与残酷现实之间的落差,令人更加懊恼沮丧。以 1997 年为例,仍有一半的新申报项目来自欧洲。意大利独占鳌头,前所未有地提名了 12 个项目。[196] 受理能力也是个问题。参加本届会议的洛佩斯·莫拉莱斯(Lopes Morales)还记得大家当时忧心忡忡。"红色警报灯已经亮起,如果每年有60个或70个文化或自然遗产项目列入《名录》,未来就会麻烦不断,因为如果照这个速度,无论是秘书处还是委员会都无法用严谨的方式对《名录》里的项目实施有效保护。"[197] UNESCO 认为,来自代表性不足区域的提名项目少,是因为一些国家没能"以足够持续的节奏准备申报项目",同时敦促缔约国大会采取行动"以便将来的《名录》不能只包括主要位于遗产保护工作扎实国家的有限类别的遗产,把那些将主要资源投入医疗、教育和减贫事业的国家排除在外"[198]。

1999年召开的缔约国大会一致通过一项决议,明确了各方在实现《名录》均衡代表性方面的责任,并提出了具体措施。这些措施包括加速落实"全球战略"行动计划和进一步开展多边、双边合作,鼓励《名录》中代表性良好的国家今后只申报代表性不足类别的项目,或者与代表性不足的国家联合申报。最具争议的措施是,呼吁有大量世界遗产的国家自愿减缓甚至暂停申报。很多国家在讨论中强调,只有得到"缔约国政治意愿的支持",这个决议才可能成功。[199] 为落实这个决议,又成立了一个工作组,为参与2000年改革讨论准备报告。

回望《名录》从诞生到2000年的扩展历程,有人会说,《公约》的一个优势就是没有在法律文本中对突出普遍价值给出定义,这为后来灵活、微妙地推进《公约》实施预留了空间。委员会关于列入标准、真实性、完整性和主题研究的决定陆续出台,《公约》文本的概括性规定在实践中逐渐具体起来。从最初到2000年,认定具有突出普遍价值遗产的要求,引发了全球范围内关于遗产理论和实践的充分交流。[200] 正如斯托弗所言,"我们对什么是遗产的观点已经并将继续演变,一个国家现在认为适合列入《名录》的项目,与30年前相比会有所不同"[201]。20世纪90年代中期的开创性研究以及对遗产性质的一系列决定,意义最为深远。曼杰利认为这些努力是值得的。"看看非洲国家正在列入《名录》的项目,其中大多数来自'全球战略'中的类别——文化景观、文化线路和精神场所等等。基于此,我看到了积极的维度。"[202]

《公约》的演进过程可以概括为:"艺术杰作"概念的消失、"文化遗产人类学"概念的兴起、"真实性"概念的重新阐释,以及用文化景观将文化和自然联系起来。20世纪末,普雷苏耶这样说:

> 在一代人的时间里,文化遗产和自然遗产的对立基本消失。景观、遗产、建筑群、史迹等代码术语(coded terms)今天的含义与1972年已有不同。近期在日本奈良会议上讨论的真实性概念,也经历了令人惊叹的演变。[203]

围绕遗产概念演变开展的广泛对话是这一时期的突出成就。普雷苏耶对"全球战略"系列会议采取闭门形式且未公布丰富的讨论内容表示遗憾,但仍认为关于真实性和"全球战略"的深入思考做出了认识论方面的重要贡献。[204]

尽管如此,世纪之交仍然弥漫了不满情绪。区域不均衡和主题不均衡仍未消减,大部分新申报项目仍来自北半球。诚然,许多非凡的项目被列入《名录》,但一些国家坚信列入程序并不公平。这一问题侵蚀了整个世界遗产体系的可信度。数据不言自明。截至2000年,四分之三的世界遗产是文化遗产,其中一半来自欧洲和北美。在对公平的声声呼吁中,均衡问题继续沸腾。作为世纪之交世界遗产改革议程的一部分,一个工作组负责解决《名录》的代表性问题,这在委员会看来是"改革中最难的问题"[205]。为建立一个具有代表性、可信度和平衡性的《名录》,付出巨大努力制定和落实"全球战略",目标仍未实现。到 2000 年,对列入程序的不满越来越多,使其成为委员会改革议程中的最优先事项。

第四章 保护世界遗产地

保护具有突出普遍价值的地点是《公约》的终极目标。这一富有远见的条约为各国开展保护具有重大国际意义的自然和文化遗产的重要合作铺平了道路。早期,世界遗产委员会关注提名程序和《名录》的发展。本章重点讨论遗产列入《名录》后的保护责任,以便其惠及当代、泽被后世。本章将回顾保护和监测理念的演进过程,阐述主要参与方如何通过政策制订和实践经验推动保护和监测工作。首先介绍委员会在项目提名过程中为助力保护所做的工作,随后分析非正式报告、系统报告、列入《名录》和国际援助等监测和管理工具,是如何逐步形成和发展以支持世界遗产地的保护工作的。

保护与世界遗产

随着时间的推移,可以说《公约》已经成为全球遗产保护领域最具影响力的文件。[1] 然而,在早期落实《公约》的过程中,并非所有参与方都精通保护理论与实践。《公约》诞生前,UNESCO 和三个咨询机构在遗产保护领域有着明显不同的工作基础。

自然遗产地方面,UNESCO 和 IUCN 早在 1972 年之前就活跃在自然资源保护领域。国际保护工作借助几个重要会议平台声势渐强,包括1949年联合国资源保护和利用大会(纽约成功湖)、1968年UNESCO生物圈会议(巴黎)和1972年联合国人类环境会议(斯德哥尔摩)。[2]上述三个会议为推动自然保护成为学科发挥了重要作用,也确立了UNESCO在联合国系统内开展自然遗产保护工作的引领地位。

20世纪40年代末,几个彼此呼应的行动表明,环境保护运动在积蓄力量。在联合国资源保护和利用大会前,筹建世界自然保护联盟(简称"IUPN",后改称"IUCN")的工作就已在推进之中。[3]一份1948年的文件将这两件事联系起来:

> 1947年11月至12月,在墨西哥城举办的UNESCO第二届大会决议要求总干事组织召开……国际自然保护会议。为落实决议,会议一度拟于1949年与"保护和利用资源科学大会"联合举办。在此过程中,法国政府认为,应该在这一年①召开国际会议并通过建立IUPN的章程。[4]

在UNESCO的支持下,IUPN于1948年在法国枫丹白露成立。第二年,两个机构共同筹备的国际自然保护会议,也在纽约成功湖举办。会议议程聚焦人类生态学,决议包括环境影响评估等新概念。

文化遗产地的工作主要聚焦史迹建筑和考古遗址修复的理论与实践。[5]自20世纪60年代开始,UNESCO开展了一些大规模行动,积累了重要的实操经验,先是推进埃及努比亚史迹的迁移和修

---

① 指1948年——译者注

复,之后在印度尼西亚婆罗浮屠、意大利威尼斯等受威胁的遗产地开展工作。与此同时,ICCROM 开展项目修复和国际范围内的实地考察,增强了实操能力。[6] ICOMOS 作为专业人员协会,主要关注基于 1964 年《国际史迹遗址保护与修复宪章》(《威尼斯宪章》)这一具有里程碑意义的保护实践准则而形成的学说。

《公约》抓住了早年间这些致力于遗产保存和保护活动的要旨。《公约》在前言中指出全球范围内的遗产受到持续威胁的背景,"注意到文化和自然遗产日益受到损毁的威胁,是年久腐变这样的传统原因所致,更是因为社会和经济条件变化使情况恶化,造成更加难以应对的损害或损毁现象"。尽管"监测"和"保护状况"未在《公约》文本中出现,但它们隐含在《公约》的目的以及缔约国和国际社会的责任之中。《公约》要求各国确保"文化和自然遗产的认定、防护、保护、展示和传承"(第 4 条)。此外,《公约》强调"这些遗产组成世界遗产的一部分,整个国际社会有责任通力合作予以保护",并要求缔约国"不得蓄意采取任何可能直接或间接损害文化和自然遗产的措施"(第 6 条第 3 款)。《公约》要求(缔约国向联合国教科文组织大会)报告世界遗产有关事项(第 29 条),但此条款一直处于"休眠"状态。20 世纪 90 年代系统性监测和报告出现后,这一条款才被激活。[①]

提名和非正式的保护监督

虽然《公约》将保存和保护置于优先地位,但首届世界遗产委员会并没有直接讨论这些问题,因为当时《名录》还没有列入任何

---

① 本书第四章和第五章对该条款被激活的过程做了更为详细的介绍。——译者注

需要保护的遗产地。《公约》实施早期,在项目提名和列入或者国际援助资金分配过程中,保护、管理和监测等问题不经意间进入人们的工作视野。

第一个 10 年里,委员会及其主席团有时会在项目列入过程中提出针对特定遗产地的建议。从以下两个案例可以看出关于文化遗产的种种关切。第一个案例是阿拉伯叙利亚共和国申报的帕尔米拉古城遗址。1980 年委员会在审议过程中提出了遗产地边界和旅游发展威胁等问题,"城墙外的罗马渡槽遗存和墓地应该被纳入保护区。委员会提请关注遗产地的酒店设施,并认为不应进一步拓展这些设施"[7]。值得注意的是,UNESCO 曾在两年前派遣考察组赴阿拉伯叙利亚共和国,就潜在申遗项目向该国政府提出建议。考察过程中,UNESCO 专家提出了一些具体的保护建议,指出多处考古区和建筑群在突出普遍价值、真实性和完整性方面存在威胁,包括帕尔米拉"考古遗址的完整性受到威胁。一方面,'新村'(25000 个居民)城镇化计划不断扩大但缺乏充分规划;另一方面,该地区的空间规划未考虑到这一遗址的重要性"[8]。

第二个案例是 1988 年希腊申报的米斯特拉斯考古遗址。项目引发了长达一年的关于妥善保护遗存政策的激烈辩论。希腊提议重建这一拜占庭式宫殿的顶部,以保护建筑并向游客开放。ICOMOS 基于其学术立场强烈反对这一做法,反对该项目列入《名录》。[①] ICOMOS 呼吁基于真实性原则将现有遗存保留,并劝告"这样大规模、不可逆的修复……将严重改变遗址的美学与历史联系,该项目

---

① 根据《操作指南》,委员会可根据咨询机构建议及审议情况,就申报项目做出以下四种决定之一:inscribe/inscription、refer/referral、defer/deferral、not to inscribe。本书相应译作:列入、发还待议、退回重报、不予列入。——译者注

的真实性恰恰与其作为遗存的状态相关联"[9]。1989年12月,在希腊代表团威胁撤出会议后,委员会无视咨询机构建议,将该项目列入《名录》。

自然遗产方面,突尼斯申报伊其克乌尔国家公园的案例体现了世界遗产委员会如何审慎地运用提名过程和资金援助来发现和解决保护问题。1979年第3届世界遗产委员会会议关于该项目的决定是"退回重报","直到突尼斯政府与其他有关国家沟通,以确保对伊其克乌尔国家公园内主要迁徙物种越冬和越夏区域给予充分保护"[10]。次年,突尼斯承诺"落实提交秘书处文件中所述的整改措施,确保未来继续维持伊其克乌尔国家公园的完整性"[11]。基于缔约国的表态,委员会决定将该项目列入《名录》。1981年,委员会批准了3万美元,用于在该遗产地开展技术合作。[12] 1985年第9届委员会会议上,IUCN非常担忧伊其克乌尔国家公园的危急情况,建议将其列入《公约》创立的保护工具《濒危世界遗产名录》(第11条第4款):

IUCN强调,如果不迅速采取补救措施重建公园水系,遗产地将失去其对迁徙野禽的国际重要性。鉴于此,IUCN强烈建议将项目列入《濒危世界遗产名录》……突尼斯代表告知委员会,他会高度重视这项工作,并将调查结果告知秘书处和IUCN。[13]

1986年,IUCN再次表达关切,保持压力。[14] 1987年第11届世界遗产委员会会议期间,突尼斯终于承认情况严重,告知委员会"一位UNESCO委派的世界遗产顾问正在评估IUCN文件中提到的

图 4-1　突尼斯伊其克乌尔国家公园ⓒ UNESCO/Marc Patry

伊其克乌尔国家公园有关情况。他表示,如果这位顾问在报告中建议将该项目列入《濒危世界遗产名录》,他的国家会同意"[15]。

尽管这项湿地遗产的完整性连续多年引发委员会的重要关切,但缔约国并未主动要求将其列入《濒危世界遗产名录》。直到 10 年后的 1996 年会议上,委员会采取了强硬立场:

> 委员会被告知,主席团在第 20 届特别会议上回顾了自 1985 年以来关于将该项目列入《濒危世界遗产名录》的讨论,并研究了最终将其从《名录》中除名的可能性。主席团讨论了是否还有可能修复遗产地,并要求秘书处立即致信突尼斯政府告知以下事项:一是主席团对此十分担忧;二是主席团建议将项目列入《濒危世界遗产名录》;三是如果伊其克乌尔国家公园的完整性丧失,就可能被从《名录》中除名。[16]

在一次访谈中，当时就职于 IUCN 的哈尔·艾德斯维克回顾了伊其克乌尔国家公园的列入过程和保护问题：

> 伊其克乌尔国家公园实际上勉强满足迁徙物种的标准。在项目列入《名录》的时候，就已经有水坝和灌溉坝，湖的水位在下降，可以看到当时就已经存在威胁。所以伊其克乌尔国家公园项目让我感觉很不舒服。[17]

1996 年委员会会议将该项目列入《濒危世界遗产名录》，要求突尼斯提出整改措施来扭转恶化的局面。此外，委员会告知突尼斯政府"如果遗产地不可能修复的话，可能会将该项目从《名录》中除名"[18]。直到 2006 年，该项目才被移出《濒危世界遗产名录》。

伊其克乌尔国家公园的案例展示了委员会如何逐渐形成其保护程序。从 20 世纪 80 年代到 90 年代初，这一案例将保护的概念、保护状况报告①、列入《濒危世界遗产名录》（包括具体原因和整改措施）和最终除名的可能性等串联起来。这一案例对不同国际文件和项目之间的合作也具有启示意义。伊其克乌尔国家公园于 1977 年成为 UNESCO 生物圈保护区，1980 年成为《国际湿地公约》框架下具有国际重要性的湿地。按照惯例，当不同计划和公约认定的同一自然保护地出现重大保护问题时，由 UNESCO 负责协调它们之间的信息交换工作。[19]

早年间，委员会的《操作指南》并没有就保护和报告提出专门要求。委员会在特定项目申报过程中对其保护工作发表看法，自然而

---

① 自 1985 年起，IUCN 多次提交该项目的保护状况报告。——译者注

然也包括了一些要求。1984年前,提名程序并不要求咨询机构开展实地考察。项目列入《名录》是基于书面材料,而非对实际保护状况的核验。关于遗产地的信息通过非正式渠道获得,有时来自 IUCN 的地区网络,有时来自 UNESCO 的实地考察和保护行动。

监测世界遗产地

反应性监测的形成:基于特定项目的保护状况报告

反应性监测的起源可以追溯到1982年,当时世界遗产委员会对被定期告知有关信息的想法表示支持,包括世界遗产保护状况、采取的保护和管理措施,以及利用世界遗产基金援助开展的工作。"尽管每年向委员会报告情况原则上被认为非常可取",委员会认为须对此认真研究,要求 IUCN、ICOMOS 和 ICCROM 就此类报告的内容和所需程序提出建议。[20]

仅 IUCN 回应了委员会的要求,次年(1983年)提交了一份监测世界自然遗产的理论框架文件。[21] 这标志着世界遗产地保护状况监测工作非正式启动。虽然 IUCN 的文件观点明确、着眼未来,但委员会的回应有些犹豫不决:

> 委员会认为,被定期告知世界遗产地的保护状况,特别是保护管理措施和世界遗产基金划拨款项的使用方式,非常可取。然而,委员会倾向于暂不建立正式的报告制度,而是鼓励 IUCN、ICOMOS 和 ICCROM 通过各自的专家收集信息。委员会将继续在决策需要时基于特定项目请缔约国提供信息。[22]

这一表述值得注意的是，它确认了《公约》首先关注保护，以及需要准确信息作为决策的基础；它还强调了咨询机构通过专家网络收集相关信息的作用。尤为重要的是，它预见了未来的两大动向：基于特定项目的保护状况信息最终发展成"反应性监测"，以及20世纪90年代末才以"定期报告"形式出现的正式监测体系。

1983年会议上，刚刚加入IUCN的吉姆·托塞尔（Jim Thorsell）向委员会口头报告了第一份关于特定世界遗产的保护状况报告。他谈及当时在意大利佛罗伦萨参会的情况：

> 无论如何，我想说，这次会上发生了一件重要的事。我认为是我做了《名录》所有项目的第一个监测报告。我能做第一个报告，只是因为我当时生活在坦桑尼亚，并且刚刚同我的一批非洲学生完成了在恩戈罗恩戈罗为期两周的研学，那里的情况很不乐观。会议期间，正好有个机会介绍监测的总体情况，我用15—20分钟综述了我认为恩戈罗恩戈罗存在的问题。我记得我的报告结束后，会场有一两分钟一片沉寂。委员会成员无法相信这处《名录》上的遗产竟能沦落到这样的境地。[23]

听完他的报告后，委员会要求缔约国"启动将项目列入《濒危世界遗产名录》的程序"[24]。1984年，恩戈罗恩戈罗如期列入该名录。

鉴于委员会鼓励咨询机构通过专家网络收集信息，IUCN于1984年报告了其认为重要的保护问题。[25]它提交了以下4项自然遗产的保护状况报告：塞米恩国家公园（埃塞俄比亚）、宁巴山（科特迪瓦和几内亚）、塔伊国家公园（科特迪瓦）和杜米托尔国家公园（南斯拉夫，现黑山共和国）。[26]也是在这届会议上，根据IUCN建议，委员会决定将以下 3 个项目列入《濒危世界遗产名录》：朱贾国家鸟类保护区（塞内加尔）、恩戈罗恩戈罗（坦桑尼亚）、加兰巴国家公园（扎伊尔，现刚果民主共和国）。[27] 唯一一个被考虑列入《濒危世界遗产名录》的文化遗产项目是波兰维利奇卡盐矿。ICOMOS 不像 IUCN 那样积极主动，没有向委员会提交具体评估意见，只是转交了波兰政府的一份报告：

> ICOMOS 向委员会提供的信息是波兰政府提交的一份关于该项目的报告。委员会认为，目前没有充足的地质信息来评估遗产面临的危险。因此，委员会决定推迟对该项目做出决定，直至获取更多信息。委员会希望缔约国政府在此期间确保对遗产进行必要保护。[28]

第二年（1985 年），IUCN 将这项工作机制化，报告了 12 项世界遗产的保护状况。这些遗产根据优先级分为三组：《濒危世界遗产名录》中的项目、可能列入《濒危世界遗产名录》的项目和其他自然遗产项目。[29] IUCN 之所以能发挥这样的作用，是因为它可以通过其地区办公室、广大会员以及其他非政府组织等渠道获取及时可靠的信息。为认可 IUCN 发挥的引领作用，自 1985 年起，委员会会议议程中增加了一项关于保护状况的独立议题——"《名录》和《濒危世界遗产名录》中自然遗产的保护情况"[30]。

就文化遗产而言，建立基于特定项目的监测机制则更为耗时。1983 年，UNESCO、ICOMOS 和 ICCROM 共同研究形成了一份世界遗产管理手册，涉及"这些遗产的保护问题，包括一般原则、法律层面的考虑因素和实施管理计划的具体路径。1983 年，ICCROM

第四章　保护世界遗产地 / 113

和 ICOMOS 根据秘书处建议召开了国际专家会议,与会专家对手册大纲进行了深入讨论"[31]。尽管 1983 年委员会会议请 ICOMOS 和 ICCROM 提交文化遗产监测报告,但这两个机构并未立即落实。就连贝宁阿波美王宫这样受到严重威胁的遗产,委员会也是从其他渠道获悉信息,"特别是考虑到 1984 年龙卷风造成重大破损以及开展保护工作的紧迫性,委员会决定将贝宁阿波美王宫列入《濒危世界遗产名录》"[32]。就收集信息的人员和网络而言,ICOMOS 此时的能力与 IUCN 相去甚远。同样,在 1985 年会议上,委员会特意感谢 IUCN 提供了"全面的报告,以及经常提供自然遗产保护状况的信息。此外,委员会欢迎 ICOMOS 关于尽力于近期提交类似报告的提议"[33]。

直到 1987 年,报告文化遗产保护状况的工作还是多由秘书处而非 ICOMOS 承担。1987 年委员会会议上,UNESCO 文化遗产司的瑞戴报告了文化遗产的保护状况[34],1989 年瑞戴又报告了地震对阿尔及利亚提帕萨的影响[35]。但在 1989 年委员会会议上,一位加拿大(委员会成员)代表指出威尼斯即将举办的国际展会可能带来的潜在影响,这推动委员会随即表示"极度关切威尼斯面临的新威胁","国际展会将吸引数十万游客……遗产完整性可能会受到威胁"。[36] 1990 年则继续由 UNESCO 工作人员报告文化遗产保护状况。[37]这也说明,虽然《公约》通过已逾 17 年,第一项遗产列入《名录》也已 11 年,但文化遗产监测系统仍未建立起来。基于特定项目的监测确实都是一事一议(Ad hoc monitoring was truly ad hoc.)。

在 1990 年会议上,作为对世界遗产地及其周边基础设施建设激增的回应,委员会做出了一个涉及《公约》落实的重要决策。委员会围绕哲罗姆派修道院和葡萄牙贝莱姆塔的大型新建工程进行辩论后,在《操作指南》中增加了一个新要求——今后,缔约国"如拟在

《公约》保护区域开展或批准可能影响世界遗产突出普遍价值的大型修复或新建工程，应通过秘书处通知世界遗产委员会"。同时，《操作指南》要求各国通知委员会的时间应尽早，应"在做出任何难以逆转的决定前，以便委员会协助寻找合适方案，确保世界遗产地价值得到完整保存"[38]。此后，这一重要段落被用来提醒缔约国，其有义务向委员会提供可能影响遗产突出普遍价值的大型施工和基础设施项目建设信息。这段话也成为世界遗产体系内信息交流的重要工具。它虽然不是反应性监测的起源，但为这项工作奠定了重要基础。时至今日，《操作指南》中的措辞仍然基本未变。[39]

普雷苏耶基于其在世界遗产领域的丰富经验评价了这一预警系统的作用。在一次访谈中，他批评一些国家视项目列入《名录》为工作终点。"缔约国一度认为项目列入就万事大吉了。它带来一项小荣誉，却没能引发进一步思考。"[40]他这样解释早期预警系统的必要性：

> 已经有了一些典型案例。项目列入《名录》后，发生了一些本不该发生的糟糕事情。在另外一些案例中，缔约国无动于衷，仿佛《公约》根本不存在，在开展可能改变遗产性质的城市开发项目之前，甚至都不出于客气说一声……我不确定他们是否得偿所愿。有很多未征求世界遗产中心或委员会意见就对遗产进行干预的案例。[41]

到1992年《公约》20周年纪念时，尽管已就概念和方法探讨多时，但成体系的监测系统仍未建立。此前的10年里，委员会一直从IUCN获取世界自然遗产地的保护状况报告；但在文化遗产领域，UNESCO秘书处和渠道有限的ICOMOS有不同的工作方法，加之双方重复提交报告，因此委员会信息渠道不成体系。这从1992年世界遗产委员会会议中可见一斑。当时，UNESCO报告了其与联合国开发计划署在拉丁美洲和加勒比地区开展联合活动的做法和成果，同时报告了9项文化遗产的情况。随后，ICOMOS介绍了自己做的监测报告，其中包括一些对理论和方法的思考，以及分别针对14项文化遗产的报告。IUCN介绍了其"7步工作法"和关于20项自然遗产的报告。[42]

20世纪90年代中期，委员会迈出了监测程序正规化的重要一步。1994年版《操作指南》明确了委员会的第四项重要职能——"监测《名录》项目的保护状况"[43]。1996年，关于监测的全新章节出现在《操作指南》中，分为"系统性监测和报告"以及"反应性监测"。[44]反应性监测被定义为"世界遗产中心、UNESCO其他部门和咨询机构就受到威胁的特定世界遗产地保护状况向主席团和委员会进行报告"[45]。此后一段时间，主席团负责在委员会会议前梳理和审阅反应性监测报告。比如在1997年11月召开的第21届特别会议上，主席团审议了51个项目的报告，最终委员会仅审议了其中21个，其他报告则是一笔带过。[46] 2000年改革后，主席团的这一角色被终止。

20世纪90年代末的两个案例或许可以证明，做好反应性监测可以产生积极成果。这两个案例分别是刚果民主共和国的多项遗产和墨西哥的埃尔比斯开诺。1979年至1984年，扎伊尔（现刚果民主共和国）的维龙加国家公园、加兰巴国家公园、卡胡兹-别加国家公园和萨隆加国家公园等4项遗产先后被列入《名录》。几项遗产单独的反应性监测报告不时被提交给委员会。1996年，该国的俄卡皮鹿野生动物保护地也被列入《名录》。随着国内骚乱在大湖地区蔓延，该国有4项遗产在1994年至1997年被列入《濒危世界遗产名录》。1999年,萨隆加国家公园成为该国第5项濒危遗产。一个国家所有5项遗产被列入《濒危世界遗产名录》的情况实属罕见,因此需要优先开展工作。在委员会决定的推动下,UNESCO、各国政府、非政府组织和联合国基金会(United Nations Foundation)的资金和技术支持蜂拥而至。委员会对于联合国基金会的投入尤为自豪:

> 相关支持……将通过联合国基金会批准的项目延续4年,项目名为"武装冲突地区的生物多样性保护:保护刚果民主共和国的世界自然遗产",资金总额达4 186 600美元。联合国基金会将直接拨付2 895 912美元的款项,并与UNESCO及其合作伙伴共同从其他渠道募集其余的1 290 688美元。[47]

图4-2 1978年至2000年保护状况报告和《濒危世界遗产名录》变化
ⓒ UNESCO/Mechtild Rössler and Chloe Bigio

募集大量资金保护刚果民主共和国严重濒危的世界遗产是《公约》的一项重大成就。

《公约》保护工作的第二个成功案例是埃尔比斯开诺鲸鱼禁渔区(墨西哥)。该遗产地对迁徙物种灰鲸种群至关重要，专家在考察中研究了当地拟开展的制盐活动对该遗产地突出普遍价值的潜在影响，并在报告中提出，若继续推进制盐工厂建设，则建议将项目列入《濒危世界遗产名录》。1999年委员会审议了报告，认为该项目当时暂未处于危险之中，指出"科学数据表明，灰鲸种群并未受到威胁，其数量持续增长"。但这给缔约国发出了强烈信号，那就是"如果现状发生重大变化，并有恰当的材料证明，应立刻在缔约国的合

图4-3 刚果民主共和国的卡胡兹-别加国家公园 © UNESCO/Guy Debonnet

图 4-4　墨西哥的埃尔比斯开诺鲸鱼禁渔区 © UNESCO/Jim Thorsell

作和协调下,对该项目在《公约》框架内的身份进行评估"[48]。世界遗产代表(World Heritage representatives)和缔约国开展高级别磋商后,墨西哥总统于 2000 年 3 月宣布,为保护这项世界遗产的独特价值,不再推进圣伊格纳西奥制盐工厂建设计划。[49]

基于这些积极成果,1999 年世界遗产委员会主席松浦向当年的缔约国大会报告了反应性监测的成功之处,同时指出,工作量也相应增加了:

> 过去两年,提交主席团和委员会审议的世界遗产保护状况报告超过 200 份。越来越多的项目由此进入委员会视野,体现了委员会的权威和《公约》影响力的扩张。委员会掌握遗产地保护工作存在的问题,对于推动国际合作、加强保护至关重要。

然而，鉴于委员会目前工作方法固有的时间局限性，委员会能在多大程度上严肃对待每个项目呢？[50]

管理规划

《公约》提供的框架，有助于形成和发展优秀实践的原则和工具。遗产地管理的通用标准和管理的有效性成为全球保护体系的重要组成部分。"管理规划（management planning）"的概念最早出现在 1980 年版《操作指南》中，隐藏在遗产申报条款的括号中。[51] 实践中，它最早出现在 1981 年审议澳大利亚威兰德拉湖区项目的讨论中，当时委员会表明希望"看到整个区域的管理规划迅速完成"[52]。

与此前监测手段的情况类似，从事自然遗产工作的专业人员对管理规划更加得心应手。当时管理规划已长期被一些国家用于国家公园或自然遗产地的管理，但在文化遗产领域并不常见。考虑到《公约》同时涵盖自然遗产和文化遗产，1981 年委员会就文化遗产提出要求——"秘书处与 ICCROM 和 ICOMOS 共同检视《名录》中文化遗产项目的保护和管理问题，并向委员会报告"[53]。同时，委员会注意到，自然遗产最大的问题是如何保护其完整性并做好管理，因此决定"鼓励缔约国根据自身能力为每个提名的项目编制管理规划，同时规定，申请技术援助须提供该规划"[54]。

在访谈中，IUCN 当时的代表麦克尼利谈及对管理的重视：

> 另一件 IUCN 一直要求严格或者说努力在做的事，是检查提名区域的管理有效性。如果一个区域本身符合或看起来符合标准，但是管理欠佳，那我们就会建议退回重报，当然这从来不是由我们来决定，都是由委员会来决定，我们给出的建议是

退回重报……我们阐明退回的原因并告知他们需要如何改进才能符合管理方面的要求,我认为这已经在很多方面……成为《名录》用来敦促遗产地改善管理的方法,虽然我不能说它比列入《名录》更重要。[55]

早在 1977 年,委员会就建议"在为提名项目划定边界时,若适当且可行,应在遗产地周边划定缓冲区"[56]。对管理规划的要求最早出现在 1980 年,随后在 1983 年进一步明确——《操作指南》呼吁缔约国准备规划"以保护每项提名的文化遗产"[57]。然而,似乎文化专家基本上对这些要求都置若罔闻。罗伯逊·韦尔纳描述了 20 世纪 80 年代中期与咨询机构开会时的重要一刻:

我记得当时很有趣,我们在讨论自然遗产的保护,讨论到管理规划的必要性、充分保护之类的话题。我的确记得出席会议的文化遗产专家说:"这个主意不错。我们对文化遗产还没有这样的要求。"于是他们受到了启发。他们说:"的确,我们确实从来没有提出管理规划的要求,因为文化遗产本身的确是受保护的。"换言之,(此前的认知是,)文化遗产旁边可能是教堂或者其他建筑,但就算批准在其旁边建设一个停车场,那也并不违反《公约》。我认为这一刻相当重要,可以说,文化遗产专家们醍醐灌顶,认识到缓冲区及相关概念。我认为那很重要。[58]

费尔登回忆起当时 UNESCO 增加文化遗产管理有效性的倡议:

20世纪80年代中期,UNESCO的安妮·瑞戴组织国际专家会议,研究世界文化遗产地管理问题并撰写详尽的指南……我被委任这项工作,略有迟滞后形成了第一版草案。草案散发各方征求意见。随后我邀请尤卡·约基莱赫托博士共同撰写。UNESCO没有回应我们的草案。有3年至4年我在ICCROM授课期间每年都重读这份草案并且加以完善。鉴于UNESCO未予反馈或批准,ICCROM决定于1993年以《世界文化遗产地管理指南》为名将其出版。[59]

《世界文化遗产地管理指南》提议每个世界遗产地都建立专家管理委员会,在费尔登看来,其目标是"将管理与政治运作分割开来,负责管理遗产地的保护工作和日常维护,以及旅游带来的影响"[60]。

1986年和1987年委员会主席柯林森在谈及弥合不同文化和区域遗产管理方法的差异时,认为中国四川大熊猫栖息地的例子体现了《公约》的积极作用:

> 就遗产而言,一个难点就是《公约》涉及许多国家,而这些国家对于什么最重要有各自的视角,可能与遗产的国际定义和管理方式一致,也可能不一致。我可以举个例子,是另一个例子,因为他们从那时起大幅改变了观点和方法。如果我记得没错,中国加入《公约》时间不长,提出要将9个大熊猫保护区申遗……但是那时中国对自然区域的管理……不是基于我们所说的"生态系统方式"而是基于"物种方式",我姑且这么概括。所以,中国确信,他们禁止狩猎大熊猫是对的,问题也会迎刃而解。

但是柯林森指出,中国参会代表没有意识到在栖息地附近修路和砍伐竹子的影响:这样做会赶走熊猫,减少其栖息地面积。"给他们指出这个问题后,他们大幅修改管理规划,这起到了作用。这是个积极的案例——尽管本身的管理方法与《公约》要求并不完全吻合,但会员国愿意为此做出调整。"[61]

从 1980 年开始,委员会鼓励各国准备世界遗产地管理和保护规划,旨在使遗产通过有效管理得到保护和保存。《公约》20 周年之际,特雷恩在对世界遗产委员会发言时肯定了《公约》这方面的成就:"提高了管理标准,最重要的是提供了技术培训机会,特别是基于区域的培训。世界遗产身份已成为《名录》中遗产地和受保护区域完整性不受威胁的重要保护屏障。"[62]

传统管理

在关于世界遗产的讨论中,标准制定工作取得进展,也触及了传统管理体系。这方面,文化遗产于 1992 年先行一步,自然遗产于 20 世纪 90 年代末也取得进展。正是文化景观类遗产的发展,将社区参与和遗产地居民的传统管理体系置于聚光灯下。早些年,《操作指南》极力主张社区不参与提名过程,"为保持评估程序的公正性,避免有关方面尴尬,缔约国应该避免在委员会就项目做出最终决定前,对其提名情况进行不当宣传"[63]。1992 年,委员会做出根本调整,在《操作指南》中增加以下与文化景观有关的要求:"当地居民参与提名过程,对于培养责任感、支持缔约国共同维护遗产地具有重要意义,但不应以预设委员会未来决策为前提。"[64]这一转变是对当地社区和居民保护文化遗产的认可,也明确了他们肩负的传承责任。

关于传统管理体系，委员会讨论文化景观时对《操作指南》做了修订，以便将习惯法和传统管理纳入。新文本指出遗产地必须"拥有法定的和/或约定（contractual）的和/或传统的保护和管理机制，足以确保提名的文化遗产或文化景观得到保护"[65]。这一修订对世界遗产实践有实质性影响，包括对管理形式的记录——可以基于口头传统，甚至基于歌曲，比如第一个列入《名录》的文化景观——新西兰汤加里罗国家公园（于 1993 年列入）。

关于社区参与和习惯法的这两处修改产生了深远影响。就文化遗产而言，从此，人被视为遗产地管理的主要参与者和合作方，他们的传统知识体系被视为保护遗产地的有效路径。这是遗产领域国际法律文件中首次接受习惯法和传统管理。这就为《公约》进入诸如撒哈拉以南非洲、太平洋地区和加勒比地区等区域和传统文化打开了大门。这也在某种意义上为 UNESCO 于 2003 年通过的《保护非物质文化遗产公约》铺平道路，其中具体认可了"被社区、群体和某些情况下个人视为其文化遗产组成部分的社会实践、观念表述、表现形式、知识、技能以及相关工具、实物、手工艺品和文化场所"[66]。

直到 1998 年，传统管理体系才适用于自然遗产。在日本京都举行的委员会会议上，所罗门群岛东伦内尔岛项目推动了传统管理实践用于自然遗产。该遗产地是大约 1200 名以种植蔬果、狩猎和捕鱼为生的波利尼西亚人的栖身之所，这些人对该遗产地具有习惯所有权并按照习惯对其进行管理（customary ownership and management）。1998 年世界遗产委员会主席松浦支持该项目列入。在他的建议下，《操作指南》增加"传统保护"作为对自然遗产的要求，"有充足且长期的法律、监管、制度或传统保护"[67]。随后，东伦内尔岛被列入了《名录》。允许习惯法和传统保护适用于自然遗产是一个里程碑。松浦这样总结他的初衷："管理规划也可以基于习惯法，不一定都基于议会批准的立法。所以，我们必须让要求更具包容性。"[68]

系统性监测和定期报告的出现

《公约》中没有系统性监测遗产地的规定。值得注意的是，专家们起草《公约》的过程中曾讨论这一概念，但最终草案未予保留。参加过1972年专家会议的日本教授伊藤延男（Nobuo Ito）说，谈到监测时，有人用过"定期"一词。[69] 他指的或许是美国提交的公约草案中要求委员会开展"定期调查并在必要时通报整改要求"[70]。

"监测"一词未出现在《公约》文本中，但《公约》规定了"报告程序"，要求缔约国向UNESCO大会提交报告，内容是"关于缔约国制定的法律、行政规定和为落实《公约》开展的其他工作，同时详细报告在遗产领域取得的经验"。此外，这些报告"应提请委员会关注"（第29条）。尽管系统性监测的概念以及向委员会提交基于区域的定期（5年）报告的要求被纳入了1996年版《操作指南》，但这一条款直到1997年才被激活，以支持系统性监测体系。[71]

"系统性监测"一词最早出现在世界遗产讨论中，是美国在1982年委员会主席团会议上提议参考美国国家公园的做法，建立正式监测系统。美国代表团在给委员会的信中解释了该提议的缘由：

> 过去几年，《名录》数量增加且更加多样化，如今世界遗产委员会已不可能仅通过非正式的渠道和沟通来监测遗产地状况。委员会的一项重要职责是确保《名录》内的遗产保有最初列入时所依据的价值。[72]

监测将基于一个简洁、标准化的表格,以便每个国家每2年至3年提交报告时使用。冯·德罗斯特忆及该提议的细节:

> 美国人提出一个建议——应开展对世界遗产保护状况的评估,他们称之为"监测",并提交了一份监测黄石公园保护状况的文件作为例子。文件指出,通过监测发现了公园存在的80个问题,进而推动研究解决这些问题的管理策略,世界遗产地应该开展这样的工作,这符合《公约》精神。我们需要开展监测,以便获知遗产地保护状况,并为世界遗产基金和政策选择等指明方向。[73]

主席团拒绝了该建议,"考虑到大多数缔约国目前的基础设施状况",认为条件尚不成熟。[74]冯·德罗斯特对主席团的反应给出了不同的解释:

> 这份关于监测和黄石公园的文件被翻译成法语,遗憾的是,英语中"监测(monitoring)"到了法语中成了"控制(control)"。无法想象……但的确可以从会议纪要中看到整件事的记录,他们(委员会成员)说:"绝对不行,我们不想被控制,谁承担控制的费用?我们是自治的。我们知道自己在做什么。我们要让所有人相信,是由我们来落实《公约》,这是我们的事。我们不屈服于国际舆论。"诸如此类。也就是说,这个建议虽遭到激烈反对,但毕竟是首次提出监测问题,后来这一问题又多次被委员会讨论。[75]

虽然美国人关于监测的建议未被采纳,但委员会在议程中增加了一项新议题,即讨论《名录》内项目的保护管理和遗产状况报告。委员会鼓励每年报告遗产状况,并呼吁建立保护指南。[76]

委员会否决了美国的建议后,一个新建议于 1986 年进入委员会视野,即建立更为系统的监测体系。委员会"一致认为,一个更具包容性的监测—报告系统是维持《名录》不可或缺的一部分",委员会设立工作组研究潜在监测系统的原则和程序。[77] 1986 年主席团会议上,ICOMOS 提出了一个雄心勃勃但缺乏资金支持的监测计划,建议成立"一个监测委员会,基于缔约国报告、ICOMOS 国家委员会和其他渠道的信息开展工作,收集到的信息可由 ICOMOS 总部电子化"[78]。ICOMOS 预计每年可据此报告大约 20 项遗产的保护状况。该提议内容全面、手段智能,一定程度上参考了 IUCN 的做法,预示了此后世界遗产监测工作的发展趋势。

斯托弗在谈及这项提议时,将其归功于两位加拿大人,弗朗索瓦·勒布朗和雅克·达利巴尔(Jacques Dalibard):

> 20 世纪 80 年代中期,委员会希望 ICOMOS 制订监测系统方案。具体是由弗朗索瓦·勒布朗和雅克·达利巴尔负责,大约在 1986 年提交给委员会,但是被否决了,因为大家不确定为何要搞监测。瑞戴女士可能理解监测工作的必要性,但许多国家认为 ICOMOS 是想干预属于各国主权和自主决策权范围的事情。尽管如此,对监测工作、适当监测体系的关切始终存在。[79]

主席团没能就这一提议形成(提交给委员会的)建议,要求秘书处与 ICOMOS 合作开展进一步研究。1986 年,委员会还收到另一

个关于监测的建议——以列入《名录》的时间为序,每年监测 40 项文化遗产:

> 这一体系基于向缔约国发放的调查问卷,主要目的是帮助相关缔约国发现遗产保护方面的问题,指出他们可能需要的协助。监测如此众多遗产的前提是建立一个正式的数据收集系统,并大幅增加配备给秘书处和 ICOMOS 的资金和人力资源,但也可以考虑更加灵活的方式。[80]

有趣的是,该建议预见到了几个具有挑战性的问题,包括遗产数量持续增加、资金问题(特别是 ICOMOS 作为非政府组织的资金需求突出),以及缺少收集具体遗产地基准信息的方法。虽然该建议只得到部分支持,但它提出的一些原则被后来的定期报告借鉴。

1987 年,委员会听取了前一年成立的工作组的成果报告。工作组围绕"研究建立《名录》中文化遗产保护状况监测系统所涉及的问题",提出了有关原则、程序和两份调查问卷,分别供缔约国和 UNESCO 需要掌握更多细节时使用。[81] 不过,委员会审慎对待这一复杂提议,认为其事关维护缔约国权威,并对主导权可能由咨询机构转向 UNESCO 感到不安:

> (委员会在讨论中)强调,应确保缔约国是信息的主要来源,以及委员会拥有可参考的客观信息,这一系统应被缔约国视为对他们开展列入《名录》遗产地保护工作的激励,而非控制他们的手段……此外,建议 ICOMOS 在该监测系统中发挥更大作用。[82]

最终，委员会决定采用该监测系统，但只是在一定范围内先行试验。

接下来召开的委员会会议收到了很多问题反馈。比如，缔约国无法在截止日期前提交信息；秘书处和 ICOMOS 需要更多时间评估缔约国提交的信息，希望延长工作时限；ICOMOS 抱怨"（缔约国）回复过于简短，几乎没有提及（遗产地面临）危险的程度；分析也太简略，无法据此科学评估提出的问题"，指出"确实应该改进程序，或者调整问卷，或者鼓励缔约国提供更翔实的回答"[83]。在随后的辩论中，缔约国、联合国开发计划署和国际博物馆理事会的几个代表发表了不同看法。尽管尚存分歧，但各方一致同意建立高效的监测系统。因此，各方一致决定继续监测试验，1989 年要覆盖接下来的 50 项遗产。

那时，委员会"认为当时的系统很复杂，无法令人完全满意，特别是与自然遗产的监测系统相比，文化遗产的监测系统无法让委员会高效履行其重要职责"。此外，委员会对 ICOMOS 和 ICCROM 的表现也不满意，建议"进一步用好文化遗产保护领域的非政府组织，用好已有的工作架构以及秘书处人员的专长"[84]。1990 年，ICOMOS 继续开展监测试验，但推迟发放第三批问卷，以便先分析此前收回的问卷。

好事多磨。UNESCO 这时提出另外一种路径，即基于联合国开发计划署正在拉丁美洲和加勒比地区开展的项目，提出对该地区"世界文化遗产予以系统诊断的计划"[85]。次年，UNESCO 参照这一做法，与联合国环境规划署合作保护地中海地区遗产地。

冯·德罗斯特后来在一篇文章中分析为何更加系统的监测手段出现较晚。"尽量多了解一些世界遗产的保护状况，好处显而易见,但世界遗产监测方面的具体行动姗姗来迟。大家很难就监测的必要性和价值达成共识,主要是因为对监测目的有不同的看法。"[86]

图 4-5　在巴黎举办 20 周年专家会议(1992 年 10 月),从左往右:阿兹丁·贝绍伍什(报告员)、贝恩德·冯·德罗斯特(世界遗产中心主任)、克里斯蒂娜·卡梅伦(主席)和洛朗·莱维-斯特劳斯(Laurent Levi-Strauss)(UNESCO) © Bernd von Droste

　　转折点出现在《公约》20 周年之际。为准备 1992 年的庆祝活动,UNESCO 开展了一项评估,并先后在美国华盛顿特区(1992 年 6 月)和巴黎总部(1992 年 10 月)召开了专家会议,撰写提请委员会审议的战略目的和目标(strategic goals and objectives)。[87] 次年,文化助理总干事在缔约国大会致辞中强调了第 4 个战略目的,即"致力于更加系统的世界遗产地监测"。助理总干事谈及此前的讨论,提醒各国"肩负保护列入《名录》项目的责任;世界遗产委员会正在加大力度,在 ICOMOS、IUCN 和 ICCROM 等咨询机构的协助下,运用从不同区域借鉴的经验,在更大范围内定期监测遗产地保护状况"[88]。

1993年,为落实第4个战略目的,世界保护监测中心[89]在其剑桥总部召开了一次重要的专家会议,邀请了曾参与多个文化和自然遗产地监测试验的关键人物。会议地点是精心选定的,因为世界保护监测中心的自然遗产信息收集和分析能力享誉世界。会议聚焦系统性监测,提出了监测的定义并明晰了基本概念,这些内容最终纳入了定期报告的框架:

> 因此,我们说的"监测"是指遗产地管理者、缔约国、《公约》及其合作伙伴之间的长期持续的合作过程,包括持续和反复地观察遗产地状况、发现威胁遗产地保护及其世界遗产特征的问题、建议应采取的决定,以及报告监测结果……也就是说,监测应以遗产状况、用途和管理、特征、品质和意义等基础信息为依据。它是一个不断将遗产现有状况与最初基准信息对比的过程。[90]

委员会审议了专家报告的研究方法,完全同意报告结论,其中提出3种监测:

> 系统性监测:持续监测世界遗产情况并定期报告保护状况;
>
> 行政性监测:世界遗产中心采取的后续行动,以确保世界遗产委员会和主席团在将项目列入《名录》时或日后做出的建议和决定得到落实;
>
> 基于特定项目的监测:世界遗产中心、UNESCO其他部门和咨询机构,就受到威胁的特定世界遗产地的保护状况向主席

团和委员会进行报告。每次发生特殊情况或者开展可能影响遗产地保护状况的工程时,应提交监测报告,开展影响研究(impact studies)。[91]

值得注意的是,作为系统性监测的一部分,"定期报告"一词首次出现。委员会在讨论中明确了其他方面,包括邀请缔约国参与完善上述概念、影响研究的重要性、项目列入《名录》时要求提供综合基准信息等。[92]委员会还要求形成"定期报告模板"并建立一个"负责监督系统性监测和报告系统落实工作的小组"。[93]这个小组最终未能成立,监督责任被委派给秘书处的赫尔曼·范霍夫(Herman van Hooff)。他曾与西尔维奥·穆塔尔(Sylvio Mutal)一起参与联合国开发计划署和UNESCO合作的拉丁美洲和加勒比地区文化遗产的项目,二人都参加了剑桥会议。穆塔尔开展的区域性项目为定期报告奠定了基础。

代表ICOMOS出席剑桥会议的赫布·斯托弗回忆此事时说:

> 1993年在剑桥召开了高质量的专家会,既有文化遗产专家也有自然遗产专家。会议形成了一些关于监测系统的建议。这些建议都与理解遗产价值和突出普遍价值有关,要求所有决定体现出对突出普遍价值这一中心主题的尊重。但这些建议并未马上得到落实。我记得有个缔约国,可能是印度,再次提出了那个令人挠头的问题:"我们应该如何参与其中呢?我们是主权国家,我们不需要ICOMOS或者其他任何人来到我们国家,告诉我们该怎么做事。"他们言语真诚、铿锵有力,遂令这项工作陷入僵局。直到20世纪90年代末,这项工作才得以重启。[94]

1994年委员会会议夯实了系统性监测体系的基础,称赞秘书处在制定定期报告和监测框架方面取得的进展,强调"监测的一个主要目的是评估遗产价值与列入《名录》时相比是否仍完好无损"。委员会:

> 同时强调监测方法应该具有灵活性,可适应不同区域和国家特点,以及自然和文化遗产地的具体特点。此外,委员会指出,在开展定期报告工作时,有必要通过非政府咨询机构和/或现存的 UNESCO 的去中心化工作架构等渠道听取外部意见。[95]

意大利尤为坚持通过专家参与来改进管理,印度则强调任何监测工作都应获缔约国同意。委员会通过请各国建立监测体系、将监测纳入培训课程、制定区域监测项目工作计划等,整合了监测工作。[96]更重要的是,委员会通过了"系统性监测和报告"的文本,并将其纳入下一版《操作指南》。[97]斯托弗对这一重大进展表示欢迎:

> 委员会 1994 年 12 月做出持续监测《名录》上的项目的决定,结束了围绕监测问题长达 10 年的探讨,同时也为 ICOMOS 在国际层面开展有意义的保护工作提供了一些重大机遇。[98]

尽管如此,一些国家继续质疑委员会是否有权建立任何监测体系,并导致缔约国大会与委员会决定之间首次出现重大分歧。1995年缔约国大会的场面异常热闹,围绕如何处理国家主权和监测问题,出现了多个版本的决议草案。[99]大会期间,来自泰国的委员会主席阿杜·维奇恩沙赫恩向大会提交了一份业经委员会核准的关于在《操作指南》中增加监测和报告条款的决议草案，并表明委员会认为监测和报告功能极其重要。辩论随之展开。虽然该修正案认可监测是"相关缔约国的责任，是遗产管理的一部分"，但也指出委员会有责任接收世界遗产地保护状况信息，并且"在尊重国家主权原则的基础上明确定期报告的形式、本质和范围"。[100] 委员会主席解释，委员会之所以提出这一修正案，一是因为需要获取信息以便为国际援助确定优先事项；二是因为相信"一些情况和环境对世界遗产造成的严重威胁致使其被纳入《濒危世界遗产名录》……如果能监测早期趋势并及时采取补救措施，就可以避免情况恶化，并避免上述最坏的结果"。[101]

在印度的带领下，一些国家以捍卫国家主权为由提出反对意见。印度表示："只有 UNESCO 大会可以要求缔约国提交报告，而非世界遗产委员会这样的'选举产生的机构'。"[102] 澳大利亚回应持反对意见者：

> 缔约国大会似乎未能就监测和报告事宜达成共识。澳方代表感受到了参会代表对官僚程序过多和侵犯缔约国主权的担忧。他指出，世界遗产委员会关于监测和报告的决定确实提升了《公约》和委员会的地位，但这绝不具有侵犯性。当然，鉴于《公约》本身无法体现 1972 年以来取得的经验，他认为 UNESCO 应在制订遗产领域规则方面发挥重要作用。[103]

共识迟迟未能达成，缔约国大会将讨论推迟至下届大会。[104]
为打破僵局，1995 年世界遗产委员会又建立了一个工作组，研究特定遗产的报告事宜，以及系统性监测和报告问题。[105] 在澳大利亚代表巴里·琼斯(Barry Jones)的杰出领导下，原本各持己见的工作组成员最终就决议草案达成一致，其中建议激活《公约》第 29 条内容。[106] 1997 年缔约国大会对此表示支持，指出"监测是相关缔约国的责任，提交世界遗产状况定期报告与《公约》要求是一致的"。本届缔约国大会决定向 UNESCO 大会建议，激活《公约》第 29 条的工作程序，并且"赋予世界遗产委员会回应报告的责任"[107]。至此，定期报告成为世界遗产体系正式的监测工具。

1998 年，《操作指南》增加了新的章节，明确了反应性监测和定期报告的区别。[108] 2000 年，委员会启动第一轮定期报告，先从阿拉伯地区开始。[109] 从一开始就参与这项工作的范霍夫认为这会是一个动态的过程：

> 毫无疑问，引入监测和报告规范不会是这一程序的最后一步。实操经验、世界遗产概念的持续发展，以及《公约》阐释和适用工作的演进，需要我们不断思考监测和报告的必要性及其规范。UNESCO 和《公约》法定机构开展的持续讨论，印证了这项工作是动态发展的，且时常会引发争议。[110]

受威胁的世界遗产地

《濒危世界遗产名录》

《濒危世界遗产名录》(以下简称"《濒危名录》")是世界遗产体系的重要组成部分。《公约》要求委员会建立并发布"《名录》内有必要开展重大行动予以保护,并根据《公约》要求给予援助的遗产名录。该名录应包含此类行动的费用概算"(第 11 条第 4 款)。《公约》文本举例说明何为"严重和具体的危险":

> 恶化加剧、大规模公共或私人工程、城市或旅游项目迅速发展造成的灭失威胁;土地使用权或所有权变化造成的毁坏;未知原因造成的重大变化;出于任何原因弃管;武装冲突爆发或威胁;灾害和灾变;严重火灾、地震、山崩;火山爆发;水位变动、洪水和海啸等。

1978 年,委员会忙于受理项目提名工作,将建立《濒危名录》的工作推迟到次年。[111] 1979 年南斯拉夫发生地震,委员会应缔约国请求,将科托尔自然保护区和文化历史区(南斯拉夫,现黑山共和国)作为被列入《濒危名录》的首个项目。[112] 1982 年,耶路撒冷成为第二项被列入《濒危名录》的遗产。1984 年才开始有自然遗产被列入《濒危名录》,这与 IUCN 同年开始常规报告自然遗产保护状况绝非巧合。这一年,3 项自然遗产被列入《濒危名录》。[113] 在本书研究时段内,遗产项目被列入《濒危名录》的主要原因是自然灾害、沙漠化和人类活动。

军事冲突造成的破坏尤为棘手。20 世纪 90 年代早期,受巴尔干战争和南斯拉夫解体影响,两项遗产于 1992 年被列入《濒危名录》,自此进入一个新阶段。炮击对布里特威斯湖国家公园和杜布罗夫尼克古城这两项克罗地亚遗产造成严重破坏。艾德斯维克记述了 1993 年在联合国保护部队帮助下赴布里特威斯湖周边开展监测的经历。他在报告中详细描述了公园遭到的恶意打砸和炮火袭击。他特别建议成立类似于联合国"蓝盔部队"的"绿色贝雷帽工作机构"(Green Beret Facility),以保护受到威胁的世界遗产。后来,这一建议在几届世界遗产委员会会议上都被提及。[114] 多年后,他这样谈论《公约》的积极成效:

> 我认为,克罗地亚布里特威斯湖国家公园是一个绝佳案例。当时,克罗地亚和塞尔维亚之间的战争以及地区战争还在持续。塞尔维亚政府实际控制着公园,但克罗地亚的管理人员也在,实际上是由克罗地亚人和塞尔维亚人共同管理。我去过那里大概 4 次。因为该公园是世界遗产,UNESCO 才得以介入,我们才得以考察遗产地,也才能说不,塞尔维亚也因此没有轰炸大坝,我们才可以四处走动。现在回想起来,10 万美元并不是一笔大数目,但在当时对于修复该公园来说,就是很大一笔援助了。[115]

列入《濒危名录》在《公约》实施早期并不常见,保护结果也各不相同。最初 10 年总共才列入了不到 8 项,到 1992 年增长到 15 项,20 世纪 90 年代末跃升至 30 项。作为近距离观察者,冯·德罗斯特这样分析《濒危名录》的早年情况:"最初的 30 年,委员会将项目列入《濒危名录》的处理方法并不相同。"他将这些列入《濒危名录》的项目分为三类:有的是缔约国主动要求,比如乌干达的鲁文佐里山国家公园和刚果民主共和国的加兰巴国家公园;有的得到缔约国默许,比如科特迪瓦/几内亚的宁巴山自然保护区;有的则未获缔约国同意,比如印度的马纳斯野生动植物保护区。[116]

马纳斯野生动植物保护区是一个特别棘手的案例。当时,阿萨姆邦博多部落的军事侵占对保护区造成破坏。数年间,委员会尝试与缔约国开展对话,都无果而终,1992 年未经缔约国同意便将该项目列入《濒危名录》。委员会此举可能影响了印度在监测和定期报告讨论中的立场,但这是因为委员会此前几次要求印度提供信息均未获反馈。"委员会遗憾地注意到,虽然过去 3 年委员会持续提出要求,但印度当局一直没有提供马纳斯野生动植物保护区的保护状况报告,因此决定根据《公约》第 11 条第 4 款将该项目列入《濒危名录》。"[117] 但是,由于冲突持续,缔约国对遗产地的控制力较弱,无法提供信息,这成为印度和委员会关系持续紧张的根源。20 世纪 90 年代末,双方终于开展了富有成果的对话。1997 年,考察组访问遗产地并报告了修复工作情况,但 1998 年委员会并未改变立场,指出"虽然马纳斯和周边的安全条件有所改善,但阿萨姆邦暴乱风险仍然在很大程度上存在,军事人员常常横穿保护区,不过,委员会被告知印度政府认为遗产地保护情况以及其与当地村民的关系都在逐渐改善"[118]。从 1992 年到 2011 年,马纳斯野生动植物保护区在《濒危名录》中长达近 20 年。

图 4-6　柬埔寨吴哥 © UNESCO/Francesco Bandarin

图 4-7　厄瓜多尔加拉帕戈斯群岛 © UNESCO/Marc Patry

这一时期，两个扣人心弦且引发争议的项目（柬埔寨吴哥和厄瓜多尔加拉帕戈斯群岛）表明，用好列入或可能列入《濒危名录》的工作机制，能为项目争取国际关注和支持带来积极影响。吴哥于1992年进入委员会视野时，柬埔寨正深陷内战。为推动该项目列入《名录》开展的政治运作引发了争议。时任 UNESCO 总干事费德里科·马约尔（Federico Mayor）等不及委员会对这一深陷困境的遗产地采取行动，直接提出将其列入《名录》。马约尔当时看到了许多关于吴哥文物被盗窃和黑市贩卖的报道，他在访谈中忆及当时的急迫心情：

> 我可以告诉你们，要么委员会宣布吴哥窟或者整个吴哥成为世界遗产，要么我作为总干事宣布它处于濒危，因为我可以这么做，因为我认为我们不能再等专业人士了。[119]

1992年7月,主席团建议委员会"启动将吴哥史迹列入的程序"[120]。几个月后,在圣达菲召开1992年委员会会议前夕,主席团在一次非正式会议上讨论了吴哥,但没有留下书面记录。ICOMOS对该项目的评估报告指出,高棉帝国在吴哥留下的伟大遗存无疑具有突出普遍价值,但建议推迟将其列入《名录》,直至足够的保护措施落实到位。首次代表ICOMOS出席会议的克利尔介绍了做出这一建议的背景:

> 我与法国远东学院的人取得了联系,他们向我提供了他们所有的材料。我也进行了现场考察……能听到不远处传来的枪声……很明显,什么都没有,任何条件都不满足。没有法律,没有古迹管理单位,没有保护,什么也没有。[121]

非正式会议意见不一,贝绍伍什行使主席权力,宣布该遗产地将被列入《名录》。克利尔描述了当时的情景:"我介绍了ICOMOS的建议。主席说'不,不,这不可能,项目必须列入'。"最终,贝绍伍什要求主席团每个成员表达意见。"第一个成员说'不,项目必须列入《名录》'。最后两个成员(来自泰国和美国)说,同意ICOMOS的意见,推迟将其列入《名录》。主席说,无论如何,就这样,它将被列入《名录》。"[122]

在激烈的闭门磋商后,承办国美国转变了立场,委员会做出了违反其规则的决定,但坚持这不构成先例:

> 根据《巴黎协定》,柬埔寨自1991年7月起被联合国暂时代管。考虑到这一特殊情况,委员会决定豁免《操作指南》中的

一些要求，基于标准（ⅰ）（ⅱ）（ⅲ）（ⅳ）将吴哥以及ICOMOS报告所附"保护区域"内描述的史迹和考古区域列入《世界遗产名录》。

尽管该项遗产的突出普遍价值毋庸置疑，但委员会承认其他条件并未满足。委员会要求，未来3年开展特别研究并定期报告吴哥的状况，"以确保遗产得到保护"[123]。不同寻常的是，吴哥被列入《名录》的同时也被列入《濒危名录》，以便解决与保护工作相关的立法、监测、边界和缓冲区等紧迫问题。

美国认为有必要公开解释其立场转变的原因。参会代表做了声明：

美国在主席团会议上支持将该遗产地列入《名录》，唯一的前提是满足ICOMOS列出的条件，但美国现在支持妥协后达成的共识，同意立即将吴哥列入《名录》。他强调，美国希望列入《名录》将切实推动这一具有无可争辩的国际价值的遗产获得更强有力的保护……美国的立场是：这一列入不应被认为构成先例，赞赏ICOMOS的正直立场及其向委员会提出的建议。[124]

虽然吴哥获得世界遗产身份的过程突破常规，但合理使用《濒危名录》机制为保护这项遗产做出了重大贡献。列入《名录》被视为促进全球合作的重要一步。在这个意义上，这一案例阐明了《公约》有关规定的积极作用，比如"关于认定、防护、保护、展出和传承"的基本程序（第4条），以及"这些遗产组成世界遗产的一部分，整个国际社会有责任通力合作予以保护"的原则(第 6 条第 1 款)。在 UNESCO、双边合作和广泛国际资金援助的多年支持下,吴哥最终在 2004 年被移出《濒危名录》。

厄瓜多尔加拉帕戈斯群岛的案例则说明,考虑将某项遗产列入《濒危名录》产生的力量能促成富有成效的对话。这些位于太平洋的火山岛距离南美大陆 1000 公里,具有丰富的生物多样性,被认为启发了查尔斯·达尔文(Charles Darwin)的进化论。UNESCO 正式收到的第一个申遗项目就是加拉帕戈斯群岛,所以它在记录系统里被编为第 1 号。这一标志性的项目还是 1978 年首批列入《名录》的 12 个项目之一。[125]

多年来,世界遗产基金和国际社会为加拉帕戈斯群岛的保护和能力建设提供支持。1979 年,世界遗产基金赞助了一个培训会和一些技术装备。[126] 1985 年,世界遗产基金提供的紧急援助以及来自英国、加拿大和美国的双边援助,帮助熄灭了伊莎贝拉岛蔓延 3 万公顷的大火。[127] 1990 年,委员会忆及《公约》关于"不得蓄意采取任何可能直接或间接损害……位于本《公约》其他缔约国领土上的文化和自然遗产"的原则(第 6 条第 3 款),要求重视源自其他国家的、与自然资源开采和旅游规模扩张相关的威胁。委员会特别指出:"日本、韩国和中国台湾地区渔民去年捕捞了大约 4 万条遗产地附近水域的鲨鱼;虽然密集捕捞在国际组织抗议后中止,但禁令的实际效果很难确定。"[128] 1992 年,委员会对该遗产地出台新的旅游和保护管理规划表示欢迎。[129]

1995 年,遗产地所受威胁骤然升级,引发了是否将其列入《濒危名录》的讨论。IUCN 的报告详细描述了面临的形势:

第一，引入的脊椎动物物种危害本地动植物生存，人口数量增加造成了诸如固体废物增加等严重影响，这些都对陆地生物多样性造成威胁；第二，非法捕捞和渔业出口（龙虾、海参、鲨鱼、金枪鱼等）增长，对海洋生物多样性造成威胁。

咨询机构建议了一些整改措施，最后提出，"鉴于物种引入和人口增长带来的严重威胁"，委员会或许可以考虑将该项目列入《濒危名录》。[130]

厄瓜多尔极力反对这一建议，该国代表发言时态度十分明确。尽管他承认存在 IUCN 指出的问题，"法律和行政结构不完备、人口增长、加拉帕戈斯群岛海洋资源保护区非法捕捞、旅游活动失衡以及岛上引入外来物种"，他强调：

> 科学家们认为，加拉帕戈斯群岛仍然是世界的卓越珍宝，没有任何物种消失……已经采取多项措施保护加拉帕戈斯群岛，包括顶层设计改革、完善管理规划和开展国际援助项目（由全球环境基金、联合国开发计划署、美国国际开发署和其他机构资助）。他总结指出，加拉帕戈斯群岛不应被列入《濒危名录》。[131]

这个案例中，缔约国认为将项目列入《濒危名录》无济于事。委员会意见出现分歧。一方认为根据《操作指南》，加拉帕戈斯群岛已满足列入《濒危名录》的标准。另一方主张采取更加灵活的方案，促成有益对话。1995 年委员会最后支持了第二种观点，同意接受缔约国邀请，派遣包括委员会主席和世界遗产中心主任在内的高级别代表团赴厄瓜多尔实地考察，"讨论这项遗产面临的压力和现状，商定克服这些困难应采取的步骤"[132]。

1996年主席团审议上述考察报告后,建议将项目列入《濒危名录》,在向委员会提交的报告中指出:"《濒危名录》不应该被视为'黑名单',而是作为开展紧急保护行动的信号。"[133] 1996年在梅里达召开的委员会会议争论激烈,研究了"不同的选项,包括列入《濒危名录》或者给予缔约国政府更多时间采取行动"。美国代表约翰·雷诺兹(John Reynolds)谈及在闭门会上努力寻求共识的情形:

> 我记得坐在那里,听各方观点,突然意识到厄瓜多尔人并不是在否认没有达到标准……他们是在强调,在该国文化中,若按照西方设计的体系采取行动,结果可能会与委员会的要求背道而驰……我突然意识到,如果措辞得当,有可能达成一致。[134]

他描述了在来自墨西哥的主席玛利亚·特蕾莎·佛朗哥(Maria-Teresa Franco)的带领下达成共识时的欣喜:"如果你设法打消所有人文化方面的顾虑,就能找到解决方案,而不是诉诸教条主义。对我来说,这是最有成就感的,这是我经历的最有成就感的一件事。"[135]在这次非正式磋商后,支持严格落实《操作指南》的一方展现团结精神,提出了一个富有创意、充满期待的妥协文本:

> 委员会决定,自1997年11月15日起将加拉帕戈斯群岛国家公园列入《濒危名录》,除非厄瓜多尔于1997年5月1日前提交一份实质性的书面答复,且主席团在其第21届会议上认定(缔约国)已采取有效措施。法国代表要求委员会记录在案:该决定是个特例,因为这样的决定超越了主席团的权限。[136]

达成共识后做出的决定是一个特别的决定,与委员会过去的任何决定都不同。该决定同意给予缔约国更多时间,同时在缔约国头上悬起"列入《濒危名录》"利器,成为推动缔约国尽快完善执法和改进保护措施的有效工具。

1997年,委员会注意到相关工作进展,赞赏厄瓜多尔政府将为加拉帕戈斯群岛通过一部特别法,"作为遗产地有效保护战略的核心"。委员会注意到该立法草案已通过一次审议,决定"此次"不将该项目列入《濒危名录》。[137]《加拉帕戈斯群岛特别法》最终于1998年3月18日通过。国际社会通过开展建设性对话,成功保护了卓越遗产。加拉帕戈斯群岛没有在本书研究时段内被列入《濒危名录》,但是后来于2007年至2010年被列入《濒危名录》。

当时在世界遗产中心工作的艾德斯维克谈及此事的影响:

> 我想说,提出将加拉帕戈斯群岛列入《濒危名录》是一个很好的例子。毋庸置疑,加拉帕戈斯群岛申报时应被列入《名录》。这毫无疑问。当然,后来过度捕捞、岛上人口激增给遗产地带来了很大压力,最终结果就是IUCN希望将其列入《濒危名录》。这遭到厄瓜多尔大使的坚决反对,我必须说那段时间非常艰难。后来的多次会议中又出现这种情形。[138]

这两个案例说明,《公约》在建立集体支持保护工作的体系和使用《濒危名录》推动缔约国和国际社会参与方面成效显著。在吴哥和加拉帕戈斯群岛的案例中,《濒危名录》成为帮助两个缔约国保护、修复和复兴遗产地的积极措施。

世界遗产和采矿

20 世纪 90 年代,采矿作业带来的威胁常常出现。起初,委员会基于个案进行处理,但在 20 世纪 90 年代末通过与国际采矿组织合作制定了综合政策。本节 4 个案例说明了平衡世界遗产保护与采矿的复杂性,分别是科特迪瓦/几内亚宁巴山自然保护区、美国黄石国家公园、西班牙多南那国家公园和澳大利亚卡卡杜国家公园。

第一个案例是 1992 年被列入《濒危名录》的宁巴山。委员会认为,根据《操作指南》,一个拟建的铁矿开采工程将威胁遗产的完整性。当时在世界遗产中心工作的艾德斯维克谈及去宁巴山考察的经历和将矿区从世界遗产范围剔除的提议:

> 那里有一个大型铁矿……两周的考察期间,我们将它从遗产区剔除,并调整了遗产区的边界……大家都同意这个提议。绿色和平组织在场,非政府组织代表、政府代表、法国保护专家也都在。我们调整了边界,部分原因是政府说他们本就无意将铁矿区纳入遗产区范围,我们接受了……但长期来看该世界遗产地还是可能受到采矿的威胁,管理措施也十分有限,因为遗产地基本由采矿公司保护,而该公司的目的是采矿。[139]

第二个例子是拟建在黄石国家公园东北边界外的"新世界金矿"。1995 年,美国内政部助理部长请求考虑将项目列入《濒危名录》并实地评估采矿计划,因而受到主席团关注。[140] 随后,委员会主席维奇恩沙赫恩、IUCN 代表和世界遗产中心主任于 9 月开展了一次高度公开的实地考察。时任世界遗产中心顾问艾德斯维克描述了当时的紧张气氛：

> 这也是一个政治斗争白热化的例子。在黄石公园召开的公开听证会上，参议员博卡斯①的代表对会议主席冯·德罗斯特博士说，他应该回家，蒙大拿州不欢迎他们来考察黄石公园是否应列入《濒危名录》。冯·德罗斯特博士告诉这位代表，他是受美国国务院之邀来访，所以他会留下。[141]

IUCN 工作人员麦克尼利在访谈中提起 IUCN 关于采矿负面影响的报告给美国国内的政治纷争火上浇油的事：

> 我们把报告交给美国国家公园管理局，并没有对外公布。根据协议，我们应向他们提出建议，所以就把报告交给了他们。美国国会对此极为不满，"这是联合国试图替我们决定我们的政策"……他们威胁要给所有世界遗产增加具有追溯力的"祖父条款（grandfather clause）"，简直不可思议……如果你有一座金矿，必然会在采矿过程中产生很多污水，这会是个大问题。所以我认为 IUCN 的建议是好的。但这也表明政治可以影响几乎所有世界遗产。[142]

12月，美国向委员会报告了正在采取的积极行动，包括深入研究拟建金矿对环境的影响和开展进一步公众咨询。更重要的是，美国政府在来函中说，"缔约国不认为委员会的行为干预其国内法律

---

① 即马克斯·博卡斯（Max Baucus），曾于 2014 年至 2017 年担任美国驻华大使。——译者注

或政策",使得将项目列入《濒危名录》成为可能。[143] 1995年,黄石公园"基于已知的危险和潜在的危险"被列入《濒危名录》。[144] 1996年,克林顿总统宣布"黄石比黄金更珍贵(Yellowstone is more precious than gold)","与新世界矿业公司的加拿大所有者原则上达成协议,政府将提供价值6500万美元的联邦土地,换取该公司放弃对蒙大拿州黄石公园东北角河流上游价值约6.5亿美元黄金储量的开采权",从而叫停了采矿计划。[145]基于此项措施和其他举措,黄石公园于2003年被从《濒危名录》中移除。艾德斯维克称赞黄石公园案例的积极成果,强调此事"让广大公众了解到可以通过委员会和世界遗产机制来解决采矿问题"[146]。

澳大利亚卡卡杜国家公园的案例与加比卢卡铀矿启动开采有关。加比卢卡是卡卡杜国家公园列入《名录》时便被剔除出提名区的几个区域之一。该项目列入《名录》时,委员会称赞澳大利亚"采取适当的法律措施禁止矿产勘查和开采,努力修复遗产地自然生态系统"[147]。然而,20世纪90年代末,因为拟议的铀矿开采计划,世界遗产委员会派遣主席弗兰乔尼实地考察。他的考察报告指出,"拟议的加比卢卡铀矿开采和粉碎工作,对卡卡杜国家公园的文化和自然价值造成了严重的已知和潜在的危险",建议不要推进采矿计划。[148]委员会对此极为担忧,甚至史无前例地决定为单个项目保护问题召开一届委员会特别会议。[149]特别会议于1999年7月召开,其间研究了具体的科学建议,开展了高级别政治磋商。尽管委员会最终决定不将卡卡杜国家公园列入《濒危名录》,但表示"甚为遗憾,缔约国未能主动中止建造加比卢卡采矿斜坡道",强调极度担心"拟议的加比卢卡铀矿开采和粉碎工作会给卡卡杜国家公园的活态文化价值带来严重影响"。[150]直到今天,采矿工作尚未启动。

西班牙多南那国家公园的一场环境灾难将世界遗产地及周边的采矿问题推到了风口浪尖。1997年,加拿大和瑞典合资的伯利登阿皮尔萨公司(Boliden Aporssa)的阿兹纳尔库拉尔(Aznalcollar)铅锌矿尾矿坝发生溃堤,导致有毒尾矿水进入下游。毒水四溢场面令人震惊,照片广为传播,1998年主席团收到的报告称,"世界遗产地和生物圈保护区目前基本没有受到影响,但遗产地周围的国家公园受到毒水的影响"。西班牙高度重视这一问题,制定了预算"约1.2亿美元"的"多南那2005"计划,以净化水质,重塑沼泽生机和生态系统。[151]

可以说,正是因为黄石、卡卡杜和多南那等案例引发的全球关注以及产生的财务影响,才有了与采矿行业关于保护工作和世界遗产的讨论。在这一背景下,一家全球矿业协会——国际金属与环境理事会(International Council on Metals and the Environment)[152]于1998年邀请有关方面在伦敦探讨世界遗产地周边采矿的策略,以避免风险、减少影响。随后,国际金属与环境理事会的一名代表参加了1999年在摩洛哥马拉喀什召开的委员会会议,讨论了在特定世界遗产地开展采矿作业的威胁和潜在威胁,以及关于采矿作业和世界遗产保护的一般性事项:

> 委员会注意到与采矿行业的对话已经开启,世界遗产中心、IUCN和ICOMOS应国际金属与环境理事会的邀请,于1998年10月在英国伦敦召开"采矿与保护区及其他生态敏感地点"会议。[153]

此外,委员会被告知IUCN世界保护地委员会的立场声明——反对在保护区或周边开展采矿和相关活动。各方意见并不统一。

虽然加拿大和法国支持世界保护地委员会的立场声明,但美国等国则有所顾虑,美国希望澄清该声明的地位:

> 世界保护地委员会的声明草案是美国国会近期一次听证会的议题,因为近期给外界传递的一个印象是它将被提交给马拉喀什世界遗产委员会会议,以期通过一项禁止在世界遗产地周边采矿的政策……美国的理解是,这份声明仅供参考。[154]

鉴于这些顾虑,委员会建议进一步研究。为推动广泛对话,委员会邀请所有感兴趣的相关方参与,包括世界遗产中心、UNESCO其他部门、咨询机构、联合国机构、缔约国和采矿行业代表。委员会呼吁"在2000年已策划的全球活动期间召开一个技术会议,分析世界遗产和采矿的案例……提出建议,供第24届世界遗产委员会会议审议和讨论"[155]。

2000年9月,IUCN、国际金属与环境理事会和世界遗产中心合办的世界遗产和采矿研讨会在瑞士格朗召开。与会者共同分析了遗产地管理者和采矿业代表提交的案例研究,以便形成指导意见和建议。考虑到其公众形象,采矿业代表表达了对世界遗产地附近减贫工作和与当地社区合作开展采矿作业的兴趣。保护显然不是他们的首要目标,对话也并不容易。但最终还是就程序透明和相关利益方早期信息共享达成协议,包括各国预备清单里潜在世界遗产地的数据:

> 重要的是,研讨会上各方一致同意的10条原则体现了采矿和世界遗产保护之间的关系。此外,一系列建议特别针对以下三组利益相关方:世界遗产委员会和缔约国、世界遗产管理

机构,以及采矿业。研讨会的核心建议是建立"世界遗产和采矿联合工作组"。[156]

2000年世界遗产委员会会议期间,委员会通过了格朗会议的结论和建议。[157]这是一项重大成就,最终推动国际金属与环境理事会于2003年做出极其重要的承诺——将世界遗产地作为"禁入区"。[158]事实证明,与采矿企业的对话是前瞻性战略的催化剂,它超越了单个遗产地的监测,形成了采矿和世界遗产关系的总体政策。

从《世界遗产名录》上除名

从最开始,委员会就讨论过将遗产从《世界遗产名录》除名的可能性。1979年会议期间,委员会探讨了"(遗产)一旦劣化导致其失去决定其列入《名录》的特质,将其从《名录》最终除名的程序"[159]。委员会讨论了除名程序的步骤,以及了解遗产地被破坏或恶化信息的适当渠道。关于除名,"委员会保留了提议,即类似于开展实地事实核查的决定应由委员会做出,有必要采取紧急行动时,授权主席团要求秘书处采取上述措施"[160]。关于除名的程序1980年就被纳入《操作指南》,但委员会清楚,除名是在极其特殊情况下采取的行动,"委员会特别关心的是,在使用上述程序时,应采取所有可能的措施,避免将任何遗产从《名录》除名,并尽可能地向缔约国提供此方面的技术合作"[161]。本书研究时段里,虽然出现过几次可能除名的讨论,但没有任何项目被从《世界遗产名录》中除名①。[162]

---

① 阿曼阿拉伯羚羊保护区、德国德累斯顿的埃尔伯峡谷和英国利物浦海上商城等3个项目分别于2007年、2009年和2021年被从《世界遗产名录》中除名。——译者注

国际援助

国际社会筹备创立《公约》的那些年间,国际合作与经济援助始终被视为关键目标。值得一提的是,1965年的世界遗产信托基金提议是白宫国际合作会议的一部分。《公约》中关于国际援助和建立世界遗产基金的条款,承载着通过国际合作守护世界上最为珍贵的遗产的精神。《公约》赋予委员会接收和受理国际援助申请的责任,以便"确保此类遗产的防护、保护、展示和修复"(第13条),并将援助与世界遗产保护状况相关联。《公约》对国际援助的程序做了总体规定(第19条至第26条),委员会在《操作指南》中明确了具体规定。

国际援助第一时间被列入世界遗产工作议程。1977年首届委员会会议期间,委员会明确了国际援助的申请模板、种类(包括紧急援助和技术合作)、程序、优先顺序以及与缔约国达成的协议的类型。[163]第二届会议期间,委员会研究了埃塞俄比亚关于向塞米恩国家公园提供支持的申请,但是决定暂不提供资金,直至委员会"收到一份更为全面的技术协助申请"[164]。1979年第三届会议上,委员会首次从世界遗产基金中拨款。南斯拉夫为应对地震给科托尔自然保护区和文化历史区(这是首个列入《濒危名录》的项目)造成的破坏申请了紧急援助,委员会审议后批准了2万美元支持咨询服务,并请缔约国提供所需设备的进一步信息。[165]

此后,随着申请数量的快速增长,可用基金很快捉襟见肘。1980年,委员会批准了6项申请,包括4项来自非洲的申请,以及批准7000美元支持坦桑尼亚恩戈罗恩戈罗保护区编制管理规划,总额达35.77万美元。[166]1981年,委员会批准了12个申请,总额达

60.84万美元。[167]

与此同时，鉴于文化遗产保护专业人员总体短缺，委员会支持了一个由 UNESCO 与 ICCROM 合作的"面向区域和国家层面文化遗产保护专家的大规模全球培训项目"。关于自然遗产保护专家培训，委员会注意到 UNESCO 的"人与生物圈计划"已经提供此类培训，愿配套开展面向护林人、管理者和科学家等一线专家的专项培训。委员会认为，合作培训"提供了实现《公约》目标最有效的途径"[168]。

一项关于国际援助前 20 年情况的研究可以说明其在遗产体系内稳步发展：

> 虽然自 1978 年起国际援助金额每年的增长有高有低，但总体趋势是获批的申请数量和每项申请获批的金额都在上升。自 1992 年起，每项申请获批的金额平均为 2 万美元左右，这一增长是因为世界遗产基金的资金规模在变大，而申请数量的增长主要因为各国逐渐了解申请程序，也得益于世界遗产中心在协助各国申请工作过程中发挥的作用。[169]

该研究还注意到，申请基金援助的额度会因为遗产地面积更大或采取更为综合的保护方法相应增加。此外，获批项目个数与单个项目可用额度的落差日渐扩大。基金已无法与紧急保护需要、管理规划和其他世界遗产保护相关问题相适应。该研究最后建议，出路在于充分利用双边和多边伙伴关系。[170]《公约》条款包括鼓励建立此类公共和私人基金会以及开展国际募资活动（第 17 条和第 18 条）。

麦克尼利认为缺少资金是世界遗产体系的一个缺陷：

我认为，如果能有比如每年 5000 万美元的预算来开展濒危世界遗产工作，《公约》会得到更严肃的对待。在我看来，《公约》没有得到合理使用。但是，如果有更多资源、更多钱，这么想可能幼稚，那么《公约》就会有更大吸引力，特别是对一些小国家来说。[171]

临近 21 世纪，一些政府认识到世界遗产地迫切需要资金，遂建立起提供预算外支持的机制。1989 年，日本设立"日本保护世界文化遗产信托基金"；1995 年，北欧国家设立"北欧世界遗产办公室"，支持发展中国家能力建设；1997 年，法国签署了《法国—UNESCO 合作协议》，以一种不同的模式提供技术和资金支持。[172] 到 2000 年，资金短缺成为重要问题。如何开拓新的伙伴关系和资金渠道来保护不断增加的世界遗产，成为新千年的优先事项。

本章阐述了通过建章立制来掌握世界遗产地保护状况和协助消除突出普遍价值面临的威胁等方面的稳步进展。作为将文化和自然遗产结合的独特文件，《公约》成功地建立了将不同做法和方法相互融合的学习平台。保护世界遗产面临的严峻挑战让世界遗产体系内的许多参与方汇聚到一起，包括缔约国、遗产地管理者、专家和 UNESCO 雇员。由此带来的丰富对话为全球保护方法提供了新标准和新工具。不同的报告程序印证了遗产价值与持续管理的关系。反应性监测和系统性监测的发展使世界遗产委员会得以履行监督职能，评估世界遗产地随着时间流逝是否保有其突出普遍价值。对遗产价值和实地管理紧密关系的认识得到深化，这是《公约》的一项伟大成就。

第五章　参与方

落实《公约》的责任由缔约国政府、咨询机构和 UNESCO 共同承担。《公约》文本对各方的角色和责任做了详细说明。如同三足之鼎，三个参与方需积极作为，将这一国际协议的潜能挖掘到极致。《公约》文本中不包含民间团体的正式角色，但它们显然可以在认定和保护世界遗产方面发挥作用。从 1972 年到 2000 年，伴随着《公约》纵深实施，各参与方也在不断演进。

缔约国

缔约国指通过与 UNESCO 的正式协议批准或加入《公约》的国家政府。1973 年，美国成为首个批准《公约》的国家；瑞士于 1975 年 9 月 19 日成为第 20 个缔约国，于是《公约》于三个月后的 1975 年 12 月 19 日正式生效。加入《公约》意味着缔约国承诺提名其领土上的遗产列入《名录》、保护国内外世界遗产的突出普遍价值，以及报告世界遗产状况。此外，缔约国通过参与缔约国大会和世界遗产委员会（包括其主席团和附属机构）共同负责《公约》治理工作。

缔约国大会

缔约国大会于 UNESCO 大会期间召开，每两年一次。根据《公约》，缔约国大会只有两项正式权力：选举世界遗产委员会成员（第 8 条第 1 款）；决定向世界遗产基金提供义务资金的统一比例，不超过各国向 UNESCO 缴纳会费额度的 1%（第 16 条第 1 款）。在《公约》框架下，缔约国大会没有批准一般性政策和规程的法定权力（其自身的议事规则除外），也无权审议世界遗产基金的账目情况。但是，作为《公约》全体缔约国的代表，缔约国大会有机会对世界遗产委员会的工作施加影响，特别是当缔约国意见一致时。在 2000 年前的阶段，缔约国大会的主要精力都用于世界遗产委员会竞选工作，耗时耗力。多年后，缔约国大会才扮演了非正式的政策角色。

1976 年，首届缔约国大会在肯尼亚内罗毕召开，当时已有 26 个国家加入《公约》。值得注意的是，缔约国的三分之一来自欧洲和北美地区，三分之一来自阿拉伯地区。大部分缔约国派外交官参会。会议期间，缔约国因为向世界遗产基金义务缴费的比例一事出现了小摩擦。瑞士和波兰提议将比例定为各国向 UNESCO 缴纳会费的 0.75%，而大部分国家支持将比例定为 1%。[1] 在如何选举委员会成员这件事上，缔约国之间出现了重大分歧和对立，这也成为此后长期困扰《公约》的棘手问题。

《公约》指出，最初由 15 个缔约国构成世界遗产委员会成员，《公约》在 40 个以上缔约国生效后，成员增至 21 个（第 8 条第 1 款）。委员会成员任期 6 年，每两年改选三分之一。在首届缔约国大会上，阿拉伯叙利亚共和国提议遵照 UNESCO 的常规做法进行选举,即根据 UNESCO 预先划定的 5 个选举组分配席位[①]。随后的辩论说明,并非所有代表团都赞同这一方案。"这一提议引发了19 个缔约国代表团关于席位分配原则的广泛讨论。"反对该方案的国家援引《公约》文本,"委员会的选举应确保世界不同区域和文化的合理代表性"(第 8 条第 2 款)。他们强调,"在决定委员会席位的地理分配时,有必要将《公约》的本质和宗旨纳入考虑范畴"[2]。这一分歧至今仍然存在。首届缔约国大会上,澳大利亚提出通过秘密投票选举成员,回避了该问题。选举结果是,三分之一成员来自欧洲,五分之一来自阿拉伯地区,从此形成了这种表面上和实质上都不公平的模式。

1978 年,第 2 届缔约国大会上,由于已达到 40 个缔约国的门槛,委员会成员增至满额 21 个。各方再次围绕如何实现均衡代表性展开辩论。以 UNESCO 选举组作为委员会席位分配基础的建议被再次提出,会议陷入僵局并一度中止,最终进行了秘密投票。尽管主席敦促缔约国在投票中履行"道德义务,实现均衡分配",但三分之一的空缺席位最后仍由欧洲国家得到。会上只提出了两个政策性问题:一个涉及执行《公约》要求,任何拖欠世界遗产基金款项的缔约国不得参加委员会竞选;另一个是 IUCN 强调应实现《世界遗产名录》中自然遗产与文化遗产的均衡。[3] 到 1980 年,缔约国大会没有再进行席位均衡分配的讨论,秘密投票被用作委员会选举的常规方法。[4]

委员会公平轮换的原则并非从一开始就确立。1983 年,即将

[①] 会议期间提议的席位分配方案为:第一组/西欧和北美国家 4 席、第二组/东欧国家 2 席、第三组/拉丁美洲和加勒比国家 1 席、第四组/亚太国家 1 席、第五组/非洲和阿拉伯国家 7 席。——译者注

卸任的委员会成员(澳大利亚、埃及和突尼斯)提出竞选连任。[5] 1987年,关于均衡代表性的问题才再次被提出,直接涉及三个代表性不足的区域,"一些代表……提请大会关注拉丁美洲、非洲和阿拉伯国家在委员会的代表性不足的问题"[6]。这一次,出现了改革的呼声:

> 选举之后,几位代表宣布,虽不质疑选举结果,但注意到了委员会席位在不同地区组的分配并不均衡。主席被要求检视委员会选举程序,以确保委员会实现《公约》提出的普遍代表性和文化代表性。[7]

1989年的缔约国大会收到了世界遗产委员会的一份报告,其中提出了一些促进全球不同区域和文化代表性的方案。随后,"一场激烈的辩论"拉开帷幕。参会代表认真研究了关于改善轮换机制的建议的优点,涉及确定每个区域的席位数量、修改《公约》并将委员会成员增至36个、为卸任委员会成员设立特别观察员身份和向发展中国家代表提供差旅费等。唯一立即做出的决定是,通过了一项效力很弱的轮换决议,"缔约国大会……请即将卸任的《公约》缔约国考虑在适当时期内不再参加竞选"。缔约国大会要求委员会进一步研究其他建议。然而,缔约国大会主席在会议结束时指出——或许有些幼稚——"会议为制定改善委员会地理分配的主要原则提供了机会"[8]。值得注意的是,大会没有讨论其他政策,竞选过程相当耗时费力,会议不得不延至第二天才得以完成四轮投票。

尽管两年前发生了激烈的辩论,但1991年的缔约国大会只是"注意到"秘书处准备的缔约国此前担任委员会成员及区域分配情况的工作文件。这些表格显示,虽有个别例外,但随着时间的推移,勉强实现了区域代表性均衡。1991年,委员会成员选举前,缔约国大会主席呼吁缔约国尊重轮换的共识。两个即将卸任的国家做出了不同的选择:保加利亚撤回了再次竞选的申请,墨西哥则决定竞选并成功连任。投票结果让人大失所望,三个非洲候选国(肯尼亚、马达加斯加和津巴布韦)无一当选,毛里塔尼亚代表要求在会议纪要中记录"虽然所有人认为有必要改善地理分配,现实却是本次选举在这方面没有丝毫改善。他对此感到遗憾。确实,没有任何撒哈拉以南非洲国家当选,因此,整个区域只有一个国家在委员会"[9],也就是1989年当选的塞内加尔。[10]

1993年,委员会成员选举把投票程序问题推到了非解决不可的地步。最初,有31个缔约国竞争7个席位。此外,虽然大会呼吁主动轮换,但7个即将卸任的委员会成员中的5个(巴西、古巴、法国、意大利和美国)提出再次竞选。竞选国家如此之多,大会不得不中止审议,以便各选举组进行内部磋商。阿拉伯组和非洲组都将本组候选国家数量减少至2个。欧洲组没能达成一致,该组候选国家数量超过全部候选国的一半。投票过程漫长而艰难,共进行了9轮,令人错愕。其中有2轮没有任何国家得到当选所需的绝对多数票。

这次选举后,缔约国大会呼吁检视议事规则,"要求获绝对多数票(才能当选)使得选举经过9轮投票才得以完成,此外,该制度也没有保证世界不同文化和区域的均衡分配"。参会代表建议修改关于绝对多数的要求,设立一个竞选资格审查委员会,他们对即将卸任的委员会成员无视"遵从不立即再次竞选的建议……的义务"予以最强烈的批评。[11]此外,投票程序效率低下也意味着几乎没有时间探讨其他实质性措施。缔约国大会开始思考如何在世界遗产体系中发挥更大的领导作用,第一次建议在"未来的大会上投入更多时间讨论实质性内容,以便制定推动《公约》落实的总体政策指令"[12]。

为解决投票程序问题,1995年的缔约国大会批准修改其议事规则,"以避免过多轮次投票",只要求前4轮采取绝对多数,第5轮采取简单多数,如遇平票则通过抽签决定。有趣的是,各国代表对国家主权态度谨慎,拒绝明令"禁止即将卸任委员会成员立即再次竞选"。但不同于前一届大会上4个卸任缔约国立即再次当选的情况,1995年的大会拒绝了3个试图立即再次竞选国家的申请(印度尼西亚、阿曼和泰国),这表明,代表们即使不接受把轮换作为规则,实际上也已接受了这种理念。[13]

1997年的缔约国大会期间,多国竞选委员会成员,不得不进行4轮投票。轮换原则仍未得到遵守,7个即将卸任国家中的4个(中国、埃及、墨西哥和西班牙)希望立即再次竞选,但最终只有墨西哥成功连任。诡异的是,投票程序中出现了一个错误,好像没有被任何人注意到。缔约国大会主席宣布,根据议事规则,第4轮投票只需要"简单多数"。但两年前修改规则时就明确了第5轮才采取"简单多数",第4轮仍要求"绝对多数"。人们只是好奇,如果当时按正确的规则行事,结果会有何不同。这个失误也说明选举过程的混乱以及UNESCO雇员和参会代表的粗心大意。[14]

更重要的是角色转换。为回应对监测问题的关切,1995年的缔约国大会在委员会成员选举之外第一次开展了实质性政策讨论。议题是经1994年的委员会批准,在《操作指南》中纳入规范世界遗产保护状况监测和报告程序的新文本。[15]随后的政策辩论对监测的必要性涉及较少,更多聚焦于监测涉及的法律问题和缔约国主权。

这也打响了委员会和缔约国大会公开的权力之争的第一枪。一种观点认为，作为技术程序，自愿性质的实地监测和报告系统属于委员会的职责范围；另一种观点则视之为对缔约国主权的侵犯，认为委员会和缔约国大会都不能要求缔约国提交报告。根据《公约》，只有 UNESCO 大会可以要求会员国提交报告（第 29 条）。之后是长时间的辩论，其间至少出现了 8 个决议草案提案，最后，UNESCO 的法律顾问提出了一个解决方案。他表示，《公约》第 29 条确实指出需要向 UNESCO 大会提交报告，但是建议"可以采取灵活手段，如果 UNESCO 大会决定，则报告的方式可以通过缔约国大会，也可以通过委员会"[16]。

经投票，这一提议被推迟到 1997 年的缔约国大会继续讨论。1997 年，各国达成一致，提请 UNESCO 大会激活《公约》第 29 条程序，以便在世界遗产委员会的指导下建立定期报告系统。这一决议重申了缔约国管理其领土内世界遗产的责任，明确了监测是相关缔约国的责任。决议同时强调，用保护文化和自然遗产的通用政策促进缔约国交流、分享保护经验，大有裨益。[17]

21 世纪前的最后一届缔约国大会（1999 年）探讨了几个在 2000 年凯恩斯委员会会议改革议程上的政策性议题，包括如何落实《世界遗产名录》的平衡性和代表性、如何实现委员会的均衡代表性、如何改进委员会的工作方法及如何增加世界遗产中心的工作经费。会上，有代表提出增加委员会席位数量，（因为这涉及修订《公约》）法律顾问就《公约》修订程序做了解释。

1999 年的委员会选举在改革的紧张气氛中进行。法国"出于轮换机制考虑"撤回了竞选申请，3 个即将卸任的委员会成员（意大利、日本和黎巴嫩）继续竞选。高潮之一是英国在第 2 轮投票后决定退出竞选,并表示支持埃及。英国表示,"本次选举中,西欧国家中已有 3 国当选,但非洲、亚洲和拉丁美洲每个区域分别只有 1 个国家当选,阿拉伯国家无一当选。英国坚信轮换的必要性,委员会的代表性应适当均衡"[18]。由此,强化了轮换原则。

本书研究时段的早期,缔约国数量很少,意味着每个国家都有许多机会直接参与《公约》工作。随着缔约国数量增加和会议更加正规,缔约国感到,除非进入世界遗产委员会这一权力核心圈,否则自身权利会被剥夺。这种挫败感或许能解释为什么缔约国大会自 20 世纪 90 年代中期起转向实质性政策讨论,因为在缔约国大会上,所有国家拥有平等的发言权。然而,纵观整个时期,对没能选出一个具有"世界不同区域和文化均衡代表性"的委员会的不满情绪持续发酵。这也成为 2000 年凯恩斯会议改革议程中的一部分。

世界遗产委员会

世界遗产委员会负责《公约》的具体实施。最初,委员会只有 15 个成员。1979 年,委员会扩至《公约》规定的满额 21 个,任期 6 年。委员会每年召开一届会议。两届会议之间,由委员会基于区域选出的小型主席团为会议做准备。根据《公约》,委员会的主要职责是认定具有突出普遍价值的遗产地并将其列入《名录》、将受到威胁的遗产列入《濒危名录》,以及分配世界遗产基金的资金。一直以来,随着《操作指南》的修订,委员会的职能也陆续发生了变化。1977 年第一版《操作指南》列明委员会有四项重要职能:形成《名录》、准备《濒危名录》、决定世界遗产基金的最佳用途以及协助会员国保护其具有突出普遍价值的遗产。[19] 1980 年版《操作指南》不再保留最后一项职能。1994 年版《操作指南》为委员会增加了监测遗产保护状况的职能。[20]

《公约》要求委员会由遗产领域的专业人员组成——"委员会成员应选派具备文化或自然遗产领域专长的人员担任代表"(第 9 条第 3 款)。加拿大代表彼得·本内特指出，1977 年委员会会议期间，"政治因素几乎从未介入工作"。[21] 从早期开始即参与《公约》工作的 UNESCO 雇员贝恩德·冯·德罗斯特这样描述《公约》缔造者们最初的期望：

> 专家们于 1977 年开会研讨并形成了评估标准。他们通过了《操作指南》和议事规则。专家们期待《公约》……能够真正由文化和自然领域的领军人物落实，他们将在 IUCN、ICCROM 和 ICOMOS 专业建议的支撑下做出决定。[22]

谈到 20 世纪 80 年代的情况，雅内·罗伯逊·韦尔纳说："当时确实有这样的普遍认知……主席团会议很大程度上是技术会议，在我看来，减少了委员会工作量……这些人是文化或自然遗产领域的专家。"[23] 莱昂·普雷苏耶证实了她的说法。"1980 年，参会代表有考古学家、历史学家、遗产地管理者，他们和我们的话语体系是一致的。"[24] 正如冯·德罗斯特所言，"起初，委员会就是这样看待如何发挥自身领导力和如何审议项目并做出决定的。委员会确实尽量将世界遗产是什么、《名录》的价值是什么等所有诸如此类的问题交给专家去解答"[25]。

当时任职于 ICOMOS 的弗朗索瓦·勒布朗为我们描绘了早期委员会会议欢乐和谐、令人神往的场景。"除了讨论技术问题的委员会会议之外，大家的互动非常积极正面，晚上、其他会议期间、茶歇时均是如此。"[26] 他描述了自己作为年轻的 ICOMOS 代表参加 1980 年委员会会议时的场景。"我面对的同事要么是考古学博士、建筑史专家，要么是各国文化部门的负责人。总而言之，我周围都是专业人士。"[27] 最初，以笃定的口吻谈论他不甚了解的遗产地让他感到不安，但这种不安很快就烟消云散：

> （委员会会议期间）举手发言的人在支持某个提名项目时总是给予专业论述，于是我很快意识到，我并非站在委员会的对立面，我的职责是向他们提供信息……他们与我并肩前行——要么支持提名项目，要么支持"不予列入"的建议。[28]

他注意到，这一时期的会议"更多聚焦于为下一代保护世界遗产进行能力建设，而不是在国家间开展外交往来"[29]。

关于委员会缺少自然遗产专家的抱怨几乎立时出现。1980 年委员会提醒缔约国有义务委派自然遗产领域的专家参会，并提议主席应每两年在自然和文化遗产专家间轮换。[30] 哈尔·艾德斯维克也确认，几乎没有自然遗产专家参会。"早些年的会议上，也就是《公约》诞生后的 10 年间，比起文化遗产方面的专家，拥有自然遗产背景的参会专家确实较少。"[31] 曾在美国代表团工作的罗布·米尔恩补充道："代表团内文化和自然遗产专家的比例是 6∶1 或 7∶1。"[32] 20 世纪 80 年代至 90 年代担任 IUCN 世界遗产协调员的吉姆·托塞尔表示"一直就没有很多自然遗产方面的专家参加这些会议。即使参加，他们通常没有权力发言或者参与讨论。他们总被认为不够重要……他们会揪住一些细枝末节……拷问 IUCN"。他为此感到遗憾。"我们一直努力推动更多自然遗产专家出席委员会会议,然而,除了个别年份确实有一些外,总体上未能实现。"[33]

世界遗产委员会的政治化

本研究时段内,委员会从技术性机构演变成更加政治化的机构。1983 年,即将卸任的世界遗产委员会主席、澳大利亚人拉尔夫·斯拉特耶尔在讲话时提醒人们注意委员会成员申报世界遗产带来的问题。他指出,委员会成员在游说其他成员方面具有天然优势,游说工作可能被认为"对委员会做出有利决定施加很大影响,从而使委员会成员申报的项目比一般缔约国的项目具有明显优势"。斯拉特耶尔呼吁委员会在《操作指南》中明确此类游说工作的规则,并且表示:"我认为,就《世界遗产名录》的质量和阐释而言,客观中立非常重要,我……请求委员会考虑以下建议——若某个国家是委员会成员,则不应审议该国申报的任何项目。"[34]该建议首次提出后,成为日后经常听到的一个说法的滥觞——建议委员会成员履职期间不申报项目,以避免可能被认为存在或确实发生的利益冲突。

在弗朗切斯科·弗兰乔尼(Francesco Francioni)看来,天平一直向政治维度倾斜。"当然,有些参会代表团包括环境和文化领域的技术专家。但是,归根结底,委员会本质上是由缔约国而非个人组成的机构。"他将此称为"委员会的原罪",直言"外交官在发号施令……知识界的环境学家、自然学家和具体参与文化遗产工作的人说了不算"。[35]

普雷苏耶谈及,政治化在 20 世纪 80 年代末加速:

我们目睹各国陆续派来外交官、大使、部长出席委员会会议，这些人改变了《公约》的发展轨迹，强化了《公约》的政治维度，这里的"政治维度"可能并非褒义……从20世纪80年代末开始，各国常驻UNESCO代表和政界人士让人感受到了压力。[36]

他直言不讳："我确实认为在理想状况下，政客如果想发言，应该更多地依赖专家意见，他们应该考虑到自身认知的局限性。"[37]

罗伯逊·韦尔纳同样认为委员会会议政治化愈发严重。"考虑到自尊、威望等等各种因素……外交部门的领导或者类似人员不可避免地参与进来。他们的代表团包括专家，但我认为越来越多的专家被安排在后排，政客则在前排就座。"[38]赫布·斯托弗证实了这一说法，认为几乎听不到委员会成员代表团中专家的声音。"那些专家可能就在现场，现场也有专业意见，但专家们坐在后排。在前排用麦克风发言的是具有外交背景的大使……他们很难套用自己在其他外交场合的惯常做法来回应《公约》的要求。"[39]吉姆·柯林森认为，资金问题或许是一个原因。"每年两次派人出国、每次为期一周，相关花销令人望而却步，结果就是该国常驻UNESCO的大使出席会议。这位大使或许具有《公约》期待的专业知识，或许不然。"[40]

有几个重要案例加剧了委员会的政治化。冯·德罗斯特指出，《公约》科学维度和政治维度的对立最初"源自一些缔约国意图直接利用《公约》释放信息，特别是政治信息和对全人类重要的信息"。冯·德罗斯特表示，当波兰提议将奥斯威辛-比克瑙列入《名录》时，秘书处大吃一惊。"特别是波兰认为应该从人道主义视角扩展《世界遗产名录》。世界遗产应该支持文化间理解、宽容以及铭记纳粹罪行。"他曾认为奥斯威辛项目会是特例，现在则承认这个想法有些天真了。秘书处当时也认为这"是我们唯一一次列入政治上如此敏感的项目"[41]。

第二年，耶路撒冷古城的申报让委员会深陷政治泥潭。事件的过程很简单。约旦向1980年9月召开的世界遗产委员会会议提名申报耶路撒冷项目，会议"决定启动既定程序审议该提名"[42]。1981年5月，主席团收到了ICOMOS积极正面的评审建议，但未就项目列入《名录》达成共识，因此将申报文本提交委员会审议。[43]在17个缔约国的要求下，委员会于1981年9月召开特别会议讨论该项目。在唱名投票（roll call）中，"耶路撒冷古城及其城墙"项目以14票支持、1票反对和5票弃权被列入《世界遗产名录》。[44]

参与耶路撒冷项目列入《名录》工作的先驱们都还记得，当时会议气氛紧张，代表们情绪激动。冯·德罗斯特表示，秘书处没有预料到项目会在1980年申报。"我们不知情，也没预料到，这也让委员会倍感意外。"[45]在专业评估中，ICOMOS深信耶路撒冷满足突出普遍价值要求，建议列入《名录》，因为"耶路撒冷与人类三个伟大的单一神宗教存在直接和物质的关联"，也因为城市的主要史迹"在很大程度上影响了基督教和伊斯兰教宗教建筑的发展"。[46]当时代表ICOMOS向会议报告项目情况的普雷苏耶表示："如果世界上仅有一个地方具有普遍价值，那就是耶路撒冷。那里可以见到犹太教、基督教和伊斯兰教三个宗教的信徒。那里还积淀了从古希腊时期到奥斯曼帝国末期的大量史迹。"[47]在技术分析报告中，ICOMOS将耶路撒冷视为历史建筑群，并强调"必须尽可能将考古遗迹和史迹遗产整体保护起来"。因此，ICOMOS列出了一个应纳入保护区的其他史迹和历史建筑清单。[48]这个补充清单加剧了关于耶路撒冷地位的紧张局势,也把主权问题摆上了桌面。

图5-1 1980年耶路撒冷古城及城墙 © Michael Turner

在1981年召开的首届委员会特别会议上,政治辩论围绕领土管辖权展开。出席委员会的代表团构成也发生了变化。出席1980年会议的代表团一如往常,由专家和少数外交官组成,而1981年特别会议的参会代表团几乎全部由外交官和政府部长构成。[49]冯·德罗斯特表示:"关于耶路撒冷的辩论显然完全政治化了,委员会的参会代表突然发生变化——是大使们来参会,因为专家们认为自己无法处理这个问题。"[50]讨论在极度紧张的气氛中展开。冯·德罗斯特用"混乱"一词描述会议情况。"有人在哭,眼中噙着泪水。这是一场非常动情的辩论,因为我们讨论的是宗教及其象征。该项目或许是《名录》上迄今为止在情感上和政治上都最为敏感的项目。"[51]

1981年特别会议前的几个月间,两位ICOMOS代表被各方不断纠缠。勒布朗表示:"说真的,从 1 月 1 日到 9 月 11 日,ICOMOS 主席团收到了大量来自以色列、美国、其他西方国家以及大约 10 个阿拉伯国家关于该提名项目的来信和来电,或接待他们来访,有支持的,也有反对的。"[52] 他说,自己和普雷苏耶都在特别会议前夕深夜接到多个电话,以致于普雷苏耶显得很焦虑,几乎拒绝参会,但他最终还是在会上介绍了 ICOMOS 的评估意见。他在访谈中回忆起在这种情况下代表国际专业组织发言的难处:

> 我在会上一直代表 ICOMOS 发言,一直在法国代表等人挑剔的目光下报告项目情况,他不希望我说与法国立场相左的话。但我对他说,此时此刻,我不是法国人。[53]

普雷苏耶认为,耶路撒冷列入《名录》是《公约》实施过程中的关键节点。矛盾的是,此事大大提升了《名录》的可信度。"假设我们当时说,这与我们无关,纯粹是一个政治问题,那么,就不会再有人相信《名录》项目的普遍价值。"[54]

委员会面对的另一件政治上高度敏感的事发生在 1988 年"澳大利亚昆士兰湿热带地区"被列入《名录》之前。澳大利亚联邦政府的诉求与州政府资源开采权之间的矛盾不断,在申遗过程中延伸至国际舞台。托塞尔指出:"那时澳大利亚在一定程度上走在世界遗产工作前列。他们在落实并运用《公约》推动实现政府目标、保护遗产方面,比任何国家做得都更多。"[55] 联邦政府和州政府分别在委员会成员的首都广泛开展游说活动,为各自立场争取支持。罗伯逊·韦尔纳确认这个项目"上升到部长级,上升到最高层级,这就让整个项目政治化了。诚然,此事属于内政,但当时已经登上国际舞台"。

她表示:"并不是说世界遗产只能有技术性的一面。在这样的一个总体来说隶属于 UNESCO 的机构中开展技术性工作,不能忽略下面涌动着的政治暗流。"[56]

1996 年,尼日尔申报的"W"国家公园(W National Park of Niger)将委员会拖入另一场政治争论。这次不是关于管辖权,而是科学性。IUCN 建议不将项目列入《名录》,称该项目未满足世界自然遗产的任何一条标准。主席团于 6 月和 11 月两次将项目发还缔约国。根据《操作指南》,这意味着该项目本不应在同一年晚些时候召开的委员会会议上被审议。支持项目列入的一方大力游说委员会推翻 IUCN 技术建议和主席团决定。问题是,提名国尼日尔当时担任委员会成员,该身份为其在会议期间不断游说增加了优势。当时的《操作指南》不赞成这样做,明确规定"缔约国代表,无论是否是委员会成员,不应发言支持本国项目列入《名录》,除非是在回答提问时提供信息"[57]。冯·德罗斯特将该届会议描述为"最消极的一届会议",遗憾"委员会……无视自己的《操作指南》,三分之二以上成员同意即可修订,但他们没有这么做"。[58] 激烈的辩论后进行了公开投票,大部分委员会成员支持项目列入《名录》。四个委员会成员的声明被作为附件纳入会议报告,这揭示了双方的严重分歧。德国发表了关于《操作指南》法律意义的声明,谴责无视列入标准和有关游说的规定的做法,指出:"德国坚信,委员会只有通过修订《操作指南》才能推翻规则,而不是在特定案例中不遵守规则。若不遵守《操作指南》,《公约》就会陷入危险境地,沦为一个纯粹的政治工具。"美国也对委员会的做法表示强烈反对:

我们令委员会的诚信蒙羞。为什么那很重要?因为保护和保存世界上最好的地方是一场持久战、逆境战……我们最重要的武器就是我们的诚信,我们没遵守自身的程序,玷污了我们的诚信。

图5-2　尼日尔"W"国家公园 ⓒ UNESCO/Matthias Kunert

令人费解的是,意大利代表说"同意德国关于《操作指南》的意见",随后又自相矛盾地补充道"本届委员会会议做出的所有决定完全符合现行规则"。墨西哥主席的总结也不寻常:"尊重各方的声明,但她认为德国和美国代表的声明无法接受,委员会的可信度和能力经受住了考验。"[59]

没过多久,又冒出一个关于澳大利亚卡卡杜国家公园保护状况的问题。澳政府在部长级别予以回应,反对将项目列入《濒危名录》。卡卡杜项目是1998年京都委员会会议的重要内容,1999年又召开了围绕该项目的特别会议。冯·德罗斯特认为:"卡卡杜项目制造了我在世界遗产工作中见过的最戏剧化的一幕,这方面可能甚于耶路撒冷项目。"情势一触即发,因为其中包含多个具有国际影响力的要素:原住民权利、因经济原因开采资源的权利、保护世界遗产的承诺和全球范围内反核运动的发展。项目还涉及未经缔约国同意将其项目列入《濒危名录》这一棘手问题。[60]最终,委员会明确了下一步的保护要求,但未将卡卡杜项目列入《濒危名录》。冯·德罗斯特很务实,这样反思该结果:"《公约》的最终目的是保护遗产,只有通过与缔约国对话合作才能达到这一目的。"[61]

综合来看,这5个案例可以解释为什么几位受访者认为委员会的政治化转变在20世纪末就已经完成。让-路易·卢克森的印象是"20世纪90年代初,大部分参会者是专业人员和专家,到2000年则主要是外交官。10年间我观察到了这一变化"[62]。委员会完成了政治化转变,支配地位渐强,这与委员会1992年在战略回顾时的主张背道而驰。当时委员会致力于推动负责《公约》落实工作的各方均衡参与,并批准了《战略指南》,其中提出,"负责《公约》落实工作的三大支柱,即委员会、秘书处和咨询机构,应该充分、均衡地发挥作用"[63]。

几位受访者在回应关于《公约》技术和外交维度的问题时表示,支持在二者之间寻求微妙的平衡。卢克森表示:"我认为,外交官未必要被排除在外。我记得一些参与这项工作的外交官。他们以建设性的方式开展工作。不是说只有专家才能参会……而是有个平衡问题。这一点很重要。"[64]松浦也同意这个观点:

> 委员会是政府间机构。因此,期待专业人员独立于其政府开展工作是不符合逻辑的。他们被政府任命为代表。有一点很重要,政府应委派那些具有专业知识和技术专长、了解世界遗产和相关问题的专家参会,而不是委派那些没有该领域专业能力的多面手。

然而,他接下来的话又有细微不同:"但是,我对近期过度政治化(的态势)感到遗憾。我们应该避免这种情况……避免过度受制于外交或政治压力。否则,我们就无法维持《名录》的可信度。"[65]

其他人的立场明显倾向于科学维度。在我们的一次访谈中,原总干事阿马杜·马赫塔尔·姆博态度明确:"缔约国应该选择专业人员而非外交官作为参会代表……我不抵触外交官,但他们并非全知全能……应该选择那些知道如何保护遗产并且明显能够开展工作的人。所以我的态度明确而清晰。"[66]委员会原主席阿卜杜勒阿齐兹·图里也认为应该以专业为重:

> 我认为技术方面和科学方面(的考量)是首要的。遗憾的是,实际情况并非如此……委员会成了……对立冲突的国家维护自身利益、为自己观点辩护的场合。这不是《公约》存在的意义,也不是世界遗产理念产生的原因,它是超越国别、超越双边或多边问题的。[67]

米尔恩对此直言不讳:

> 参会代表团中专业人员的代表性一直不足。这是普遍问题,老生常谈,令人遗憾……我认为每个国家应该也必须有一个政治顾问参与其中一些讨论,但此人不应该是代表团团长,也不应该是二把手……重要事项的讨论应该首先在专业层面开展。[68]

回顾这几十年的工作,奥斯威辛、耶路撒冷、昆士兰湿热带地区、"W"国家公园和卡卡杜国家公园等项目,无疑将世界遗产的话语构建从技术维度切换到政治维度。对于许多缔约国来说，一方面，委员会日趋政治化；另一方面，建立"代表世界上不同区域和文化均衡分配"的委员会的探索仍在继续。这二者密不可分。基于经验，缔约国高度重视 2000 年成立的聚焦实现世界遗产委员会均衡代表性的工作组。

咨询机构

《公约》正式明确了三个文化和自然遗产领域的国际专业机构。虽然其他几个机构在《公约》准备阶段表现活跃，但《公约》文本中只明确了 IUCN、ICOMOS 和 ICCROM。《公约》呼吁世界遗产委员会和 UNESCO 与这三个咨询机构合作，"最大限度"利用其服务为委员会会议及落实委员会决定准备材料（第 13 条第 7 款和第 14 条第 2 款）。安妮·瑞戴表示："这三个机构之所以被选定，是因为都与 UNESCO 存在关联，都有强大的会员网络、代表性强且专业过硬，此外它们还覆盖了三个主要元素：自然、文化和技术支持。"[69]

IUCN

成立

IUCN 在《公约》提及的三个咨询机构中历史最为悠久，它在 UNESCO 成立不久后诞生，最初的简称是 IUPN[①]，是首个真正全球性的自然保护组织。1948 年，UNESCO 邀请各方参与在法国枫

---

① "P"指 Protection，后来"P"改为"C"，指 Conservation。——译者注

丹白露举办的 IUPN 正式组建大会。18 个国家政府、7 个国际组织和 107 个国家机构代表参会。[70] 1956 年,该机构更名为 IUCN。IUCN 原总干事马丁·霍德盖特在他关于 IUCN 历史的专著中写道,IUCN 在与 UNESCO 科学部门的长期合作中受益匪浅。他把 UNESCO 组建 IUCN 并提供可称为"该机构生命线"的资金,归功于 UNESCO 首任总干事朱利安·赫胥黎(Julian Huxley)。[71]

20 世纪 60 年代至 70 年代早期,IUCN 主动开展国际协议研究拟订工作,在起草《公约》的过程中发挥了重要作用。[72] 霍德盖特说,甚至曾有人考虑将秘书处职能设在 IUCN,"赫拉尔多·布杜斯基(Gerardo Budowski)、弗兰克·尼科尔斯和伊斯坎德尔·菲鲁兹(Eskandar Firouz)希望由 IUCN 管理秘书处,但莫里斯·斯特朗认为由 UNESCO 承担这项职责更为合适,后来一直由 UNESCO 负责"[73]。多年来,IUCN 开展的项目对世界遗产科学标准的发展产生了重大影响。IUCN 召开的大会和世界公园大会为讨论世界遗产相关问题搭建了全球平台,常常形成关于特定遗产地和总体政策建议的决议。

1972 年 9 月,IUCN 在加拿大班夫召开第 11 届全体大会。这届大会在斯德哥尔摩大会(6 月)和 UNESCO 通过《公约》(11 月)之间召开,通过的决议鼓励全球参与和推动世界遗产保护工作:

忆及保护工作者提出的将突出的自然和文化区域认定为世界遗产的建议,以及 UNESCO 和 IUCN 有关倡议;

认识到关于保护世界遗产的公约草案将由 UNESCO 于 1972 年 10 月/11 月在巴黎召开的大会上审议;

注意到联合国人类环境大会(1972 年,斯德哥尔摩)支持该公约草案；

1972年9月在加拿大班夫召开的第11届全体大会呼吁各国政府遵守保护世界遗产公约；

……

敦促各国政府最大程度宣传公约理念，并采取行动尽快认定潜在项目。[74]

1978年IUCN全体大会指出，"保护突出的自然区域对满足人类基本需求至关重要"，敦促"各国申报具有突出普遍价值和全球广泛代表性的自然区域"。大会同时要求"继续监测世界自然遗产，发现濒危区域并努力将其列入《濒危名录》"[75]。IUCN大会这么早就提及监测，令人惊讶，因为几年之后IUCN才向世界遗产委员会提交此类报告。

1984年IUCN全体大会上，参会代表称赞"自《公约》全面实施7年以来，世界遗产委员会和UNESCO取得了重大成功"。IUCN在追求实现保护目标的过程中保持警惕，对自然和文化遗产的持续不均表示遗憾，面对自然和文化遗产申报项目数量差距大、世界遗产委员会成员代表团内自然和文化遗产专家比例失调，IUCN呼吁"各国将专业技术娴熟的自然领域专家纳入世界遗产委员会成员代表团中"。参会代表同时鼓励拥有相邻保护区的国家联合申报跨境遗产项目，以便整个生态系统得到保护。[76] 1992年，世界遗产新增文化景观类别。对此，1994年IUCN全体大会指出，欢迎"在《公约》框架内形成判定具有突出普遍价值的文化景观的评估标准"[77]。

作为IUCN的全球网络之一，世界保护地委员会在深入思考自然遗产保护管理的理论和实践方面，发挥了尤为重要的作用。一本关于该委员会历史的书——《为保护地工作的 50 年：IUCN 世界保护地委员会简史》(50 Years of Working for Protected Areas: A Brief History of IUCN World Commission on Protected Areas)（以下简称"《50 年》"）解释了其渊源：

> 这个委员会的起源可以回溯到最早期。IUCN 于 1958 年雅典全体大会期间建立了临时国家公园委员会……目标是"加强世界范围内国家公园和类似保护区的国际合作"。支持这项保护区工作的机构包括 UNESCO 和联合国粮农组织。1960 年，随着国家公园委员会的建立，IUCN 将这个临时委员会升级为常设委员会①。[78]

世界公园大会②由 IUCN 和世界保护地委员会每 10 年举办一次，大会为自然保护地保护工作提供了深入思考的机会，并由此为世界遗产工作做出贡献。1972 年，第二届世界国家公园大会由美国国家公园管理局、UNESCO 和联合国粮农组织在黄石国家公园合作举办。同年，斯德哥尔摩大会召开，《公约》通过。《50 年》一书指出："1972 年大会具有里程碑意义，整合了世界范围内公园政策和管理方法的经验，也标志着向更为专业的管理模式转变。"[79] 世界公园大会和世界遗产的关联逐渐紧密。1982 年在巴厘岛召开了第三届世界国家公园大会，会议记录中包含关于世界遗产的特别章节。[80] 1992 年在加拉加斯召开第四届大会时，世界保护地委员会执

---

① 1970 年，国家公园委员会更名为国家公园和保护区委员会，1996 年再次更名为世界保护地委员会。——译者注
② 历届世界公园大会的官方名称并不完全相同。——译者注

行委员、IUCN世界遗产协调员托塞尔组织研讨会,检视《公约》总体落实情况。作为成果之一,研讨会提出了对自然遗产标准的修改建议,在当年晚些时候召开的世界遗产委员会会议上通过。[81]此后的历届世界公园大会均讨论世界遗产议题,凸显了IUCN利用包括遗产地管理者、政府和非政府组织在内的会员网络落实《公约》所做的贡献。历届大会期间,与会者还提出了遗产地可持续利用、采矿和保护区、使用《濒危名录》作为保护工具等世界遗产重要议题。

IUCN参与世界遗产工作

IUCN利用其庞大网络和技术专长,在世界遗产委员会会议上发挥积极作用。IUCN参会代表研究拟订评估标准、评估申报项目、监测遗产地状况、提出培训倡议并为《操作指南》和其他框架性工具做出贡献。1977年至2000年,以下三人先后代表IUCN出席委员会会议:哈尔·艾德斯维克(1977年至1980年)、杰夫·麦克尼利(1981年至1983年)和吉姆·托塞尔(1983年至2002年)。

加拿大人艾德斯维克从最开始即参与遗产工作,最初作为IUCN的工作人员担任国家公园和保护区委员会执行官员,后成为委员会志愿主席(voluntary chair)。他在访谈中表示,世界遗产当时只是IUCN工作中的一小部分。IUCN高度关注濒危物种,所以将世界遗产相关职责委派给负责保护和管理自然区域的小组。艾德斯维克说:"这项工作最终降格,不是IUCN或下属委员会承担,而是具体到个人。其他人都忙于自己的工作。他们说'好吧,你来负责《公约》'。"[82]

1978年,自然遗产项目的评估报告都很简单,一页纸篇幅,包括对价值和完整性的评述,没有实地考察情况。艾德斯维克在评估综述中写道:"除其中一个项目外,其他项目要么基于我们关于遗产地的一手信息,要么基于我们非常全面的项目咨询专家库,得出评估结论。"这份材料也透露出 IUCN 那时就已建立小组开展申报项目评估工作,这种做法一度停止,但托塞尔几年后又将其恢复。[83] 为回应委员会关于比较研究类似遗产的要求,IUCN 自 1980 年开始准备全球自然保护地清单,两年多的时间里在世界范围内发放问卷,并组织一系列专家会议,以便研究什么样的自然保护地适合列入《世界遗产名录》。[84]

美国人麦克尼利于 1981 年接任国家公园和保护区委员会执行官员。他说自己只是兼做世界遗产工作。"这只是我开展的许多工作之一,当时给予的关注没有我们日后能够给予的那么多……我无法访问世界遗产地。我没有时间,所以更多依靠了解这些区域的专家提供书面意见。"[85] 麦克尼利撰写的项目评估报告延续简明扼要的风格。他还完成了全球自然保护地清单——《世界上最伟大的自然区域:具有世界遗产特质的自然保护地清单》。[86] 他在谈及该清单的深远意义时说:"在撰写过程中,我可以畅所欲言。现在看,清单中的很多地方都列入了《世界遗产名录》。"[87]

IUCN 在本研究时段内的形象不可避免地与加拿大科学家托塞尔相关联,他从 1983 年至今一直参与世界保护地委员会的工作。他头衔众多,最初是负责委员会和世界遗产工作的执行官员,之后是自然遗产计划负责人,最后是自然遗产资深顾问。最初,世界遗产只占他工作的很小一部分,但到了 1989 年,他需要全身心投入才能完成工作。[88] 在他的带领下,遗产评估工作质量提升,遗产地的比较研究更为严谨,同时强调遗产地完整性、保护和管理要求的重要性。

托塞尔最初按照前几任执行官员的模式开展工作,但很快引入了实地考察和专家评估组来提升工作质量。他解释道:"1984年我开展评估时,主要是给该区域我认识的专家写信征求意见,然后研究文献。"但到了1985年,他认为赴遗产提名地实地考察十分重要。"如果要严肃认真地开展工作,我们将不得不开展实地考察。"除了更好地了解申报项目外,他强调实地考察也能在提升世界遗产认知度方面发挥不小作用。他谈起赴中国湖南省实地考察时报纸和电视的报道:"专家评估组的到访引发了媒体和政治层面的关注,我们出席了一些会议,广受关注……影响范围达几亿人。"[89]

图5-3 吉姆·托塞尔实地考察委内瑞拉卡奈依马国家公园 ⓒ Jim Thorsell

虽然用托塞尔自己的话来说,他是"单枪匹马"开展工作的,但他也经常通过IUCN非正式的专家网络征求意见。这些专家在全球范围内开展植物、物种和森林等领域的工作。20世纪90年代早期,IUCN世界遗产专家组正式建立,同时设立了一个负责世界遗产工作的副主席位置。专家组逐渐壮大,从 IUCN 总部发展到包括来自不同区域的外部专家。[90]

在《50 年》一书中,IUCN 称世界遗产是其"最具政治曝光度"的一项业务,称其"因持续运用严苛标准评估世界遗产申报项目,坦诚甚至无畏地评估世界遗产面临的威胁而知名"。[91] 这种美誉很大程度上归功于以最高标准开展工作而闻名的托塞尔。他的前任麦克尼利说:"吉姆·托塞尔非常严格。坦诚地说,他比我更严格。"[92] 托塞尔简明扼要地说,IUCN 的做法是"只有最好的才能通过测试"[93]。原主席弗兰乔尼对 IUCN "采取强硬立场……甚至发言反对某些缔约国希望将某个项目列入的倾向"体现出的正直表示钦佩。他将 IUCN 的模式与 ICOMOS 对比,猜测可能更容易"依据自然遗产生物多样性的坚实科学数据进行决策——相比突出普遍文化价值的坚实科学证据而言,因为……每种文化都具有独特魅力,无法说哪一种具有普遍性"[94]

从最开始,IUCN 就采取比较研究,利用其内部科学能力,特别是利用世界保护地委员会志愿专家网络,准备全球框架和主题研究,以帮助各国确定具有世界遗产重要价值的地点。基于这些研究,IUCN 很快意识到需要更新 1982 年《世界上最伟大的自然区域:具有世界遗产特质的自然保护地清单》,"以便收录已获取更多信息的保护地或近期新发现的保护地"[95]。

20 世纪 90 年代,为提升《世界遗产名录》的代表性,文化景观理论和文化全球战略先后出现,自然遗产的入选标准问题也得到进一步反思。就人化景观而言,《公约》对自然遗产的定义(第 2 条)没有提及人类与环境的互动,这一定义限制了 IUCN。但也必须承认,托塞尔本人偏爱原生态自然保护地。同时期代表 ICOMOS 出席委员会会议的普雷苏耶不赞同这种对自然的观点,并且讲述了他为此大为恼火的一件事。当 1988 年评估希腊曼代奥拉项目时,普雷苏耶询问 IUCN 的意见,结果却被告知该项目没有卓越的自然价值,因为山的高度并无优势,物种也不稀有。普雷苏耶坚持认为该项目体现了文化和自然的紧密联系,他说,自己告诉托塞尔"修道士置身于高山之上,必须使用滑轮装置才能获得日常供给……他们那样做是为了靠近天堂……如果你说文化价值和自然价值之间没有关联,那么你简直是大错特错"[96]。

图 5 - 4　希腊曼代奥拉 ⓒ UNESCO/Yvon Fruneau

此事反映了关于自然遗产的不同观点。尽管如此,IUCN 经常参加世界遗产领域形成文化景观理论的工作——从 1984 年的乡村景观开始一直到 20 世纪 90 年代初,最终在 ICOMOS 评估文化景观项目的过程中承担咨询角色。[97] 1996 年，法国瓦娜色国家公园召开的专家会议提出了一项重要提议，将人类在世界自然遗产地的活动视为自然遗产价值的潜在补充。会议还建议形成综合的"全球战略"，通过同时纳入文化和自然遗产，强化世界遗产将二者结合的理念。[98]

到 2000 年，IUCN 已经开展了不少令人印象深刻的主题研究，这些研究帮助了缔约国确定最可能弥补《世界遗产名录》空缺的自然遗产项目。IUCN 利用其网络和数据库优势，发布了一系列全球研究，涉及的领域包括化石遗址（1996 年）、湿地和海洋生态系统（1997 年）、森林（1997 年）、自然遗产内的人类开发（1998 年）、地质特征（1998 年）、具有卓越生物多样性的地点（1999 年），以及与世界保护监测中心合作开展的区域主题研究。[99]

除了评估申报项目，IUCN 在将保护和管理有效性带入委员会工作方面发挥了重要作用。它领导建立了评估世界自然遗产保护状况的监测机制。托塞尔具有丰富的一线经验，这使他成为跟进项目列入《名录》后保护状况的绝佳人选。1983 年委员会会议鼓励（咨询机构）"通过联络人收集信息并向委员会通报世界遗产地保护状况"，于是 IUCN 在 1984 年会议上正式报告了 4 项遗产的保护状况[100]，1985 年增至 12 项。此外，IUCN 继续改善监测程序，它这样向委员会描述其强大的机构能力，令其他两个咨询机构望尘莫及：

> IUCN 的系统基于英国剑桥的世界保护监测中心，与联合国环境署的全球环境监测系统有密切联系。遍布全球 126 个国家的 4000 名志愿通讯员为 IUCN 提供协助，定期向保护监测中心报告情况。因此，IUCN 可以获得几乎所有自然遗产地真实可靠的最新信息。[101]

从那时起，IUCN 定期报告世界自然遗产的保护状况，运用世界保护监测中心保护区数据组提供的最新信息定期形成指南文件。[102]

《公约》通过 20 周年之际，托塞尔记录了监测系统稳步改善的历程，并敦促进一步强化该系统来保障自然遗产突出普遍价值的存续。[103] 5 年后，他首次报告了世界遗产面临的 10 个重要威胁，提醒"世界上的自然保护地正在陆续消失，也日益受到威胁。世界遗产不是解决问题的唯一方法，但它是工具箱的重要组成部分，可以有效保护那些人类不能失去的特殊地点"[104]。通过出版物和实地考察，IUCN 提升了公众对世界遗产的认知，加强了遗产地管理者和其他参与保护区管理工作人员的能力。

20 世纪 90 年代，委员会内部对倾听 IUCN 多元化声音的呼声渐多，这有些诡异地令人想起 10 年前普雷苏耶担任 ICOMOS 协调员时的情形。托塞尔在 20 世纪 80 年代和 90 年代的影响很大。伊西瓦然表示"他独当一面，几乎亲自去过每一处遗产地，所以他有第一手经验"[105]。有些人担心权力过于集中。艾德斯维克注意到了"吉姆①到后来几乎主宰了 IUCN 参与《公约》的工作"，称自己 20 世纪 80 年代很担忧"由一个人负责整个《公约》工作，成本太高、危险太大、风险太多"。[106] 对于 IUCN 完全依赖"一个人的视角，无论这个人多么专业或明智"，米尔恩也表达了他的不安：

> 本可以更早些通过更好地利用遗产地周边的专家资源，来实现规模效益，更早地指出那些仅靠一两个人走马观花式的考

---

① 托塞尔的名字——译者注

察可能忽视的问题，从而进一步丰富、欣赏和理解遗产内涵。[107]

1992 年至 1997 年，新西兰人卢卡斯与托塞尔一起参加世界遗产委员会会议，他具有景观研究方面的专长以及不同区域的视角。1998 年，托塞尔将他在 IUCN 内世界遗产工作的领导角色移交给戴维·谢泼德（David Sheppard），自己继续担任资深顾问。此外，他还邀请 IUCN 全球计划主任和其他雇员加入进来，解决棘手的有关澳大利亚卡卡杜国家公园的问题。单人评估的时代落下帷幕。

这一时期，IUCN 是建立自然遗产突出普遍价值评估和保护状况框架及工具的重要全球性机构。它用厄瓜多尔的加拉帕戈斯群岛和坦桑尼亚的恩戈罗恩戈罗等标志性自然遗产地展示了《公约》可以用来实现保护目标的工具和机制。斯托弗认为，IUCN 在三个咨询机构中表现最佳，将非政府组织的特质与强大的组织力量集于一身。[108] 几十年间，IUCN 通过它的全球清单、主题研究以及对景观的反思等，影响了自然遗产话语体系的演进。IUCN 坚持有效的保护和管理实践，或许是它对《公约》实施的最大贡献。

ICOMOS

成立

20 世纪 60 年代，在 UNESCO 提议开展文化领域国际合作的大背景下，ICOMOS 应运而生。当时在 UNESCO 博物馆和史迹司工作的大福宏这样说：

ICOMOS 的诞生是两个倡议交汇的结果。UNESCO 的咨询委员会意识到,对史迹保护专业服务的需求正在不断增加,超出了我们的能力范畴。委员会建议 UNESCO 研究成立新的非政府组织。我参加了早期与法国文化部就此沟通的对话。没过多久,第二届国际史迹建筑师和专业人员大会于 1964 年在意大利威尼斯召开……认识到有必要建立一个新的非政府组织。我被委派负责这个机构成立的筹备工作。[109]

ICOMOS 成立的动力来自意大利建筑师皮埃罗·加佐拉,他被 ICOMOS 首任秘书长雷蒙德·勒迈尔称为"ICOMOS 真正的创始人"[110]。加佐拉和大福宏此前在国际文化遗产保护工作中已有合作,包括 1954 年在荷兰海牙通过的《关于发生武装冲突情况下保护文化财产的公约》。勒迈尔在加佐拉去世后的一个追思场合表示,加佐拉之所以认识到有必要设立这样一个机构,是因为他与国际博物馆协会创始人乔治-亨利·里维埃(George-Henri Reviere)的友谊。国际博物馆协会开展国际专业对话取得成效,启发了加佐拉。1957 年,首届国际史迹建筑师和专业人员大会(The First International Congress of Architects and Specialists of Historic Buildings)在巴黎召开,通过了支持成立

图 5-5 皮埃罗·加佐拉 © ICCROM

建筑师和历史建筑专家国际组织的提议，以便更好地推动知识和经验交流。[111]此后，正是加佐拉邀请各方参加1964年在威尼斯召开的第二届会议。

第二届国际史迹建筑师和专业人员大会是与UNESCO合作举办的。会上通过了国际保护实践准则——《国际史迹遗址保护与修复宪章》（即《威尼斯宪章》），同时通过了UNESCO提出的成立ICOMOS的决议。加佐拉认为威尼斯会议取得了重大成果。他将新成立的ICOMOS描述为"关于史迹修复，以及老城区、景观及总体上具有艺术和历史意义的地点保护领域的最高机构"。他对《威尼斯宪章》尤为骄傲，称之为"文化财产保护领域的官方准则"。[112] 1965年5月，孕育于威尼斯的ICOMOS在波兰华沙召开的首届全体大会上正式成立。

ICOMOS是专业机构，也是非政府组织，致力于为遗产问题提供咨询意见，推动史迹、建筑和遗址的保存、保护、使用和改善。除了向UNESCO提供文化遗产咨询意见外，ICOMOS还研究制定一些往往与其历届大会主题相关的指导文件。在本书研究时段内，ICOMOS发布的文件涵盖历史花园(1981)、历史城镇和城市区域(1987)、考古遗产(1990)、水下文化遗产(1999)和乡土建筑遗产(1999)。

ICOMOS参与世界遗产工作

ICOMOS为《公约》的知识发展做出了积极贡献。勒布朗认为，最初世界遗产只占ICOMOS业务的一小部分。"那时，ICOMOS与《公约》相关的工作量以及贡献都很小……ICOMOS当时的工作重心是服务会员、筹办国际会议、推动保护领域的工作。"[113]早年间，ICOMOS为文化遗产列入《世界遗产名录》标准的理念和措辞做出了贡献。在谈及这个长期困扰该组织的问题时，ICOMOS时任主席勒迈尔在首届世界遗产委员会会议上说,ICOMOS"认识到,起草适用于世界范围的文化遗产标准很有难度,将理念转化为能被世界各国理解的措辞同样不易"[114]。

ICOMOS 在为文化遗产申报项目提供技术建议方面发挥了重要作用。令人惊讶的是,1980 年之前 ICOMOS 并没有针对遗产地的书面评估报告。1978 年,在第一批项目列入《世界遗产名录》时,ICOMOS 时任秘书长欧内斯特·康纳利(Ernest Connally)在一封信中介绍了所有文化遗产申报项目,并指明了达到文化遗产标准的项目。[115] 1979 年,ICOMOS 对几个项目做出简要评论,由 3 位 ICOMOS 成员联署,分别是法国艺术史学家安德烈·沙泰尔(André Chastel)、美国建筑史学家亨利·米伦(Henry Millon)和法国古迹总监察让·塔拉隆(Jean Taralon)。以下两位亲历者表示,ICOMOS 的早期评估很简单,以口头形式报告。普雷苏耶在访谈中引用勒迈尔在 1980 年的话说:"直到现在,我们还没有任何书面评估。我们在会上对委员会成员说'这个项目非常好,应予列入。那个项目没那么好,应该再考虑一下,或许还会再次申报'。"[116] 勒布朗确认这些话属实,并补充道:"有时在最后一刻,委员会会议召开前几天,有人拿着项目材料过来,要求我们评估。"[117]

1980 年,康纳利双管齐下,推动 ICOMOS 评估程序正规化:一是根据沙泰尔和勒迈尔的建议,聘请了法国考古学家莱昂·普雷苏耶教授,以提高评估质量;二是建立了关于接收和评估项目的年度工作周期。勒布朗评价普雷苏耶兼具外交气质和专业能力,带来了更为精细和系统的工作方法。虽然没有实地到访提名地,但他开展案头研究并广泛征求意见。勒布朗这样描述普雷苏耶的工作状态:

莱昂·普雷苏耶将个人知识运用于他所了解的提名地。他之所以了解这些地方,或是因为做了深入研究,或是因为亲自访问过。他认识在提名地工作或工作过的专家……莱昂通过电话和传真与同事们交流,以便核实部分情况……对于那些他不知道或者认为自身的专业知识无法给出建议的地点,他利用 ICOMOS 的网络开展工作。[118]

对此,普雷苏耶予以确认,同时指出 ICOMOS 当时的不足之处。"这基本上是一个由建筑师和史迹保护专家组成的网络,我们还希望看到地理学家、民族学家,那些你在 ICOMOS 没见过的人。"[119] 普雷苏耶向 ICOMOS 主席团提交了建议并希望得到批准(主席团成员包括主席、秘书长、财务负责人和 5 位副主席)。

一个令人好奇的问题是,既然早期 ICOMOS 是通过口头形式向委员会报告评估情况,为何 UNESCO 官方文件中出现了 ICOMOS 对 1978 年和 1979 年列入项目的书面评估?对此,普雷苏耶做了解释。他在访谈中说,UNESCO 和 ICOMOS 事后要求他提供书面评估意见,以便形

图 5-6 莱昂·普雷苏耶于 20 世纪 90 年代末访问波黑的莫斯塔尔
© Katérina Stenou

成项目的完整档案。他当时感到难以置信。"我说'你们在跟我开玩笑吧！有几届会议我没有参加。你们让我记录这几届会议上的情况？！'UNESCO 和 ICOMOS 都说'没错，这正是我们想要的'。"虽然心怀犹疑，但普雷苏耶还是承担起了这项他称为"令人难忘的工作"，访谈参加过那几届会议的人，"通过回忆，他们通常能想起论述内容、讨论的要素、标准等。我尽可能将他们的话原汁原味地记录下来"。[120]

到了 1981 年，UNESCO 要求 ICOMOS 和 IUCN"尽可能严格地"评估申报项目，并要求"ICOMOS 和 IUCN 在报告每个项目评估情况时全面报告开展专业评估的方式"。[121]斯拉特耶尔于 1983 年重申这些要求，呼吁两个机构"进一步提高标准"并且"以最正直和客观的方式开展工作，避免偏爱或偏见"。[122]普雷苏耶抱怨说，委员会要求开展扎实的评估，但落实起来有困难，因为 UNESCO 和 ICOMOS 要求评估报告的篇幅不能超过一页纸：

> UNESCO 和 ICOMOS 的人对我说："我们知道你是个考古学家，具有科学家精神。我们并不要求你对每个提名地做详细报告。我们希望你告诉我们这个提名地是好是坏、为何做此判断，以及基于什么标准。"所以多年来，尽管我感觉有些遗憾，但最终还是以这样的方式开展工作。我们提供的报告极其简略，以至于可以称之为立场陈述。[123]

直到 20 世纪 80 年代末，委员会才允许提交更详尽的报告。普雷苏耶事后说，为满足委员会在任何特定时候提出的要求，咨询机构只能照做，量身定做评估报告。

在与 ICOMOS 时任秘书长斯托弗的一次争论后，普雷苏耶于 1990 年班夫世界遗产委员会会议后辞去世界遗产协调员的工作。普雷苏耶在访谈中对那次争论基本上闭口不提。斯托弗则更愿意开口，他回忆起几个缔约国在 1990 年会议上表达的担忧："到底是 ICOMOS 准备评估报告，还是 ICOMOS 撒手不管、全由这个叫莱昂·普雷苏耶的人拿主意？"斯托弗是这样描述向普雷苏耶提出这一问题后发生的事的：

> 普雷苏耶不喜欢那次交谈。然后我写信给他，信里提出，从今往后或许采取稍稍平等些的工作方式为宜，难道不能分享信息并朝着更加开放的决策系统努力吗？或许是我的信让他不悦，或者是这一提议让他不悦，或者二者兼有之，我不是很确定。但他很快辞职，并溯及既往。[124]

ICOMOS 时任主席罗兰·席尔瓦在访谈中确认，普雷苏耶曾在 1991 年 3 月发出一封辞职信，信中写明辞职于 1990 年 12 月 31 日生效。他说自己几次请普雷苏耶改变想法，但未能如愿。[125]

斯托弗认为，普雷苏耶的辞职引发了 ICOMOS 关于是否继续参与世界遗产工作的重要讨论。斯托弗积极支持继续参与，前提是"形成一个整合 ICOMOS 专长的体系，而不是把它交给协调员"[126]。最终 ICOMOS 还是决定继续参与世界遗产工作。

1991 年世界遗产委员会会议很大程度上考验了 ICOMOS 的能力。ICOMOS 毫无准备，通过紧急寻求斯托弗所说的"最高层级的 ICOMOS 专家智囊团的支持，协助审查申报材料"，整合形成对文化遗产申报项目的评估建议。小组成员包括 ICOMOS 前官员勒迈尔、杰瓦特·埃代尔(Cevat Erder)、赫尔穆特·施特尔策(Helmut Steltzer)、阿卜杜勒阿齐兹·达乌拉利(Abdelaziz Daoulatli)和让·巴泰勒米(Jean Barthélemy)。"我们将他们和执行委员会建立联系,虽然不是一直联系,但会不时沟通,我们拓展评审专家范围,邀请了另外 20 人。评估工作结束时,我们确定做出了经得起推敲的决定。"[127] 尽管做了诸多努力,ICOMOS 的评估工作仍然在 1991 年迦太基会议上受到很多批评,部分原因是斯托弗在赴会途中生病而无法亲自报告项目的评估情况。

图 5-7　亨利·克利尔在中国实地考察 © Henry Cleere

1992 年,斯托弗邀请英国考古学家亨利·克利尔接任 ICOMOS 世界遗产协调员,随后克利尔在这个位置上工作了 10 年。卢克森称赞克利尔学术研究扎实,了解世界遗产工作流程,"勤勤恳恳、知识渊博,是学者,也是科学家"[128]。此外,他会英语和法语,还懂一些其他语言,"所以感觉他可以在国际场合有效沟通"[129]。

克利尔这样回忆当时的情形:

> 那段时间,前后几任主席小心翼翼地把持这项工作。但是,自从斯里兰卡籍的罗兰·席尔瓦担任主席、赫布·斯托弗担任秘书长后,整个工作开放起来。我受邀接手莱昂·普雷苏耶的工作,他是一位非常杰出的法国历史学家、考古学家,是我的好朋友,但有些乖僻的特质,可以说,他几乎是用专横的方式开展工作。他对新机制不甚喜欢。过去一年他们试着在没有普雷苏耶的情况下开展工作,然后邀请我加入。是对是错,还是由你们来判断吧。[130]

克利尔对 ICOMOS 评估文化遗产项目的方式进行了重大调整,评估中更加重视遗产的价值和真实性,并引入保护和管理方面的考量。冯·德罗斯特认为,斯托弗和克利尔身上有讲英语的人的部分传统,"他们对艺术史学家重视的那些方面,可能要求并不是很严格,但他们对管理要求很严格,有些像 IUCN。在如何看待遗产方面,他们与 IUCN 立场更近。确实是他们把管理问题引入评估工作的"[131]。正是在这个阶段,ICOMOS 开始对每个提名地进行实地考察(IUCN 于 7 年前就开始这样做)。斯托弗将总体评估质量的提升归功于克利尔:

> 如果你查看 ICOMOS 1992 年以后的评估报告,你会发现随着时间发展,报告的长度增加了,涵盖的内容也日益丰富……其中一个重大进步是在评估报告中增加了"缔约国如何陈述",呈现

他们如何选择标准、如何论证以及如何管理等,然后对应呈现 ICOMOS 的观点。所以,评估工作变得更加清晰、开放、透明,可以看出 ICOMOS 的工作基点以及得出评估结论的过程。[132]

克利尔因其生动活泼的报告风格而闻名。万纳说他是一个"胆大……易怒的人,会劈头盖脸地反驳别人"。他特别钦佩克利尔顶住了美国要求将广岛项目"退回重报"的压力。"但这就是硬汉老亨利·克利尔厉害的地方,他在现场……他不会接受我们任何的政治考量,并且告诉我们,'事实就是这样,这就是 ICOMOS 的观点和我们的理由,我们会坚持自己的意见'。"[133]

项目评估过程中,会听取 ICOMOS 主席团以及整个执行委员会的意见,并利用 ICOMOS 下设各个科学委员会的专长。在席尔瓦的鼓励下,20 世纪 90 年代,科学委员会数量从 11 个增至 24 个。席尔瓦在访谈中说:"我认为,就《名录》内史迹的政策、原则和保护而言,ICOMOS 的科学委员会处在最为重要的一线……我们提升认知、细化原则,以便更确切地理解这些史迹。"[134]

尽管已经采取上述集体工作模式,仍不时出现关于单一协调员的担忧。1995 年后,大量的文化遗产申报项目增加了工作量,一人很难独自承担。克利尔的毅力和职业操守使他能够从容应对所有工作。斯托弗指出,此前关于普雷苏耶角色担忧的问题卷土重来:

> 亨利·克利尔在多大程度上与人分享信息呢?ICOMOS 是否存在一个工作流程,在形成评估意见的早期就把克利尔的观点在 ICOMOS 工作圈子里广而告之?是否有办法在亨利意见的基础上发挥 ICOMOS 的专长而形成评估意见,还是说,亨

利的观点就是最终结论?[135]

卢克森坚持认为克利尔并非自行其是。"他被指责有些自我，这是因为他在报告 ICOMOS 评估意见时就好像那是他自己的意见一样。很遗憾，但这是人之常情。实际上，我敢肯定他报告的工作是重要的集体成果。"[136] 米尔恩更为冷静。"ICOMOS 与 IUCN 类似，主要由一个人负责。此人的观点，无论多么专业或公正，仍旧是一个人，可能无法全面反映（项目）深度和意义，特别是遗产地面对的问题。"[137]

在评估过程中，ICOMOS 需要做对比研究，但实际上做得不多。冯·德罗斯特批评 ICOMOS 没能将对比研究作为优先事项：

> 这些对比研究在《公约》的第一阶段完全被忽视了。这可能是 ICOMOS 最大的缺陷——缺乏足够的对比研究；（他们）没有停下脚步说，我们还不能评估，我们得先考察更多项目并形成清单，我们得咨询专家网络，或者搭建专家网络。ICOMOS 的能力无法驾驭比较研究这一议程。它的能力甚至无法建立起更具连续性和研究深度的网络。[138]

最初，ICOMOS 仅就具体提名项目开展对比研究，不愿意扩大范围。[139] 1982 年，ICOMOS 开始编制全球文化遗产地清单，同步开展它的第一项比较研究，主题为北美和南美的耶稣会教堂。[140] 次年，委员会要求 ICOMOS 基于已列入《名录》的所有项目或拟申报项目，准备初步类型研究，并就更好地阐释历史城镇以及与重大事件、观念和信仰有关的遗产的评估标准提出建议。[141] 1986 年，ICOMOS

提交了关于当代建筑结构的研究,强调了评估此类遗产面临的挑战。[142]委员会对这种零散做法感到不满,为解决这个问题,ICOMOS于1988年提议"对《公约》进行回顾性和前瞻性思考",以找出"遗产地,基于时间、地理、生态、功能、社会和宗教等表面不同却具有内在一致性的参数"。[143]这一想法先后被纳入"全球研究"和"全球战略"。尽管ICOMOS认为,它开展的对比研究主要是被动反应式的(reactive),但1996年的全球清单聚焦那些在《世界遗产名录》上代表性不足的区域,(还是反映出)一些对比研究具有前瞻性。[144]

除了《公约》最初赋予的文化遗产评估角色,ICOMOS还就《公约》的工作方法和理论问题提出意见建议。ICOMOS多次参与委员会《操作指南》的修订工作,并与IUCN合作撰写将世界遗产列入《濒危名录》的框架草案。1984年撰写了世界遗产管理手册。[145]基于《威尼斯宪章》和其他文件,ICOMOS研究了包括完善文化遗产的评估标准在内的一些理论问题。监测方面,1983年委员会拒绝建立正式的报告体系,转而要求ICOMOS通过其专家收集世界遗产地的保护状况。[146]3年后,ICOMOS根据委员会的要求,提出一个宏大的文化遗产监测系统方案,但被委员会拒绝,经过秘书处修改后获批先行试验。到了1989年,委员会对文化遗产监测情况表达不满,认为其与IUCN的自然遗产监测体系相比差距很大,委员会同时建议对ICOMOS被赋予的角色进行评估,并寻求其他专业力量支持。[147]

几位先驱在评估ICOMOS的总体表现时都首先强调,ICOMOS是一个小规模的非政府组织,利用有限的财务资源开展世界遗产工作。斯托弗强调,ICOMOS"一直非常努力,以达到与委员会期待相匹配的稳定水准",但他认为ICOMOS每3年一次的换届影响工作连续性,这是 ICOMOS 内部的机制性局限。[148] 图里也谈及缺乏连续性的问题。他称赞 ICOMOS 总体技术能力和专业水准,同时又表示:"坦白地说,他们无法持续保持活力……他们也无法以同样严格的方式开展工作,这让他们身处困境。"[149] 其他人评判 ICOMOS 时,则考虑到了文化遗产评估工作的内在复杂性。弗兰乔尼认为:"处理文化问题时,没有什么是普遍的,每种文化被欣赏,皆因其独树一帜、与众不同。所以,基于文化理由否认某个地点的价值并不可靠,也很困难。"[150]《公约》20 周年之际,巴蒂斯表达了相似的观点:"不同文化特质的意义通常无法相互比较,评估文化遗产的困难会更大一些。ICOMOS 的工作方法有限,因此常常被置于专业技术考量和国家或地区敏感问题之间的微妙处境。"[151] 几位先驱表示,ICOMOS 的困难随着世界遗产工作走向全球而增加。用道森·曼杰利的话说,"这项任务非常微妙……每项文化遗产都各具特色,ICOMOS 必须妥善应对……我知道,那么多因素叠加,工作实属不易。当然,这也涉及对(遗产背后)身份认同和民族自豪感的个人感受。仅工作量、复杂性和多样性就让这项工作困难重重"。他强调了持续精进专业的必要性。"问题还是专业知识,不同领域的专业知识。世界遗产工作不断演进,文化遗产过去如何,将走向何处,特别是在"全球战略"引领下的走向如何,很难说我们具备相应的专业知识。"[152] 冯·德罗斯特同意这种观点。"很明显,ICOMOS 具备欧洲遗产地的专业知识,但尚不具备其他大洲相应的专业知识,这是因为 ICOMOS 没有工作网络……这不是 ICOMOS 的错,而是世界遗产宽度和广度的原因。"[153] 整个 20 世纪 80 年代,ICOMOS 都是推动《公约》实施的重要力量。随着世界遗产中心的成立并且展示出活力和竞争力,以及缔约国更加积极地参与相关工作,ICOMOS 的影响力在 20 世纪 90 年代中后期逐渐下降。

ICCROM

成立

ICCROM 是《公约》明确的第三个咨询机构。ICCROM 于 1959 年由 UNESCO 与意大利政府合作建立,此后历经多次更名。它源自 UNESCO 大会提议"建立一个研究保护和修复文化财产的国际中心……地点位于罗马,以便获得(意大利)中央修复学院和其他专业科学机构的协助"[154]。20 世纪 60 年代前,ICCROM 一般被称为"UNESCO 罗马中心"。1971 年,时任主任保罗·菲利波(Paul Philippot)将其更名为"国际保护中心"。1977 年,时任主任伯纳德·费尔登将机构更名为 ICCROM。曾就职于此的尤卡·约基莱赫托强调:"ICCROM 从创立之日起就与 UNESCO 紧密合作。ICCROM 在某种意义上像是 UNESCO 负责处理具体问题的内设机构。随着时间推移,其独立性才逐渐增强。"[155]

虽然与 UNESCO 联系密切,ICCROM 却是一个由会员国出资支持的独立的政府间国际机构。约基莱赫托关于 ICCROM 历史的专著记录了该机构成立 50 年间开展的研究和培训活动。他在书中引用了 UNESCO 前总干事姆博 1983 年一段可以概括 ICCROM 当时工作重心的讲话:"ICCROM 具有决定性重要意义的工作可能是培训。很显然,为包括工匠和科学家在内的各级各类修复工作专业人员提供尽可能广泛的保护和保存文物所需的新知识和新技术,是一项重要工作。"[156]一直以来,ICCROM 都是文化遗产专家培训领域受人尊敬的国际组织。

ICCROM 参与世界遗产工作

斯托弗认为，ICCROM 为跻身《公约》咨询机构之列做了大量工作。"最初没打算再列一个文化遗产方面的机构，但 ICCROM 很早就开始力推。"当时，ICOMOS 已被定位为可以不受政府的不当影响、公正开展世界遗产评估工作的独立文化机构。斯托弗认为，说服《公约》起草者将 ICCROM 作为咨询机构的人是该机构的雇员格尔·吉尚（Gael de Guichen），理由是遗产项目列入《名录》后需要培训和技术协助，而这正是 ICCROM 可以提供的服务。[157] ICCROM 与其他两个咨询机构的差别在于，它不评估申报项目。

应 UNESCO 邀请，ICCROM 先后参加了在莫尔日（1976）和巴黎（1977）召开的筹备会议，就文化遗产评估标准和其他问题建言献策。[158]然而，它对世界遗产工作的参与是缓慢推进的。20 世纪 80 年代，ICCROM 确有 3 年未派代表出席委员会会议。[159]约基莱赫托将 ICCROM 的低调归因于时任主任菲利波"非常担心《公约》将形成一个排他性的重要史迹清单，忽视不在清单内的遗产"。约基莱赫托在访谈中对菲利波的观点表示认同："是的，我们参与世界遗产工作是因为我们是体系中的一部分，但我们有自己的着眼点，即更为广义的遗产而不仅是这些主要的、有意义的史迹。"[160]在瑞戴看来，ICCROM 参与世界遗产工作的程度"也或多或少取决于其主任……有些很重视，有些则不然"。[161]

约基莱赫托证实，尽管如此，委员会会议上关于文化遗产威胁的讨论还是影响了那些年 ICCROM 对培训课程、研究战略和手册的设计。为增强遗产工作人员的技能，ICCROM 编制了第一份文化遗产地管理指南，这是 UNESCO 的瑞戴在 1983 年与咨询机构开会时提议的。作为当时世界遗产轮值秘书处的成员，她注意到（遗产地)在管理规划和有效保护战略方面需要指导。由费尔登撰写、约基莱赫托修改的《世界文化遗产地管理指南》最终于 1993 年出版。[162] 20 世纪 90 年代,风险防范的问题出现在委员会的讨论中,这推动了 ICCROM 发布斯托弗撰写的《世界文化遗产风险防范管理指南》。作为面向遗产地官员的系列管理指南的组成部分,这本指南聚焦应对地震、洪水、火灾、武装冲突和社会动乱等重大风险的总体原则和具体策略。[163]

图 5-8　在泰国普吉举办的 1994 年世界遗产委员会会议,从左到右分别为:尤卡·约基莱赫托(ICCROM)、亨利·克利尔、让-路易·卢克森和卡门·阿尼翁·费利乌(ICOMOS)© ICCROM

虽然 ICCROM 常常就国际援助的具体需求提出建议,但其对世界遗产工作最大的贡献无疑是制定了文化遗产综合培训战略。委员会认识到,管理和保护技能的缺失致使遗产价值流失,20 世纪 90 年代中期决定将对遗产地管理者及有关人员的培训和能力建设作为优先事项。1995 年,委员会审议了分别来自 IUCN 和 ICCROM 关于自然和文化遗产领域培训工作的两份提议。此前,主席团会议要求 ICCROM 在与地区机构、合作伙伴磋商的基础上,形成文化遗产培训的概念框架和方法框架。[164] 最后,委员会将两份提议整合为一份面向文化和自然遗产地的全球管理者培训战略,予以批准。[165]

20 世纪末,培训活动发展势头良好。ICCROM 在 1999 年马拉喀什委员会会议上首次成功争取到资金。当时任职于 ICCROM 的斯托弗说,会议最初反对 ICCROM 的经费申请,但在贝宁代表发言后实现逆转。这位代表发言支持 ICCROM 对当地博物馆开展能力建设以及发起关于建成遗产和社区关系的"非洲 2009 计划"。"他发言后有八九位代表发言,同样全力支持 ICCROM,于是钟摆摇向另外一边。"[166]

斯托弗指出,ICCROM 开始向世界遗产投入大量自有资金。"我们非常努力地寻找出现的问题、威胁、议题,将资金和工作集中投入上述事项将颇有助益……这些工作有时基于某个地区,有时围绕某个主题,有时二者结合。"[167] 其中两个项目尤其值得关注。一个是 1998 年开启的"非洲 2009 计划",旨在以世界遗产为主要框架引起政府关注、影响世界遗产保护实践,通过培训和能力建设改善有关国家文化遗产状况。另一个是"ICCROM 区域与城市综合保护计划",最初由约基莱赫托向 1996 年世界遗产委员会报告,旨在为历史城市决策者提供协助。斯托弗表示,很多试验性工作在世界遗产地推进,"这让我们再次思考,我们可以为发展中国家提升历史城市管理能力做哪些工作"。[168]

截至 2000 年,ICCROM 已成为世界遗产体系内发挥有效作用的伙伴。它为不同区域的文化遗产管理者和其他利益相关方提供精心设计的课程、能力建设项目和工作指南,回应了他们的培训需求。

UNESCO

轮值秘书处

1972年《公约》通过前,UNESCO内部两个不同的部门支持开展相关工作,其中一个部门关注自然科学,另一个关注文化和传播。《公约》规定,世界遗产委员会应由UNESCO总干事任命的秘书处协助工作(第14条第1款)。虽然世界遗产将文化和自然相结合,但在调整行政结构适应《公约》愿景方面,UNESCO行动缓慢。1972年至1991年,UNESCO的两个部门轮流承担《公约》秘书处的职责。

1977年,两个部门在首届世界遗产委员会会议前的几个准备会议上开展了合作。从那时起,文化遗产司的瑞戴和生态科学司的冯·德罗斯特轮流作为世界遗产委员会的秘书开展工作。二人和他们的同事轮流为缔约国大会、世界遗产委员会及其主席团的工作提供支持,特别是准备法定会议的全部文件,包括《公约》缔约国信息、世界遗产地情况、预算、规则和《操作指南》等等。此外,他们会先审核确认缔约国项目材料完整,然后再转给IUCN和ICOMOS开展技术评估。他们还与咨询机构合作,准备世界遗产保护状况报告,不过此类合作的责任边界不甚清晰。

秘书处在两个部门之间轮换并非理想方案。二者的工作模式大相径庭,相互交流也不甚畅通。实际上,双方也经常直接竞争。经历了这一时期的普雷苏耶向我们讲述了种种不和谐的声音:"很难让《公约》的两个部门共同开展工作,因为这两组人……在 UNESCO 的办公区是隔开的;工作人员不一起做事,又进一步造成了隔阂。"[169] 斯托弗也认为,印象中"UNESCO 内部文化遗产小组和自然遗产小组之间存在竞争,这并不好……会发生很不愉快的争吵,有时是在幕后,有时甚至在委员会台前"。他记得当时很难用一以贯之的方式与缔约国开展合作,因为"UNESCO 内部发生的事情如此纷繁复杂,你无法看清哪种才是正确的方式"[170]。

图 5-9 1983 年意大利佛罗伦萨世界遗产委员会会议,从左到右依次为:于尔根·希利希(Jürgen Hillig)(UNESCO 科学部门)、玛卡米南·玛卡简萨(Makaminan Makagiansar)(UNESCO 文化助理总干事)、豪尔赫·伽赞尼奥(Jorge Gazaneo)(阿根廷人,代理主席)、贝恩德·冯·德罗斯特(UNESCO,生态科学司)和安妮·瑞戴(UNESCO,文化遗产司) © Bernd von Droste

资金短缺问题长期困扰秘书处。对于新增职责,UNESCO 并未匹配新的资源。瑞戴说"UNESCO 没有为文化部门新增职位",

冯·德罗斯特强调"UNESCO 丝毫没有提供资金"。他说,工作人员被要求在日常职责之外义务开展遗产工作。[171]这就使得秘书处每年要向委员会申请世界遗产基金的支持,以雇佣"临时"员工。委员会明确表示出不情愿,指出《公约》规定基金仅限于为世界遗产地提供国际援助(第20条)。《公约》明确规定了国际援助的用途,包括研究、提供专家、培训、设备和贷款(第22条)。没有任何条款表明可以使用基金给 UNESCO 雇员发放薪水。委员会认为,作为一项原则,秘书处应该从 UNESCO 常规预算中获得资金支持。

在首届世界遗产委员会会议结束时,报告员米歇尔·帕朗呼吁 UNESCO 向秘书处提供额外资源。会议报告引述了他的话:

> 考虑到准备委员会会议文件和落实委员会决定涉及大量复杂的行政工作,特别是1979年以后工作会更为繁重,他建议 UNESCO 认真检视这一情况,并提供落实《公约》有关工作所需的额外人员支持。[172]

1978年至1991年,委员会批准向秘书处提供"临时资助",每年7万美元到26万美元不等。与此同时,委员会反复要求 UNESCO 承担秘书处的财务责任,于1978年提醒总干事,临时资助"为期一年,请其关注需要新增 UNESCO 常规计划和预算内的长期雇员"[173]。此后几年间,一方面,委员会持续要求增加长期雇员;另一方面,每年都会继续批准下一年的临时资助。[174]

1982年,UNESCO 发起反击。总干事的代表提醒委员会,《公约》规定世界遗产基金应依据 UNESCO 财务规定中关于信托基金的管理方法开展工作(第15条第2款),同时指出,UNESCO 的惯例是将基金的 14% 作为综合管理费用。"就《公约》而言,世界遗产基金中目前被要求用于秘书处管理费用的支出,比 UNESCO 本应合法收取的额度少得多。"[175] 此后几年,秘书处持续向委员会报告"参与落实《公约》工作的职员数量自《公约》正式运行起,始终没有增加",但委员会没再提出要求。[176]

1988 年,委员会要求 UNESCO 额外增加 6 个职位,总干事认为短期内不可能,但也留有希望。"有迹象表明,这种情况有望在不久的将来逐步得到改善,进而省下用于临时资助的经费。"委员会厉声回应,表示可能未来都不会给予秘书处临时资助。[177]

在工作量过大和总体组织不力的双重压力下,评估系统最终在 1991 年迦太基会议上崩溃。冯·德罗斯特将迦太基会议描述为"完全瘫痪",并将混乱归因于人手缺乏、资金短缺和《公约》两极分化的本质。"自然和文化部门各自为政,人们不知道该与谁沟通。"[178]

世界遗产中心

迦太基会议后,精疲力尽、意兴阑珊的瑞戴从 UNESCO 退休。这一职位空缺让冯·德罗斯特产生了改造秘书处以便整合两条线的想法。加拿大国家公园管理局和美国国家公园管理局的工作模式都是统筹管理文化和自然遗产,受这种模式启发,他向时任总干事马约尔介绍了自己的想法。冯·德罗斯特从以下这个基本前提开始:

文化和自然将不再隔离。只是根据需要处理的保护问题,文化和自然两条线(的人员)参与程度不同而已,UNESCO 具有文化和自然两个方面的职责,其独特身份有助于解决这两个领域的传统二元分割问题,但需要将这些工作整合到一个秘书处,如此,缔约国才能知道今后应该与谁沟通。[179]

除了上述前提,冯·德罗斯特还构想了世界遗产中心的宏伟愿景。他在一次访谈中说,总干事马约尔认为这个新的机构模式对于会员国来说可能会比较敏感,要求他秘密推进。基于当时"颇有声望、运转顺畅、独立自主"的巴黎国际教育研究所模式,冯·德罗斯特"提议建立一个世界遗产研究所(World Heritage Institute)",它将是"UNESCO内部的一个半自治机构,因为《公约》的缔约国与UNESCO大会的会员国不完全一致,它应或多或少被视为一件独立的事"。冯·德罗斯特说,他的设想由三部分构成。一是建立一个管理《公约》的行政中心。二是成立一个"由百名科学界领军人物组成的世界遗产院(World Heritage Academy),负责审视伦理维度的问题,同时……它应拥有出版部门"。他设想世界遗产院拥有"全球最大的藏书量,特别是关于艺术史和自然史……为我们开展世界遗产工作提供强大的科学支撑"。三是建立媒体委员会,以提升对《公约》保护目标的认知。[180]

1992年,马约尔签署总干事令,单方面宣布建立新的世界遗产中心,并任命冯·德罗斯特为中心首任主任,直接向他汇报工作。时任UNESCO高管团队成员的穆尼·布什纳基(Mounir Bouchenaki)向我们讲述了形成这一决定的过程。1992年年初,他开始担任UNESCO文化遗产司司长,与冯·德罗斯特一起参加了与马约尔的会议。马约尔在会上表示,鉴于迦太基会议出现的问题,不可能再走老路了。他讲述了自己关于建立世界遗产中心的想法,并"要求我们各自带领文化遗产司和生态科学司跟进遗产工作的同事,组成世界遗产中心的班底,因为他没有新增任何职位"[181]。

马约尔在出席 1992 年圣达菲委员会会议时,解释了自己的决定:

> 我最近……决定建立一个世界遗产中心,将之前分开的文化和自然两条线整合为一个秘书处……这个新整合的世界遗产中心,通过与 UNESCO 其他部门紧密合作,能够更好地协助委员会实现各类目标,包括建立完善的监测系统、呼吁各方支持并开展世界遗产基金筹款活动,以及进一步提升公众对《公约》的认知。技术咨询机构在《公约》落实方面持续向 UNESCO 提供卓越服务,中心应该推动与它们特别是 ICOMOS、ICCROM 和 IUCN 更加紧密便捷的合作。[182]

图 5-10　20 世纪 90 年代中期的世界遗产中心工作人员 © Bernd von Droste

访谈中，马约尔说这是一项消除 UNESCO 部门各自为政现象的举措，"对我而言，UNESCO 就是整个世界，所以我认为最好成立一个中心，接收来自 UNESCO 文化、历史、哲学机构的跨部门知识"，也包括其他来源：

> 我认为最好有一个中心接收所有这些信息，这样向委员会提供的就不仅是单纯的技术支持，还包括战略和政策建议。这就是我进行这次组织架构调整的原因……便于从每个人的渠道汇集信息，而不是仅指望几个已经变得过于专业甚至有时过于傲慢的机构。[183]

冯·德罗斯特也讲述了这件事。"于是我成了世界遗产中心首任主任。这个整合后的秘书处，享有虽未正式获批但实际上存在的自主权，因为马约尔先生是我的直接领导。我不属于任何部门，我认为我的工作是跨部门的。"[184]虽然不完全是冯·德罗斯特设想中规模宏大的半自治机构，但是中心的职能包括许多相同的特征。

事实证明，将文化和自然两条线合并被大多数缔约国接受，因为这有助于解决之前模式存在的天生缺陷。缔约国试图搞清楚所有细节，以便完整准确地理解这一新设机构。1993 年会议上，委员会经历了漫长而艰苦的协商，最终通过了致总干事信函的内容，希望总干事确认委员会对世界遗产中心角色和职能的理解是否准确。概括来说，信中指出，中心将在委员会的指导下，按 UNESCO 政策开展工作。信函提出中心具有以下功能：作为服务《公约》有关机构的秘书处；作为文化和自然遗产保护信息的交换中心；与 UNESCO 其他部门和地区办公室合作，监督缔约国、ICOMOS、IUCN、

ICCROM等开展培训、监测和技术协助;作为协助委员会决策的主要机构和缔约国有关《公约》技术问题的主要联系人。[185]

在缔约国和总干事多次就世界遗产中心交换意见的过程中,涉及四方面的分歧:需要更多资源、职能可能与咨询机构和UNESCO秘书处重叠、分权设置以及颇受关注的中心自主权。

关于世界遗产中心的资源问题,冯·德罗斯特称马约尔最初向他承诺了25个职位。[186]起初,中心由从文化和科学部门转来的9名工作人员支撑开展工作。1993年,美国人呼吁UNESCO向中心增设10个职位,并拨付运行经费。[187] 1994年,总干事批准增加3个职位,1997年又增加了8个职位,中心总人数达到20人。[188]同时,缔约国开始认真地资助本国专家参与中心工作,增强了其工作力量,助推其形成前所未有的活动规模。

世界遗产中心与咨询机构关系紧张的一个原因是角色界定不够清晰。有人指出二者职能重叠,诚然,随着UNESCO雇员和相关专家拓展其科学活动,确实制造了困惑和混乱。《公约》呼吁UNESCO"最大限度"使用IUCN、ICOMOS和ICCROM在准备文件和落实决定方面的服务(第14条第2款)。1992年确定的战略方向指出,"落实《公约》依赖的三个支柱,即委员会、秘书处和咨询机构,应该充分和均衡地发挥作用"[189]。但就在同一年,世界遗产中心主任对中心的未来似乎另有打算。

一些混淆源于UNESCO内部不同部门共同承担落实《公约》的责任。布什纳基解释,世界遗产中心成立后,文化遗产司继续在操作层面跟进有关工作,"沟通过程中出现了一些困难,因为中心肩负准备和接收材料、处理申报文件的责任,与此同时,文化遗产司也开展了一些具体工作,派出考察组并跟进遗产地后续工作"[190]。

但更为棘手的问题是咨询机构和世界遗产中心之间的矛盾。当时为咨询机构工作的遗产领域先驱特意表示,就个体而言,中心工作人员很优秀,也乐于助人,但中心野心勃勃。斯托弗说,中心运行几周后就让他很震惊,因为"贝恩德·冯·德罗斯特直接来到 ICOMOS 并且……几乎斩钉截铁地说'我已经给亨利·克利尔准备好办公室了'"。[191] ICOMOS 时任世界遗产协调员克利尔记得世界遗产中心主任对他说,"他计划建立一个卓越的中心,然后,咨询机构的角色将逐渐消失"。[192] IUCN 时任协调员托塞尔也讲了差不多的内容。他指出:"中心开始超出其原本的职责范围,承担起技术工作……好像是在全力打造一个帝国,我认为有些过头了,这是有问题的。"[193] 国家公园和保护区委员会原主席阿德里安·菲利普斯赞同这种观点:"中心在重复打造 IUCN 已经具有或可以获取的专业知识,其重叠程度令我不悦……建立帝国和开展重复工作的诱惑一直都存在。"[194]

斯托弗表示,中心希望吸纳咨询机构职能的企图最初令他瞠目结舌。他向冯·德罗斯特表示:"ICOMOS 保持独立是十分必要的,不仅在形成意见建议方面应该独立,形式上也要独立。我们不能在你们的掌控下开展工作,否则我们将在缔约国面前信誉尽失。"在他看来,"糟糕关系"的核心是遗产地列入《名录》后的监测问题。"《公约》未提及监测机制建立后应如何开展这项工作。"[195] 中国代表团的郭旃注意到咨询机构和中心工作人员的混淆,指出"我们必须把咨询机构和世界遗产中心区分开来……我认为中心的工作人员没有专门的时间,也未必就有优势去做某些专业研究"。[196]

虽然 UNESCO 特意向委员会强调 ICOMOS、ICCROM 和 IUCN 在落实《公约》方面的重要贡献,但是对于他们职能重叠和工作重复的看法仍存。这推动世界遗产中心于 1996 年起草了与三个咨询机构的谅解备忘录，以澄清工作职责、加强相互合作。然而这一措施并未真正奏效，问题持续发酵，成为 2000 年改革议程的一项内容。[197]

世界遗产中心成立引发的另一个问题与 UNESCO 希望将落实《公约》的一部分工作下放给区域办公室有关。[198]虽然许多国家支持 UNESCO 下放部分职能，但一些国家反对建立世界遗产区域办公室，特别是法国和意大利。这一问题在 1995 年柏林世界遗产委员会会议上爆发，起因是总干事显然未与世界遗产委员会协商便与挪威政府签署了关于建立"北欧世界遗产办公室"的协议，为期 3 年。世界遗产中心对此矢口否认，法国代表团正面回击，在现场散发了 UNESCO 已签署协议的复印件。值得注意的是，柏林会议官方纪要显示，中心在会议伊始向委员会报告了签署协议一事，这显然有误。[199]一些委员会成员"对建立世界遗产办公室网络表达严重关切"[200]。挪威代表解释了这一新建机构的目标、资金来源和评估要求。一些成员仍然对工作程序感到不满，会议在混乱中结束，会议纪要对此轻描淡写：

讨论结束时，委员会成员拿到了协议复印件，但没有机会就协议文本发表意见。世界遗产中心主任同意为下一届主席团会议提供一份关于世界遗产领域分权设置的报告。[201]

两年后，其他缔约国陆续表示出对世界遗产领域进一步分权设置的兴趣。在谈及北欧世界遗产办公室年度报告时，日本询问建立此类旨在强化《公约》落实的区域办公室的政策，表示希望在亚洲发挥类似的作用。韩国也表示希望为世界遗产地区域项目做出贡献。[202]

最棘手的当属世界遗产中心的自治问题。为解决该问题，弗兰乔尼开始介入世界遗产工作。作为一名国际律师，他被意大利和法国要求准备一份关于中心管理架构的背景文件，"有人担心，UNESCO世界遗产中心的这种私有化做法将减损对于世界遗产的主权控制……作为律师，我被要求提供法律论证，反对中心成为拥有过多自主权的独立机构"[203]。他说，1993年哥伦比亚卡塔赫纳会议期间，与会者就世界遗产中心的应有定位发生了激烈争论。美国在德国和泰国支持下，主张给予中心人事管理权、简化行政流程并由委员会确定中心的工作计划。[204]法国则担心更多自主权带来的后果，可能导致"中心政策与UNESCO政策背道而驰"[205]。到1993年会议结束时，问题似乎得到了解决，"委员会承认，世界遗产中心作为UNESCO秘书处内的统一实体具有重要意义"[206]。弗兰乔尼也同意："会议成果是一个相当平衡的方案，我认为它提升了世界遗产中心的地位，同时也让意大利、法国等希望继续施以政府监管的UNESCO会费大国适当收声。"[207]

但到了1994年，UNESCO又发起一轮反攻，暗示委员会或许有意参照国际教育规划研究所和国际教育局的模式，支持（中心成为）"一个在行政和财务方面可以有效运行的自治机构"。[208]意大利和法国质疑这一所谓的"运行自治"（functional autonomy）模式。法国反对"建立一个可能从UNESCO分裂出去的机构……中心的日常行政和管理架构都应置于UNESCO之内"，最后指出，"不可以在缔约国之间的《公约》框架下建立私有基金会，而目前似乎有人打算这么做"。[209]意大利也表示无法接受这一模式，强调"中心原本的定位只是开展协调工作、监督《公约》落实以及与缔约国沟通合作，以推动后续行动"。在意大利看来，UNESCO 提议"通过允许中心运行和行政自治，反而会导致整个机构完全自治"。意大利代表团认为，为产生重要影响力，UNESCO 的所有行动应该目标一致，提议的机构设置模式并不合适：

> （国际教育规划研究所和国际教育局）这些机构在 UNESCO 大会上建立，就意味着 UNESCO 所有会员国被涵盖其中，而不像世界遗产中心那样只涉及一些会员国。此外，中心的内部结构也很不同：国际教育规划研究所和国际教育局各有一个理事会，但中心没有这样的结构，而是直接根据 UNESCO 总干事指示开展工作，因此，它只是一个秘书处。[210]

面对反对的声音，委员会要求 UNESCO 进一步开展研究，解释"运行自治"的准确含义。

根据总干事要求，秘书处准备了一份世界遗产专业推广和品牌计划，提交 1994 年世界遗产委员会会议审议，这进一步激化了矛盾。[211] 因为拟向私营部门募集资金，该计划聚焦世界遗产概念的品牌重塑，升级或替代现有世界遗产标识以便更有"感染力"和"商业推广价值"。秘书处甚至在会上展示了新设计的世界遗产标识。委员会对世界遗产可能从 UNESCO 剥离予以愤怒回应。不仅如此，用巴西代表的话说，"世界遗产标识不应该被视为商标，而应该作为《公约》凝结的理念和崇高价值的象征性代表"。这次溃败之后，拟用于宣传推广的新资金被取消，世界遗产中心主任和委员会的关系更加紧张。[212]

1996年,世界遗产中心提议回顾世界遗产工作以庆祝《公约》25周年,但委员会要求开展世界遗产基金外部审计、从管理角度审查秘书处的工作。双方之间的不信任暴露无遗。世界遗产中心主任将《公约》25周年视为"强化国际合作来落实《公约》的历史性机遇,应批判性地回顾得失,为未来行动绘就蓝图"[213]。但委员会并不这么想,它不支持中心主任的提议并拒绝拨付资金,而且提出在纪念《公约》25周年的框架内对世界遗产中心运行5年来的财务程序和管理实践进行外部审计,"以便消除所有模棱两可之处,并为编制会计报表和临时预算寻求令人满意的解决办法"[214]。1997年,委员会收到审计结果后建立工作组予以研究。中心主任说,审计报告的建议"将为中心今后规划工作提供帮助,确保《公约》更有实效和能见度"[215]。

下一届主席团仍希望厘清世界遗产中心的任务和职能,要求总干事就此提交一份报告,并具体阐明中心与 UNESCO 其他部门的合作情况和基金的使用情况。总干事并没有提供报告。推动文化遗产司和生态科学司形成工作合力的需要,一直存在。冯·德罗斯特即将退休为此带来了契机——总干事签署内部令,任命时任文化遗产司司长布什纳基兼任世界遗产中心主任。[216]委员会反应消极,预计文化部门将接管中心的工作,担心中心与众不同的地位将被削弱或者并入 UNESCO 其他部门,也担心文化遗产和自然遗产之间的重要平衡将受损。委员会要求"中心继续作为专注于为《公约》提供秘书处服务的机构,在总干事的直接领导下开展工作"。总干事马约尔的代表直截了当地指出,委员会已"年复一年地强调世界遗产中心……应该被视为 UNESCO 秘书处的一部分。因此,总干事有权采取……他认为世界遗产中心人员配备和机构运行所必要的措施"。他再次向委员会保证,中心将继续作为 UNESCO 内部与众不同的机构存在,专门作为《公约》秘书处开展工作。[217]

1999年,新任总干事松浦晃一郎很快采取行动,在改组文化部门时将世界遗产中心置于文化助理总干事管辖下。① 中心保持了一定程度的管理自主权,比如负责管理世界遗产基金。他解释,是之前参与世界遗产工作的经历推动他做出改变:

> 我在主持京都世界遗产委员会会议时,总干事没有出席,副总干事也没有出席,甚至文化助理总干事和自然科学助理总干事也没有出席。人们都说中心直接归总干事管辖十分必要。但总干事根本没有关注这项工作。所以我上任后最先做的几件事之一就是将中心置于文化助理总干事管辖下,我当然知道世界遗产中20%是自然遗产,所以自然科学助理总干事必须参与工作。下一步是……将文化遗产司归入中心,如此,中心将不仅负责世界遗产,也负责《名录》以外地点的保护……此后,文化助理总干事总是全程出席委员会会议。[218]

最初将文化和自然并入一个机构的想法虽然在理念上可取,但世界遗产中心的开局并非坦途。冯·德罗斯特承认存在这些困难,特别强调新机构缺乏办公场所,"从事世界遗产工作的同事们身处不同的部门、不同的办公楼"。罗伯逊·韦尔纳证实了这一点:

---

① 1999年至2000年,布什纳基短暂担任世界遗产中心主任,之后担任文化助理总干事,直至2006年。——译者注

按理说我们这些人应该在一起工作,但文化部门在丰特努瓦办公区,而我们从事科学和自然遗产工作的人留在博万办公区①。因此工作人员实际上是被分开了,这就意味着彼此没有日常联系,也没有思想交流。所以就有了很大的缺陷,比如,人员分隔的缺陷,我认为这造成了许多困惑和混乱,我个人认为这淡化了世界遗产的概念。[219]

总干事关于行政团队的承诺未能兑现,冯·德罗斯特表示失望。他指出管理世界遗产基金、预算外资金、电影版权和书籍收入十分复杂。"中心没有任何办公场所……我不得不自己想办法。委员会很快就发现主任的不足,那就是他不能悉数回答行政问题。确实如此。处理各种事务让我应接不暇。"[220] 米尔恩表示赞同:"没有一个合适的、直接的管理架构全力支持中心主任,我认为这令人遗憾。"[221]

尽管建立世界遗产研究所这一宏伟愿景从未实现,尽管中心成立后经历了一些艰辛,但在新千年到来时回望,中心取得了令人印象深刻的成就。它成为 UNESCO 内部世界遗产事务的全权负责机构。整合世界遗产体系,由一位主任统筹负责,使得《公约》的推广、信息管理、教育项目和伙伴关系更加协调一致。《世界遗产简报》定

---

① UNESCO 总部位于巴黎市中心的丰特努瓦广场。"Y"字形主办公楼于 1958 年启用,后陆续建成手风琴形状会议楼、立方体形状办公楼、下沉庭院式办公楼群。目前,UNESCO 秘书处各部门和主要会议场所均位于该办公区。随着机构发展和会员国增多,1966 年至 1969 年,UNESCO 在距离丰特努瓦广场不远处的米奥利斯街 1 号建成办公楼,又于 1974 年至 1979 年在弗朗索瓦-博万街 31 号建成办公楼,两栋办公楼相连,组成了"米奥利斯-博万办公区"。目前,该办公区主要是由 UNESCO 会员国代表团以及与 UNESCO 有工作联系的专业组织租用。——译者注

期发布,印刷精美的《世界遗产评论》(World Heritage Review)以英语、法语、西班牙语、日语和其他语言出版。到 1995 年,世界遗产相关文件可以在 UNESCO 网站上查阅,这在当时实属创新之举。就推广《公约》而言,中心推进与私营部门的合作,催生了数以百计、以几种不同语言发布的电影和出版物。日本和德国在世界遗产媒体合作领域表现突出。[222] 就教育项目而言,中心与 UNESCO 教育部门合作发起"青年人参与世界遗产保护和推广跨区域项目",推动学校和当地社区积极参与。项目衍生出广受欢迎的《世界遗产与年轻人》,这本教育类工具手册由中心与北欧世界遗产办公室、罗纳普朗克基金会合作出版。直至世纪之交,世界遗产中心一直是《公约》的全球中心。

图 5-11 1998 年在巴黎发布《世界遗产与年轻人》,从左至右分别为:萨拉·蒂臣、小松太郎(Taro Komatsu)、伊丽莎白·卡威基(Elisabeth Khawaykie)、贝恩德·冯·德罗斯特和布雷达·帕夫利克(Breda Pavlic)ⓒ Bernd von Droste

民间团体

民间团体在世界遗产保护中的重要角色无可否认,然而《公约》并未赋予外部组织和群体任何正式角色。缔约国、三个咨询机构和UNESCO秘书处都具有外部机构无法享有的法定地位。本节聚焦民间团体参与世界遗产委员会的过程,未阐述地方当局、遗产地管理者和世界遗产地所有者对遗产工作的参与和投入,很多情况下他们在国家官方机构中没有正式角色,但最终落实委员会的决定、履行缔约国保护世界遗产地的职责。当地社区参与也不是本书的关注点,但必须承认它对《公约》顺利实施至关重要。

社区群体和非政府组织在世界遗产工作程序中没有正式发声机会,须经委员会主席批准才能在会上发言。作为1987年委员会会议主席,柯林森回忆起审议塔斯马尼亚荒原项目时处理类似问题的情形,当时州政府官员、采矿公司、林业公司希望发表意见,"我不得不向他们解释,除非他们是澳大利亚代表团认可的成员,否则我们无法听取他们的意见。但我说这并不影响他们和会场里的人交谈,他们也确实向很多人表达了意见。"[223]

环境保护组织在1972年斯德哥尔摩大会上表现活跃,但他们的兴趣远超《公约》范畴,涉及广泛的环境问题。世界遗产工作早期,《公约》法定机构以外的组织断断续续参与委员会会议。1977年首届会议时,只有国际艺术保护组织(International Organization for the Protection of the Arts)作为观察员参会。[224]次年的华盛顿会议,有10个政府间国际组织和非政府国际组织以及"大量公众"参会,显示了《公约》对该区域吸引力的上升。[225]

20世纪80年代,世界博物馆协会、国际建筑师联盟和国际风景园林师联合会,定期参与世界遗产委员会会议。国际风景园林师联合会对始于1984年、最终于1992年以文化景观类别通过的"乡村景观"有关讨论尤为感兴趣。其他偶尔参会的机构包括阿拉伯教育、文化和科学组织(Arab Educational Cultural and Scientific Organization)(1980年)、非洲博物馆和遗址组织(Organization for Museums and Sites of Africa)(1982年)、世界自然基金会(1983年)、国际文化推广基金(International Fund for the Promotion of Culture)(1984年和1985年)。1988年的巴西会议吸引了一些传统上在发展中国家开展工作的联合国机构,包括联合国儿童基金会、联合国难民事务高级专员公署、联合国开发计划署等。[226]

20世纪90年代,随着缔约国和遗产地数量的增加,民间团体参与遗产工作也同步发展。一项重大发展是出现了专门聚焦世界遗产城市的组织。1991年在加拿大魁北克召开的国际研讨会催生了于1992年建立的"世界遗产城市组织"(Organization of World Heritage Cities)。[227]尽管委员会拒绝给予该组织官方地位,但它仍定期参加世界遗产委员会会议,以便跟进讨论情况并在城市类遗产列入《名录》后为组织吸纳新成员。20世纪末,两个项目吸引了许多公众和组织的关注,规模空前。澳大利亚卡卡杜项目引起了反核群体、原住民和地球之友(Friends of the Earth)一类的非政府组织代表的广泛关注。墨西哥埃尔比斯开诺捕鲸保护区的盐厂项目招致了自然资源保护理事会(Natural Resources Defense Council)、国际爱护动物基金会(International Fund for Animal Welfare)、环境外交研究所(Environment Diplomacy Institute)及"为了墨西哥埃斯特罗斯(Pro Esteros Mexico)"等全球范围内机构的反对,世界遗产中心和委员会主席收到逾 20,000 封抗议信。[228]

1999 年,参会组织既有对保护区具有广泛兴趣的知名国际机构,也有规模较小、聚焦单一领域的群体。除了常规机构,参会机构还包括摩洛哥遗产之友(les Amis du patrimoine du Maroc)、拱门基金会(the Arch Foundation)、阿尔及尔城堡保护联合会(l'Association pour la sauvegarde de la Casbah d'Alger)、国际历史遗产基金会(Fondation patrimoine historique international)、高科技视觉推广中心(High Tech Visual Promotion Center)、国际金属与环境理事会、国际真言宗佛教联合会(International Federation of Shingon Buddhism)、国际爱护动物基金会、自然资源保护协会(the Natural Resources Defence Council)、世界遗产城市组织、"为了墨西哥埃斯特罗斯"等组织。[229]

世纪之交,参加世界遗产委员会会议各类组织的数量屡创新高、多样性不断丰富,彰显了民间团体对保护具有突出普遍价值地点的重视。大量代表参加委员会会议,希望发表自己的见解,但有时未能如愿。保护特定遗产项目的游说活动组织有序,往往利用现代通信技术造势,发展成全球性活动。地方层面,一些群体要求政府将特定项目申报列入《名录》,或者拉响世界遗产受到威胁的警报。在松浦看来,民间团体在世界遗产体系中缺乏正规角色的问题,"是《公约》本应予以认真研究的"。他强调民间团体的重要性,"来自当地社区成员的信函常常很有帮助……他们让负责世界遗产工作的人关注那些官方渠道不会报告的风险。风险确实存在。所以从这个角度看,当地社区成员承担着重要的角色"[230]。

本章回顾各方为《公约》实施开展的工作,体现了他们对这项事业的奉献精神和热情投入。缔约国、技术咨询机构和 UNESCO 从最初的阶段一路走来,逐渐拓展活动范畴、争取资源以应对复杂多样的世界遗产问题。随着组织内部各种官方参与者的成长,民间团体以及多样化的社区对遗产工作的兴趣也逐渐增加。上述种种发展说明,以守护和保护世界上最重要文化和自然遗产地为目标的世界遗产工作,前景光明,未来可期。

第六章　世界遗产体系评估：
1972年—2000年

　　从1972年到2000年，《公约》在实施过程中不断凝心聚力。《公约》不断增长的人气说明，保护世界上最有价值地点的国际保护文件，既是国际社会的兴趣所在，也是客观需要。到2000年，《公约》缔约国数量达到161个，超过全球国家总数的四分之三，令人印象深刻。通过重要政策和针对特定遗产地的决定，世界遗产体系影响了人们看待遗产价值和制定保护策略的方式。《公约》的成功，部分得益于其扮演的角色，它为探讨一国内部保护政策的创新理念搭建了平台，并以世界遗产的金字招牌宣传这些理念。[1]《公约》对全球文化和自然遗产保护实践产生的影响毋庸置疑。

　　几十年来，《公约》的优缺点也日益凸显。积极的一面是，《公约》推动开展了非同凡响的遗产领域国际对话，塑造了对遗产理论和实践的全新的认识；另一方面，申报程序存在缺陷，资金短缺制约国际合作蓬勃发展，城市化和大众旅游威胁遗产地，堂而皇之的政治化事件不时发生，这些问题都提醒人们保持冷静，改革势在必行。随着新千年的到来，曾启迪世界遗产初心的崇高理想有些动摇，显然需要重申承诺、重振理想。

重要政策和针对特定遗产地的决定

1972年至2000年,世界遗产治理机构制定了影响《公约》实施的重要政策。这些政策在国际范围内传播,并逐渐适应各国遗产的情况,最终产生了全球影响。赫布·斯托弗认为:"这确实是保护领域大部分重要科学思想酝酿或开始的地方。"[2]在最初几十年形成的诸多政策中,最重要的当属关于突出普遍价值概念的演变和系统性监测的发展。[3]

在遗产价值判定方面,10条评估标准和其他要求的谨慎措辞塑造了突出普遍价值概念的阐释方式。[4]后续工作中对标准的几次修订至关重要,反映了遗产概念的持续演变。随着《公约》缔约国数量的增加,不同观点相互碰撞,首次推动了世界范围内围绕遗产概念的交流与理解。这一国际对话形成了其他影响世界遗产认定程序的重要决定,包括引入消除文化和自然遗产隔阂的文化景观类别、源于奈良会议的关于文化遗产真实性的拓展阐释,以及鼓励不同类别遗产地申报的开放性"全球战略"。遗产价值的概念逐渐超越对遗产本体的关注,将社会文化进程纳入其中。卡特琳·迪梅尼(Catherine Dumesnil)认为,同意接纳新类别遗产是《公约》发展中决定性的一步。[5]尤卡·约基莱赫托同意这一观点:"我认为出现了一个趋势,特别是在20世纪90年代,那就是更加关注乡土的……文化景观等等……以及对与物质性遗产关联的非物质性遗产与日俱增的兴趣。"[6]

在保护方面,自20世纪80年代早期起,《操作指南》中增加了对管理的要求,虽然各国在落实相关要求方面进展缓慢,但仍取得了重要的政策成果。从政策角度看,建立正式的监测机制当属重大进展。经过 20 年的探索和世界遗产委员会无休止的讨论,1997 年缔约国大会决定建立定期报告程序,为监测活动确立了全球基准。世界遗产体系内各方开展国际合作,采取系统性举措,致力于理解和改善具有国际意义的地点的保护状况,最终形成了监测方面的丰硕成果。[7]

除了制定突出普遍价值和保护方面的宏观政策,委员会还通过了关于特定遗产地或遗产群的决定,为《公约》的后续实施树立标杆。就项目列入而言,有 3 类案例尤为重要,分别涉及良知遗址(sites of conscious)、与知名人物关联的遗产,以及因展示人类创造力而列入的遗产。就保护世界遗产的共同责任而言,克罗地亚杜布罗夫尼克古城和澳大利亚卡卡杜国家公园案例显示了世界遗产委员会和《公约》权威的边界和局限性。

良知遗址

良知遗址记录的是人类行为中较为阴暗的一面,常常触发强烈情感。最初,一些代表团认为"《公约》的文化维度在于纪念人类伟大的创造性活动,而不是记录负面结果"[8]。另一些人持相反态度。1978 年和 1979 年,委员会先后列入两个项目,分别是塞内加尔戈雷岛的奴隶堡和波兰奥斯威辛-比克瑙集中营。[9] 两个项目都涉及人类历史上负面事件相关价值,都只凭借标准(vi)被列入《名录》。[10] 这两个项目为 20 世纪 90 年代另外两个良知遗址项目铺平道路,分别是日本广岛和平纪念公园(原子弹爆炸遗址)和关押纳尔逊·曼德拉的南非罗布恩岛。

1996年,美利达会议在紧张的政治氛围中召开,会场外的走廊里,大批电视台工作人员正在等待委员会关于广岛和平纪念公园的决定,使得气氛愈发紧张。最后,该项目作为人类创造的最具毁灭性力量的重要见证以及期待世界和平和消除核武器的象征被列入《名录》。两个委员会成员公开反对项目列入。中国声明持保留意见①,美国认为该项目缺乏历史视角,不参与协商一致,并声明本国与该决定无关。美国还陈述了其总体观点,认为战争遗址不属于《公约》范畴。[11] 当时任职于美国国务院的雷·万纳在访谈中介绍,美国的立场受到1996年年初美国史密森学会举办的具有争议的"艾诺拉·盖伊"(Enola Gay)号轰炸机展览的影响。万纳当时的任务是撰写反对该项目列入的论据,他在访谈中表达了对当时任职于美国国家公园管理局的约翰·雷诺兹和ICOMOS协调员亨利·克利尔的钦佩,前者认为"这是正确之举",支持项目列入;后者则拒绝对ICOMOS支持列入的建议做出让步。[12] 1999年会议在讨论列入罗布恩岛时气氛要相对缓和一些。委员会一致支持将这一良知遗址列入《名录》,视其为人类精神、自由和民主战胜压迫的象征。1999年世界遗产委员会主席图里对此结果感到非常满意。他说:"最终,它在国际层面以实际行动宣告了种族隔离制度和其他地方可能存在的隔离措施的终结。"[13]

冯·德罗斯特认为,良知遗址列入《名录》说明《公约》从列入卓

---

① 根据 UNESCO 网站公布的会议文件(原文为英文),中国代表团当时声明如下:"二战"期间,其他亚洲国家和人民遭受了最惨重的生命和财产损失。时至今日,仍有一小撮人妄图否认这段历史。在此情况下,如果广岛项目被列入《名录》,即便作为特例,也可能被这些人利用贻害世界。这显然不利于维护世界和平与安全。鉴于此,中国对批准该项目持保留意见。——译者注

越遗产地的体系转变为保护全球道德规范象征物的体系。他表示，委员会是"保护子孙后代福祉的看不见的利益相关方"。他认为，奥斯威辛、罗布恩岛、戈雷岛（需要尊重基本人权）和广岛（需要应对不当使用现代技术带来的威胁）是全球道德规范的象征，表示：

> 从最初就存在一个误解，即人们认为我们在保护世界奇迹。这根本不对。我们从事的世界遗产工作不是在保护世界奇迹……我们在推进一项伟大事业——具有地方重要意义的遗产被 UNESCO 认定为对全人类具有重要意义，这些遗产通过享有威望的联合国系统传播……从而成为全球化的一部分。[14]

遗产与个人

关于在《公约》框架内认可个人贡献这一问题，委员会最初有清晰的政策定位。早在 20 世纪 70 年代筹备期间，ICOMOS 就建议收录"与全球重要人士关联以及对于理解他们必不可少的遗产"，并以美国托马斯·爱迪生实验室为例。[15] 标准（vi）原本措辞中包括与具有突出历史重要性或意义的人士相关的遗产，但米歇尔·帕朗反对建立一个可能助长与《公约》普遍性视角相悖的民族主义模式的"有些竞争意味的各国名人荣誉榜"[16]，委员会听从了他的建议。1980 年，委员会将"人士（persons）"一词从标准（vi）中删除。

然而，委员会之后全然不顾自己确立的规则，于 1984 年将西班牙"安东尼·高迪的建筑作品"列入《名录》，以纪念他 19 世纪晚期和 20 世纪早期在建筑方面的杰出创造力，创设了先例。10 年后，委员会又将包括 26 处建筑的意大利"维琴查城和帕拉迪恩别墅"列入《名录》，以纪念文艺复兴时期的建筑家安德烈亚·帕拉第奥（Andrea Palladio）的杰出贡献。于是，尽管委员会 1980 年做出了不考虑与个人有关的遗产的明确决定，但有意为自己国家建筑师和建设者争取国际认可的缔约国不断援引这两个早期案例作为参照。

遗产与人类创造力

最初几十年间，文化遗产标准（ⅰ）中的"创造力"实际上是指美学方面。遗产需要"代表独特的艺术成就，是人类创造天赋的杰作"[17]。随着"全球战略"的通过，该条标准的措辞于 1996 年发生变化，弱化了对美学的强调，改为"代表人类创造天赋的杰作"[18]。次年委员会审议一个项目的过程表明，并非所有缔约国都赞同这一新方向。在审议西班牙拉斯梅德拉斯项目时，针对（申报文本提出的）适用标准（ⅰ）将"公元 1 世纪至 2 世纪从山中挖掘金矿使用的罗马时代水利技术知识"认定为具有创新性，几位代表基于两个原因表示反对，一是缺乏美感，二是遗产地环境恶化。尽管有反对意见，但委员会最终接受了"遗产地满足人类创造力的要求"这一说法，以标准（ⅰ）将项目列入《名录》。3 个缔约国正式表态本国与该决定无关。会议文件显示，泰国代表表示："若适用标准（ⅰ）和其他标准来体现'人类创造'，他只能认为，此遗产地是人类破坏性活动的结果，对崇高的环保事业有害。"德国和芬兰支持泰国的观点。[19]委员会关于该项目的决定成为拓展阐释人类创造天赋的基准。

遗产和《公约》的局限性

两个受威胁的遗产地检验了《公约》的影响力和局限性。一个案例中,委员会在没有正常运转的国家政府的情况下,向前一步代行职责;另一个案例中,委员会对采取违背有关缔约国意愿的行为保持克制、犹豫不决。

图6-1 克罗地亚杜布罗夫尼克古城 © UNESCO/Francesco Bandarin

第一个案例涉及克罗地亚杜布罗夫尼克古城,这是一座位于达尔马提亚海岸的中世纪围城,1979年由南斯拉夫政府申报,因保存极其完好的防御工事以及哥特式、文艺复兴和巴洛克式建筑史迹被列入《名录》。1991年,南斯拉夫社会主义联邦共和国解体引发了克罗地亚独立战争,杜布罗夫尼克老城区在轰炸中遭到损毁,挑战国际社会兑现保护世界遗产地承诺的决心。杜布罗夫尼克古城原本不在 1991 年迦太基会议的议程上,但时任文化助理总干事亨利·洛佩斯(Henri Lopes)将其纳入议程。洛佩斯在开幕致辞中"表达了 UNESCO 对冲突在杜布罗夫尼克古城业已造成的毁坏感到失望……应按照《公约》的规定保护这项遗产"[20]。参加 1991 年会议的德国代表汉斯·卡斯帕里(Hans Caspary)回忆:"我们周五开始讨论,报纸头版出现了关于杜布罗夫尼克古城被轰炸的报道……轰炸过程中,UNESCO 的一名观察员就在现场。轰炸结束后,修复损毁屋顶的资金立刻到位。"[21]

讨论中,委员会成员分为两派:一派认为明显有必要保护受到威胁的世界遗产;另一派支持一位观察员发出的强烈质疑。这位自称是南斯拉夫驻突尼斯使馆参赞的观察员表示,委员会无权违背该国政府意愿采取单边行动,也不应将遗产地从巴尔干战区中单独划分出来。该区域的管控方不断更迭,委员会处于令人不安的政治环境中,但仍然克服困难并决定代表遗产地行事。委员会决定使用《公约》第 11 条第 4 款将该项目列入《濒危名录》。[22] 决定措辞巧妙,考虑到了各方关切:

> 委员会知晓其代表包括南斯拉夫在内的 123 个缔约国,对武装冲突威胁这一包括数项世界遗产的地区表示深切担忧,特别是杜布罗夫尼克古城。委员会决定敦促冲突各方尽最大努力实现停火,回应 UNESCO 总干事呼吁,增进国际团结,尽快修复战争区域已经造成的破坏,特别是杜布罗夫尼克古城。[23]

委员会引用"特别紧急情况"来解释这一决定,强调这一行动应被视为一种"实证,即如果一座世界遗产城市在武装冲突中被严重损毁,《公约》所有缔约国不能置身事外"[24]。

弗朗切斯科·弗兰乔尼称杜布罗夫尼克古城是理所当然(ex officio)被列入《濒危名录》的。"《公约》是危机时期、自然或文化遗产被袭击而引发深切共鸣时极其重要的工具。"他提请人们特别注意,做出这一决定的是委员会,而非"解体中的南斯拉夫":

> 世界遗产的强大力量在于建立了这样一种观念,即《名录》中的项目以某种方式形成了某种普遍适用于缔约国的义务。这是一项集体义务,不是单个国家和UNESCO的双边义务,而是一国为整个国际社会承担的公共法律义务。在这种意义上,国际社会也就有了相对应的义务,进行干预、帮助和回应。在危机情况下总是如此。[25]

图 6-2　澳大利亚卡卡杜国家公园的加比卢卡矿址 ⓒ Dominic O'Brien

在杜布罗夫尼克古城案例中,委员会运用自身权威,在缔约国无法正常运行的情况下保护了濒危遗产。澳大利亚卡卡杜国家公园案例则检验了委员会在缔约国强烈反对的情况下将遗产列入《濒危名录》的权力。起因是位于卡卡杜国家公园的一个拟建铀矿。此前它在作为同时达到自然和文化遗产标准的混合遗产列入《名录》时,缔约国申报材料显示,3个采矿协议区被作为飞地从保护区分割出去,这一做法当时被咨询机构专家和委员会接受。1996年,委员会在被告知其中一处飞地将挖掘新矿后,就采矿可能对遗产地生态系统和米拉土著社区文化遗产造成的负面影响表达关切。随后引发了关于委员会权力边界的激烈辩论,但无果而终。

泰国认为:"在《公约》框架下(第11条第4款),世界遗产委员会有权在任何紧急情况下将受到严重和特定危险的世界遗产列入《濒危名录》。"一些委员会成员持相同观点。咨询机构援引《公约》第11条第4款,敦促委员会行使权力,即使缔约国反对,也要将该项目列入《濒危名录》。另外,澳大利亚援引同一条款称,委员会无权在缔约国未申请援助的情况下这样做,而澳大利亚并无意申请援助。[26]早在1983年,委员会主席拉尔夫·斯拉特耶尔就分析《公约》第11条第4款并预料到会出现这种僵持局面。"这种措辞产生了一个问题,因为缔约国或许不需要或不愿意申请援助。这样的话,就算项目可能面临威胁,仍无法被列入《濒危名录》。"斯拉特耶尔赞成"只有缔约国才能确保遗产得到保护,如不经其同意就将项目列入《濒危名录》,可能无益于保护",尽管如此,他仍将《濒危名录》视作争取国际援助拯救遗产的关键。[27]

双方形成对峙局面。1999年,世界遗产委员会召开特别会议进一步讨论这一问题。委员会主席赴澳大利亚实地考察,澳大利亚在委员会成员的首都发起外交攻势争取支持,非政府组织也全力争取委员会成员,米拉原住民群体则远赴巴黎开展游说。缔约国代表带着装满了技术分析报告文件夹和政府保密法律意见的公文包来到巴黎。[28] 会议最终结束时,委员会决定不将卡卡杜国家公园列入《濒危名录》,而是要求澳大利亚次年提交一份关于科学问题、矿区文化价值梳理以及拟为卡卡杜土著社区提供社会福利的报告。[29] 弗兰乔尼对《公约》规定的义务不够明确感到失望:

> 我本希望看到更勇敢、更大胆的委员会……卡卡杜是一个非常重要的案例,因为……自然价值,也因为当地社区……我本希望看到像世界遗产委员会这样的《公约》机构做出(列入《濒危名录》的)决定,很遗憾未能如愿。[30]

就这样,卡卡杜国家公园的铀矿问题未能充分检验委员会在危急情况下违背相关缔约国意愿的力量。界限仍然模糊不清。[31]

优势和劣势

对《公约》自诞生至 2000 年改革的总体评估表明,《公约》的优势和劣势伴随着实施工作日趋明显。受访者对该体系的一些缺点心怀遗憾,不过也饱含崇敬和热情地称赞《公约》的诸多成功之处。令人烦恼的问题主要有:列入程序结构设计缺陷、国际援助资金短缺、不适当的大众旅游和逐渐显现的政治化问题等。全球对话顺利开展、遗产理论和实践推陈出新,是宏观上的成就。

列入程序

尽管《公约》的崇高目标是认定具有突出普遍价值的文化和自然遗产,以及实现具有代表性、平衡性和可信度的《世界遗产名录》,几位受访者认为列入程序存在缺陷。莱昂·普雷苏耶对《公约》规定应由各国政府提名项目表示理解,但对由此导致某些地点可能因为政治永远不会被提名感到遗憾。他认为,这种提名方式束缚了一个真正"全球性"的清单可以取得的成就:

> 只要应该被列入的遗产不在《名录》中,《公约》就没有实现其潜能。确实,如果采用的程序是由专家挑选而非国家挑选,可能会更快地实现平衡。[32]

他承认,自己多年来天真地认为能说服各国只申报那些明显具有全球价值的地点,最终还是伤心地发现实际情况并非如此。汉斯·卡斯帕里指出,对主流文化的偏爱是这一现象的原因之一。"各国掌握着是否提名自己国家某个地点的决定权……往往是本国主流文化占据了预备清单……忽略少数文化是一种政治决定。《公约》没有工具来强制这些国家不得忽略少数文化。"[33]

吉姆·柯林森也批评这一程序阻碍形成真正全球性的清单:

> 就《世界遗产名录》而言,随着时间流逝,你会想,如果把《名录》中所有项目放在一起,就能看到世界演化和其中人类居住地的完整描述。我不确定的是,集中列入与某个时间段、某

类特定事物有关的地点,是否能够实现上述想法。我并不是说这是错的。我只是不认为,把这些地点放在一起,就能拥有你期望的观察世界及其演化的完整视角……最终的结果是,我们拥有了一系列遗产地,却无法将它们"连点成面"。[34]

国际援助资金

遗产工作先驱对世界遗产体系未能达到其设立的国际合作目标予以最严厉的批评。雅内·罗伯逊·韦尔纳坦言,世界遗产基金的规模远远不够:

> 坦白说,我认为大家都没算过。当他们讨论向拯救世界自然和文化遗产的基金的捐赠时,要是有人在信封背面简单算一下……全部相加,结果是多少?相较于世界遗产和我们的需求而言,它(世界遗产基金)的数额少得荒唐(a silly little sum)。

她说,这就意味着要与基金会、捐赠人、私营部门等合作,以便让"有能力的人在合适的岗位上做合适的事"[35]。

卡门·阿尼翁·费利乌失望地表示,"国际团结"只是纸上谈兵。她认为,社区层面需求告急,而资金浪费在国际会议和专家考察上。"委员会向欠发达国家提供援助,但最终这些钱花在了专家实地考察差旅费上。"[36]卢克森同意这一说法,认为有限的资源往往未能分配得当,"团结不仅仅是修复一个教堂……真正的团结是见证人们如何……利用遗产改善生活条件……国际合作的目标在于确保人们有尊严地生活"[37]。

罗布·米尔恩责备委员会和秘书处没能有效利用外部资源：

> 我认为外部资源几乎唾手可得，但没人进行足够的尝试……无论人们是否意识到或承认与否，可能存在的一个问题是，几乎所有遗产的价值会渐渐消失。或许价值消失只是时间问题；或许对于某些磨蚀，无论人们采取何种措施，价值还是会消失。我认为(《名录》中的)任何遗产的消失都是《公约》的失败。[38]

纳塔拉詹·伊西瓦然认为世界遗产基金"不够用"、向外部争取的努力不够，"现实与崇高目标无法匹配……支持世界遗产地资金的规模远低于预期，特别是对于欠发达国家而言"。他进一步指出，濒危世界遗产地与重要国际融资机构之间联系不足，"全球环境基金(Global Environment Facility)和其他此类大型金融机构在决策时，会优先考虑世界遗产地，这值得称赞。但问题是，会员国并不知道全球环境基金优先考虑世界遗产地……全球环境基金和世界遗产委员会没有建立起联系"[39]。

艾德斯维克对此表示赞同："《公约》所辖世界遗产基金的规模几乎可以忽略不计……所以当时不是很有效。"他也谈到要建立伙伴关系。"《生物多样性公约》通过后，忽然间，世界银行就参与进来了，我们就多了一个公约，其明确提出要保护全球生物多样性。"艾德斯维克把在生物多样性方面具有突出价值的遗产与世界银行的基金联系起来："所以，近些年有更多资金流入，并非直接因为《公约》，而是因为《公约》与其他公约协同发力。"[40]

大众旅游

本研究涵盖的时段内,旅游日益被认为给世界遗产保护带来了负面影响。《公约》实施初期,旅游并非重要的考量因素,关于旅游管理的问题也并不多见。在一项对 1977 年至 1986 年委员会会议纪要的回顾中,旅游仅被提及 6 次。从最初就参与世界遗产工作的弗拉德·博雷利说:"旅游最初并不像后来那样被视为洪水猛兽。当时没有大众旅游。最初这根本不是问题……相反,人们希望遗产地名声更大。"[41]到了 20 世纪 90 年代,扩大游客规模已然成为各国申报世界遗产的主要动力。1993 年,世界遗产中心和联合国环境规划署开展了一项针对世界自然遗产地的调查。结果显示,遗产地管理者将旅游视为重要的管理问题。[42]大众旅游虽然能带来经济效益,但也可能给遗产地状况和旅游者体验带来严重影响。郭旃认为,把经济利益作为申遗的主要驱动力是《公约》实施中的失败之处。他指出:"有时当地社区不考虑遗产地的承载力和合理上限。他们从不考虑,而是希望游客越来越多。我认为这是《公约》发展的错误趋势和实践。"[43]卢克森简明扼要地总结如下:

> 于我而言,旅游无关团结。我认为旅游危害遗产。有人说旅游能带来资金等等,但它对遗产有危害,物质和非物质层面皆是如此。遗产地的特质可能被游客扼杀……我知道很多情况下,旅游是努力申遗的主要原因。在我看来实属反常。如果委员会不够警惕的话,这种对遗产的商业化和开发利用有时候会在迪士尼效应影响下催生一些"扼杀"真实性的伪造行为,其

目的不是保护,而只是作为旅游推广工具。[44]

卢克森则将旅游开发和适度经济发展区分开来。他承认遗产工作者一直不愿公开推动遗产服务经济发展,并谈到欧洲文化部长们于 1985 年"认为发展遗产经济有些低俗和野蛮。现在已经大不相同。大家都看到了遗产具有促进发展的价值"。他最后说:"如今人们认识到,遗产独立于旅游存在,若得到良好保护,就会成为人类均衡发展的财富。"[45]

政治化

随着《公约》的实施,几个案例引发了国家利益凌驾于全球利益之上的情况。[46]大多数观察者认为,自 20 世纪 90 年代中期开始,政治考量显著增加。德国代表团的哈拉尔德·普拉赫特(Harald Plachter)在访谈中以赞许的口吻说:"1992 年,专家、外交官和行政人员基本均衡。"[47]不过,大约与此同时,普雷苏耶注意到遗产体系"显然将'科学'选择置于'政治'选择之后,并建议 UNESCO 考虑建立由学术和科学机构的国际专家组成的科学咨询理事会,以起到平衡作用"[48]。

弗兰乔尼解释了为何主权和总体利益之间会出现他认为的"创造性对立":

> 《公约》将政府代表与 IUCN、ICOMOS 的科学要素相结合,形成非常有意思的组织框架,我认为这正是对人类总体利益理念的重要实质性表达。显然,《公约》的实施过程充满了人

类总体利益与国家主权要求的持续对立,各国总是不愿放弃。但这正是《公约》创立和发展整个过程中有意思的部分。[49]

道森·曼杰利认为,政治化削弱了《公约》的初心:

> 我们与通行做法渐行渐远。我们现在……很遗憾……毫无疑问,我不介意说出来,初心似乎在政治面前节节败退。我们大多数人曾将《公约》视为解决我们许多问题的方案,如今,初心日益模糊。[50]

罗伯逊·韦尔纳对此表示赞同。"《公约》出现问题是因为政治化……我是实话实说,因为我看到了……令人遗憾,我认为《公约》的价值在于其声望和选择性。"[51]曼杰利对国家主义的破坏性力量感到遗憾,有时"缔约国太关注自己,不关注其他地方正在发生的事,他们希望推动自己的项目,罔顾国际社会的利益",他呼吁再次对《公约》做出承诺。"让我们携手,这样才能获得必要的'临界质量(critical mass)'。如果我们重归《公约》精神,就能成功。"[52]

普雷苏耶从监督的角度审视国家利益的影响。他指出,《公约》是政府间机制,意味着单个国家对它领土内的遗产地负责,"国际社会对这些遗产地进行监督,这一概念在理论上可行,但很难付诸实施",他对此表示遗憾。他说,国际社会只能呼吁关注遗产受到的威胁,但没有实际权力:

> 也就是说,一个是宽泛的面向21世纪的理念,大意是保护遗产是每个人的责任;另一个是没那么宽泛的属于过去的理

念,认为应由缔约国保护由他们自愿申报列入《世界遗产名录》的遗产地。[53]

一些人认为,《公约》没有给缔约国设定足够的责任。弗兰乔尼批评《公约》没能建立清晰的义务:

> 《公约》基于一套非常有利于缔约国的系统……一个促进国际合作、提升能见度、开展信息交换并给予某些区域荣誉的系统。但是,《公约》规定的责任和义务非常薄弱……我认为只需要修订《操作指南》,让它更加严格、让缔约国承担更多责任,就可以在不修改《公约》的情况下做更多的事情,但这需要UNESCO和委员会成员强大的领导力。如果委员会由一群追求舒适、非常在乎维持现状、逃避深刻检视的缔约国组成,那就很难实现。[54]

菲利普斯强调,在公众认知和政治良知中厚植世界遗产的理念至关重要,世界遗产地"是为了子孙后代和整个世界,我们在开展工作时应铭记这一点,不能只为本国甚至本地利益。所以,这又回到各国如何在国内阐释《公约》的问题上了"。[55]

促进全球对话

《公约》的一项杰出成就是协助提升公众对遗产问题的认知。几位访谈者在对《公约》进行评估时,强调了世界遗产理念在全球范围内的影响力。正如罗伯逊·韦尔纳所言,成功之处在于让公众进一步认识到"具有突出普遍价值的遗产应由全人类协力保护,我认为这是最积极有力的信息之一"[56]。对米尔恩来说,这是"第一个也是唯一一个成功推进国家公园理念演变的案例,树立了标杆。从概念上说,我认为世界遗产是一个巨大成功,缔约国数量就能说明这一点"[57]。普雷苏耶表示,最初并没有预料到会如此成功,"20世纪80年代时,《公约》看起来不会发展成现在这样,而如今《公约》已享誉全球,我想说,它在全球所有国家是提升公众认知的极其强大的工具"[58]。迪梅尼强调《公约》在提升遗产知名度方面的贡献,不单单是在全球层面,有时也在一国之内,"在国际层面提升遗产知名度当然很重要,在国内也同等重要,我认为《公约》在这方面发挥了重要作用"[59]。

有些人强调了世界遗产在鼓励对话和更好地理解世界文化和自然资源丰富多样性方面发挥的积极作用。斯托弗认为,《公约》已成为"非常积极的事物",因为它动员不同国家的人"以积极的方式交流他们共同的事物"。[60]他将《公约》与 UNESCO 其他国际文化公约进行对比,其他公约用限制性语言控制消极行为,这种方式无法赢得人心:

> 世界遗产关注对具有突出普遍价值的遗产的赞颂,因此以积极方式陈述了我们共有的事物,陈述了将特定遗产列入《名录》涉及的各个群体、社区、国家、区域,因为他们可以说"我们与你们分享,所以我们的也是你们的。同理,你知道,它是我的,但也是你的"。[61]

他接着强调,《公约》已经成为一座推动合作与和平文化的"国

际桥梁":

> 这些故事太重要了,发生在这个还是那个国家已经不重要了,遗产是一个故事,我们都是这个故事的一部分。所以我们可以共同赞颂,共同承担责任,让这个故事或者承载这个故事的文化表现形式能够存续下去。这非常正能量。这事关地球和平。我说得有些抽象,但这是通向和平的道路。这也是为何那些或许是交战双方的政治领导人常常有可能在《公约》框架内一起做很多事情。[62]

遗产理论与实践

一些人称赞《公约》对构建遗产理论框架的贡献。毫无疑问,世界遗产体系搭建了平台,让文化和自然遗产领域的参与者探讨并深化对遗产工作的理解。观点的交流让遗产事业参与者得以互学互鉴,为在全球范围内拓展遗产理论做出了贡献。

弗朗索瓦·勒布朗将20世纪70年代起文化遗产概念的演变描述为一种迁移。"关于遗产的精英主义理念,转向更贴近真正的人文主义文化,更贴近我们作为人类的日常生活。"他认为"遗产概念的演变不仅发生在专家群体中,也发生在从事遗产相关工作的人员中,他们关心各种问题,所涉及的领域要比30年前宽泛得多"[63]。马约尔总结道:"在遗产仅有的文化、建构和历史维度之外增加人类维度十分重要。"[64]

文化景观(类别的发展)和真实性的重新界定显然体现了《公

约》对全球保护实践的影响。卢克森讲述,参加奈良会议的经历丰富了他对不同区域不同阐释方式的理解。"这很重要,因为人们突然发现……其他文明比我们更加关注某些价值,我们也有必要看到这些维度。"[65]贝绍伍什特别重视代际对话。"这是一个从经验丰富的一代向年轻一代传递的过程。我认为世界上没有类似的体系……这在世界上其他任何体系中都不存在,因为(其他体系中)若一个人离开,就永远离开了……热爱遗产的人是不会离开的。"[66]曼杰利表示赞同:"我还可以说,《公约》对于构建和凝聚大家庭意识意义重大……在这个平台上,我们可以齐心协力理解《公约》的总体原则。这正是(当初的)理想。"[67]

观念上的交流对科学思想做出了重大贡献。澳大利亚的劳拉简·史密斯(Laurajane Smith)教授用"遗产话语"(heritage discourse)来描述这种批判性分析,指出随着时间的推移,她所称的基于传统欧洲方法的"权威遗产话语"受到了其他观点的挑战。[68]斯托弗将这种政策工作视为"非常非常积极的成果"。他以关于监测和文化景观,特别是真实性的讨论举例说明:

> 围绕真实性的讨论让整个世界、整个保护界有机会说"必须在具体文化背景下评判保护决策"。因此,从"真实性"这个简单的小词开始,水中涟漪不断扩展,带来更广泛的理念,至今仍伴随着我们。这个理念在奈良会议之前、在奈良文件中,就已经存在,但它在奈良得到阐释,永远不会消失。[69]

卢克森也称赞这些世界范围内的探讨,将欧洲最初对遗产的定义予以扩展。"这类对话也推动'史迹和遗址'概念的演进,使其更具全球性,将人类活动与文化景观、城市景观结合起来。"[70]麦克尼利赞同几位先驱的观点,认为《公约》最伟大的一项成就是将自然和文化结合起来,认为"保护生物多样性成为文化"[71]。卢克森惊叹于文化和自然遗产之间的丰富联系。"我发现《公约》的创造者是真正的创新家,因为当时恰恰是这个维度没有得到足够关注,在我看来,这个维度如今是理解遗产的主要视角。"他说是北美、斯堪的纳维亚、日本和澳大利亚帮助欧洲人领略到自然的重要性。[72]克利尔表示赞同:"在我十一二年的工作中最赞赏的一件事情,是看到遗产工作如何冲破了西欧文化观念的藩篱。比如梯田,就是一大突破。"[73]

在遗产实践方面,《公约》无疑促进了保护模式和方法的发展,也取得了许多成功。对一些国家而言,这标志着保护活动的开始。然而,一些人担心,仅关注世界遗产地可能会产生意想不到的后果。他们认为,遗产保护体系存在"两种速度",《公约》的实施可能会在无意中导致对一国其他保护地的忽视。这并非《公约》所愿,因为《公约》第5条提出了总体保护的要求。实际上,同样于1972年通过但基本上被忽略的 UNESCO《关于在国家层面保护文化和自然遗产建议书》,正是为了解决这一问题。

贝绍伍什谈到了尚未列入《名录》的重要遗产的脆弱性。虽然《公约》第12条明确指出,并非所有符合条件的遗产地都会被列入《名录》,"发展中国家将其有限的资源全部投入知名的世界遗产地,因此我们拥有了两种速度的遗产"[74]。关于非洲遗产,卢克森认为,非洲遗产就属于这种情况。"我认为杰内大清真寺、廷巴克图和邦贾加拉因为被列入《名录》而得到了更好的保护……不幸的是,实际情况是所有资源流向了这些世界遗产地,与此同时剥夺了其他地方

第六章 世界遗产体系评估：1972年—2000年 / 243

图 6-3 三位见证《公约》实施的总干事，从左到右依次为：松浦晃一郎，日本籍（1999年至2010年）；阿马杜-马赫塔尔·姆博，塞内加尔籍（1974年至1987年）；费德里科·马约尔，西班牙籍（1987年至1999年）。屏幕上为历任总干事：海梅·托雷斯·博德（Jaime Torres Bodet），墨西哥籍（1948年至1952年）；朱利安·赫胥黎，英国籍（1946年至1948年）；勒内·马厄，法国籍（1961年至1974年）；卢瑟·埃文斯（Luther Evans），美国籍（1953年至1958年）；维托里诺·韦罗内塞（Vittorino Veronese），意大利籍（1958年至1960年） © UNESCO/Michel Ravassard

的机会。"[75]菲利普斯这样概括这一问题:"危险在于,世界遗产地变成了相当特殊的地方,在世界范围内得到比其他地方更高规格的保护……所有注意力可能集中于世界遗产地,由此损害其他地点的利益。"[76]

托塞尔称赞世界遗产取得的"重大积极保护成果"。他提到了自己关于《公约》有效保护自然遗产的报告,回忆起"35 项遗产从根本上被拯救"。他称赞 20 世纪 90 年代成功筹集到额外资金支持,强调世界遗产基金本身规模有限,但遗产体系对捐助者具有吸引力。他在报告中写道,"通过全球环境基金和联合国基金会等渠道获取了大量资金",并指出世界遗产"对出资基金会来说,无疑是具有吸引力的目标,这反映出其他机构对《公约》可靠的治理原则抱有信心"。[77]

结语

到 20 世纪末,《公约》已成为 UNESCO 的旗舰项目。1999 年缔约国大会主席称之为"UNESCO 最具能见度的活动"[78]。《公约》根植于 20 世纪 60 年代的理想主义和热情,在实施过程中适应了持续变化的外部环境。虽然《公约》文本一直未变,但随着对保护理论和实践的认识的不断发展,《公约》的应用相应发生了变化。

关键政策和针对特定遗产地的决定多年来塑造并发展了最初的概念。对"突出普遍价值"的理解不断演进,正式的监测和报告机制助力更有效的保护。具体案例推动了对良知遗址、与知名人物关联的遗产、因展示人类创造力而被列入的遗产,以及对《公约》影响力和权威局限性的深刻思考。大多数人认为,站在世纪之交来看,

《公约》本身瑕不掩瑜,但实施结果喜忧参半。

在《公约》的名义下,遗产理论和保护实践的创新超越了初创者们的预期。标准得以确立,遗产得到保护,遗产问题成为公众讨论的话题。几位先驱在访谈中使用"充满热情"来描述他们对《公约》的感受。姆博将《公约》的成功归因于其开放性,归因于"普遍的愿景,将世界不同地区的遗产列入《名录》的愿望"[79]。马约尔表示赞同:"当我们谈到遗产时,始终应该多说几句,因为我们要谈诸多宏伟的杰作、美学角度上绝妙的地方,但是,我们也应该谈谈文化,谈谈历史,谈谈创造性工作,有时也要谈谈勇气。"[80] 对于郭旃来说,《公约》真正的意义在于能够实现人与环境的和谐。"我们要保管好祖先的杰作。当无须担忧衣食住行时,我们需要提高这一代人和子孙后代的生活质量。这才是真正的意义。"[81]

世纪之交,前几十年遇到的挑战推动了世界遗产委员会 2000 年凯恩斯会议的改革议程。本书关于《公约》诞生和早期发展的论述,可作为审视《公约》在 21 世纪持续演进的出发点。

注 释

前言

1. UNESCO, Programme for International Symposium on 60 Years of UNESCO's History, Paris, 2005, ARC/2005/ann/pi/1/rev. 9. 来源: http://unesdoc.unesco.org/images/0014/001401/140122e.pdf; UNESCO, 60 ans d'histoire de l'UNESCO. Actes du colloque international, Paris, 16-18 novembre 2005 (Paris, 2007), pp. 1-611.

2. Sarah Titchen, *On the Construction of Outstanding Universal Value: UNESCO's World Heritage Convention (Convention Concerning the Protection of the World Cultural and Natural Heritage, 1972) and the Identification and Assessment of Cultural Places for Inclusion in the World Heritage List* (Canberra, 1995), pp. 1-309.

3. Christina Cameron and Mechtild Rössler, "Voices of the Pioneers: UNESCO's World Heritage Convention 1972 - 2000," *Journal of Cultural Heritage Management and Sustainable Development*, 1/1 (2011), pp. 42-54.

4. "UNESCO's world heritage sites: A danger list in danger," *The Economist*, 26 August 2010. 来源: http://www.economist.com/node/16891951

第一章

1. Sarah Titchen, *On the Construction of Outstanding Universal Value: UNESCO's World Heritage Convention (Convention Concerning the Protection of the World Cultural and Natural Heritage*, 1972) *and the Identification and Assessment of Cultural Places for Inclusion in the World Heritage List* (Canberra, 1995), pp. 12–24.
2. *The Athens Charter for the Restoration of Historic Monuments*, art. Ⅶ. 来源: http://icomos.org/index.php/en/charters-and-texts? id=167:the-athens-charter-for-the-restoration-of-historic-monuments&catid = 179: charters-and-standards
3. Titchen, *Construction*, p. 35.
4. 更多关于该组织成立情况的介绍,可参阅第五章。
5. John McCormick, *The Global Environmental Movement* (Chichester, 1995), p. 41.
6. 如希望了解一位亲历者的观点,可参阅 Michel Batisse, "The struggle to save our world heritage," *Environment*, 34/10 (1992), pp. 12–32.
7. Martin Holdgate, *The Green Web: A Union for World Conservation* (London, 1999), p. 106.
8. Alexander Gillespie, *Protected Areas and International Environmental Law* (Leiden/Boston, 2008), p. 111.
9. IUCN International Commission on National Parks, *United Nations List of National Parks and Equivalent Reserves: Part Two and Addenda to Part One* (Morges, 1962), pp. 5, 11.
10. Alexander B. Adams, *First World Conference on National Park* (Washington, 1962), p. xxxii.
11. Adams, *First World*, p. 380.
12. Adams, *First World*, p. 377.

13 Michel Batisse and Gérard Bolla, *The Invention of World Heritage* (Paris, 2005), p. 17.
14 Peter H. Stott, "The World Heritage Convention and the National Park Service, 1962 - 1972," *The George Wright Forum*, 28/3 (2011), pp. 281 - 283.
15 作者音频采访罗素·E.特雷恩,斯普林菲尔德,2008 年 12 月 2 日。
16 Report of the Committee on Natural Resources Conservation and Development to the White House Conference on International Cooperation, John F. Kennedy Presidential Library and Museum, Samuel E. Belk personal papers, box 10, National Citizens' Commission, Washington, D.C., 28 November - 1 December 1965, pp. 17 - 19. 感谢彼得·H.斯托特指导作者找到这份文件。
17 Holdgate, *Green*, p. 110.
18 IUCN, *Proceedings of the Ninth General Assembly at Lucerne*, 25 June - 2 July 1966 (Morges, 1967), p. 73.
19 IUCN, *Proceedings of the Ninth*, pp. 73 - 74.
20 Batisse and Bolla, *Invention*, p. 17. 值得注意的是,这一时期,一个名为"世界史迹基金"(World Monuments Fund)的、旨在支持文化遗产地的私人慈善基金会于 1965 年成立。
21 作者音频采访特雷恩。
22 Russell E. Train, "World Heritage: A Vision for the Future," *World Heritage 2002: Shared Legacy, Common Responsibility* (Paris, 2003), p. 36; Batisse and Bolla, *Invention*, p. 17; Stott, "The World Heritage Convention," p. 283.
23 UNESCO,联合国教科文组织第 12 届大会记录。来源:http://unesdoc.unesco.org/images/0011/001145/114582e.pdf
24 Batisse and Bolla, *Invention*, pp. 15 - 16.
25 UNESCO,联合国教科文组织第 14 届大会记录。来源:http://unesdoc.unesco.org/images/0011/001140/114048e.pdf

26 Chloé Maurel, *Histoire de l'UNESCO-les trente premières années. 1945-1974* (Paris, 2012), p. 287.
27 Batisse and Bolla, *Invention*, p. 16.
28 UNESCO, Final Report of Intergovernmental Conference of Experts on the Scientific Basis for Rational Use and Conservation of the Resources of the Biosphere, Paris, 6 January 1969, SC/MD/9, annex 5. 来源: http://unesdoc.unesco.org/images/0001/000172/017269EB.pdf
29 UNESCO, Final Report Biosphere, SC/MD/9, paras. 18, 64, 113, 120, 128.
30 UNESCO,联合国教科文组织第 15 届大会记录。来源: http://unesdoc.unesco.org/images/0011/001140/114047e.pdf
31 UNESCO,联合国教科文组织第 16 届大会记录。来源: http://unesdoc.unesco.org/images/0011/001140/114046e.pdf
32 如希望了解全球环保运动的背景和斯德哥尔摩大会的关键意义,可参阅 John McCormick, *Reclaiming Paradise: The Global Environmental Movement* (Bloomington, 1991), pp. 88-106.
33 Holdgate, *Green*, p. 113.
34 Stott, "The World Heritage Convention," p. 284.
35 Holdgate, *Green*, p. 114; Stott, "The World Heritage Convention," p. 284.
36 Batisse and Bolla, *Invention*, pp. 20-21.
37 Stott, "The World Heritage Convention," p. 284.
38 UNESCO,联合国教科文组织第 3 届大会记录。来源: http://unesdoc.unesco.org/images/0011/001145/114593e.pdf
39 UNESCO,联合国教科文组织第 5 届大会记录。来源: http://unesdoc.unesco.org/images/0011/001145/114589e.pdf
40 UNESCO,联合国教科文组织第 8 届大会记录。来源: http://unesdoc.unesco.org/images/0011/001145/114586e.pdf
41 UNESCO,联合国教科文组织第 9 届大会记录。来源: http://unesdoc.

unesco.org/images/0011/001145/114585e.pdf

42 UNESCO，联合国教科文组织第 9 届大会记录。来源：http://unesdoc.unesco.org/images/0011/001145/114585e.pdf

43 UNESCO，联合国教科文组织第 11 届大会记录。来源：http://unesdoc.unesco.org/images/0011/001145/114583e.pdf

44 Maurel, *Histoire*, pp. 286-287.

45 UNESCO，联合国教科文组织第 11 届大会记录。来源：http://unesdoc.unesco.org/images/0011/001145/114583e.pdf

46 UNESCO，联合国教科文组织第 12 届大会记录。来源：http://unesdoc.unesco.org/images/0011/001145/114582e.pdf

47 Russell V. Keune, "An interview with Hiroshi Daifuku," CRM: *The Journal of Heritage Stewardship*, 8/1 and 2 (2011), pp. 31-45. 来源：http://crmjournal.cr.nps.gov/03_spotlight_sub.cfm?issue=Volume%208%20Numbers%201%20and%202%20Winter%2FSummer%202011&page=4&seq=1

48 UNESCO，联合国教科文组织第 14 届大会记录。来源：http://unesdoc.unesco.org/images/0011/001140/114048e.pdf

49 UNESCO，联合国教科文组织第 15 届大会记录。来源：http://unesdoc.unesco.org/images/0011/001140/114047e.pdf

50 UNESCO，联合国教科文组织第 14 届大会记录。来源：http://unesdoc.unesco.org/images/0011/001140/114048e.pdf

51 大福宏致欧内斯特·康纳利的信，巴黎，1967 年 7 月 4 日。

52 奥地利、法国、加纳、印度、意大利、日本、波兰、西班牙、苏联、阿拉伯联合共和国、英国、美国、南斯拉夫。关于 1968 年和 1969 年专家会议的详细情况，可参阅 Titchen, *Construction*, pp. 53-58.

53 UNESCO, Final report of meeting of experts to co-ordinate, with a view to their international adoption, principles and scientific, technical and legal criteria applicable to the protection of cultural property, monuments and sites, Paris, 31 December 1968, SCH/CS/27/8. 来源：http://whc.

unesco.org/archive/1968/shc-cs-27 – 8e.pdf.委托撰写的技术文件遵循一种特定的欧洲保护方法,未必得到欧洲其他国家特别是北欧和西欧国家的认同。

54 对遗产地的普遍关注在《公约》第 5 条有所体现。

55 UNESCO, Final report of meeting of experts to co-ordinate, with a view to their international adoption, principles and scientific, technical and legal criteria applicable to the protection of cultural property, monuments and sites, Paris, 31 December 1968, SCH/CS/27/8, para 49.来源:http://whc.unesco.org/archive/1968/shc-cs-27 – 8e.pdf

56 UNESCO, Final report of meeting of experts to co-ordinate, with a view to their international adoption, principles and scientific, technical and legal criteria applicable to the protection of cultural property, monuments and sites, Paris, 31 December 1968, SCH/CS/27/8, paras. 32 – 33. 来源:http://whc.unesco.org/archive/1968/shc-cs-27-8e.pdf

57 奥地利、比利时、捷克斯洛伐克、法国、加纳、印度、意大利、荷兰、秘鲁、波兰、西班牙、突尼斯、英国和美国。

58 UNESCO, Final report of meeting of experts to establish an international system for the protection of monuments, groups of buildings and sites of universal interest, Paris, 10 November 1969, SHC/MD/4. 来源:http://whc.unesco.org/archive/1969/shc-md-4e.pdf

59 Raymond Lemaire and François Sorlin, The appropriate system for the international protection of monuments, groups of buildings and sites of universal value and interest: Basic premises of the question, Paris, 30 June 1969, SCH/conf.43/4, pp. 1 – 10. 来源:http://whc.unesco.org/archive/1969/shc-conf – 43 – 4 – e.pdf

60 UNESCO,联合国教科文组织第 16 届大会记录。来源:http://unesdoc.unesco.org/images/0011/001140/114046e.pdf 这两份法律文件最终成为《公约》和《关于在国家层面保护文化和自然遗产建议书》。

61 Robert Brichet and Mario Matteuci, Practical steps to facilitate the

possible establishment of an appropriate international system, Paris, 13 June 1969, SCH/conf.43/5, para. XIX. 来源：http://unesdoc.unesco.org/images/0021/002151/215153fo.pdf

62 Batisse and Bolla,*Invention*, pp. 20 – 21.
63 作者音频采访特雷恩。
64 作者音频采访特雷恩；Richard Reeves, *President Nixon: Alone in the White House* (New York, 2001), pp. 172 – 173.
65 Richard Nixon, Special message to the Congress proposing the 1971 environmental program, 8 February 1971, art. IV. 来源：http://www.presidency.ucsb.edu/ws/? pid=3294
66 A.L. Doud, Memorandum of Law, Circular 175: Request for authority to negotiate a multilateral treaty creating a World Heritage Trust, 9 February 1971, United States National Park Service, World Heritage archives, file 1973 – 1975, p. 1.
67 Doud, Memorandum, p. 3.
68 Holdgate,*Green*, p. 114.
69 Batisse and Bolla,*Invention*, pp. 25 – 27.
70 Titchen,*Construction*, pp. 64 – 65.
71 作者音频采访热拉尔·博拉,巴黎,2007 年 10 月 26 日。
72 作者音频采访博拉。
73 Batisse and Bolla,*Invention*, p. 71.
74 Batisse and Bolla,*Invention*, pp. 72 – 73.
75 Michel Batisse,"The struggle to save our world heritage," *Environment*, 34/10 (1992), p. 15.
76 UNESCO, List of participants at the special committee of government experts to prepare a draft convention and a draft recommendation to member states concerning the protection of monuments, groups of buildings and sites, Paris, 4 – 22 April 1972, SHC.72/conf.37/22. 来源：http://unesdoc.unesco.org/images/0021/002151/215100mb.pdf

77 作者音频采访博拉。
78 UNESCO, Comparative table of the provisions of the revised draft convention concerning the protection of monuments, groups of buildings and sites of universal value,由 UNESCO 总干事提交,and the provisions of the World Heritage Trust draft convention concerning the preservation and protection of natural areas and cultural sites of universal value,由美国提交。来源：http://whc.unesco.org/archive/1972/shc-72-conf37-inf3e.pdf
79 Batisse and Bolla,*Invention*, p. 31.
80 UNESCO, Draft report of the special committee of government experts to prepare a draft convention and a draft recommendation to member states concerning the protection of monuments, groups of buildings and sites, Paris, 4-22 April 1972, SHC.72/conf.37/19, para. 2. 来源：http://whc.unesco.org/archive/1972/shc-72-conf37-19e.pdf
81 Batisse and Bolla,*Invention*, p. 75.
82 Holdgate,*Green*, p. 114.
83 Batisse and Bolla,*Invention*, p. 32. 斯德哥尔摩大会上,巴蒂斯和特雷恩分别担任 UNESCO 代表团和美国代表团团长。
84 Batisse and Bolla,*Invention*, pp. 80-81.
85 Federico Lenzerini,"Articles 15-16 World Heritage Fund," *The 1972 World Heritage Convention: A Commentary*, eds. Francesco Francioni and Federico Lenzerini (Oxford, 2008), pp. 271-277.
86 R. G. 斯特吉尔(R. G. Sturgill)致 E. A. 康纳利的信(letter to E. A. Connally),1974 年 4 月 26 日,美国国家公园管理局,世界遗产档案。
87 Batisse and Bolla,*Invention*, p. 85.
88 P.H. Bennett, Report on 17th UNESCO General Conference agenda items 22 and 23 on conservation of the cultural and natural heritage at world and national levels, December 1972, Parks Canada, World Heritage archives, file 1972-1978, p. 3.
89 作者音频采访博拉。

第二章

1 UNESCO,《保护文化和自然遗产公约》,1972 年 11 月 16 日,第 8—10 条、第 14 条。来源:http://whc.unesco.org/archive/convention-en.pdf 第五章阐述这些机构的形成和发展。

2 UNESCO,《保护文化和自然遗产公约》,1972 年 11 月 16 日,第 13 条、15—26 条、第 28 条。来源:http://whc.unesco.org/archive/convention-en.pdf

3 作者音频采访贝恩德·冯·德罗斯特,巴黎,2007 年 4 月 5 日。

4 John F. Kennedy Presidential Library and Museum, Samuel E. Belk personal papers, box 10, National Citizens' Commission, Report of the Committee on Natural Resources Conservation and Development to the White House Conference on International Cooperation, Washington, D.C., 28 November – 1 December 1965, pp. 17 – 19.

5 UNESCO,联合国教科文组织第 14 届大会记录。来源:http://unesdoc.unesco.org/images/0011/001140/114048e.pdf

6 第一章详细介绍了三个公约草案。

7 UNESCO, Final report of informal consultation of intergovernmental and non-governmental organizations in the implementation of the Convention concerning the protection of the world cultural and natural heritage, Morges, Switzerland, 19 – 20 May 1976, CC-76/WS/25, annex I. 来源:http://unesdoc.unesco.org/images/0002/000213/021374eb.pdf

8 UNESCO, Issues arising in connection with the implementation of the World Heritage Convention, Paris, 9 June 1977, CC-77/conf.001/4, para. 2. 来源:http://whc.unesco.org/archive/1977/cc-77-conf001 – 4e.pdf;(作者)广泛查找了文献,却仍然未能查明这些专家的身份。

9 UNESCO, Final report of informal consultation of intergovernmental and non-governmental organizations in the implementation of the Convention

concerning the protection of the world cultural and natural heritage(Morges, 19 - 20 May 1976), annex Ⅲ. 来源：http://unesdoc.unesco.org/images/0002/000213/021374eb.pdf. ICOMOS 论文可查阅 Jukka Jokilehto et al., The World Heritage List: What is OUV? Defining *the Outstanding Universal Value of Cultural World Heritage Properties* (Berlin, 2008), pp. 58 - 61.

10 UNESCO, Final report of informal consultation of intergovernmental and non-governmental organizations in the implementation of the Convention concerning the protection of the world cultural and natural heritage, Morges, 19 - 20 May 1976, CC - 76/WS/25, annex Ⅳ. 来源：http://unesdoc.unesco.org/images/0002/000213/021374eb.pdf

11 UNESCO, Final report of informal consultation of intergovernmental and non-governmental organizations in theimplementation of the Convention concerning the protection of the world cultural and natural heritage, Morges, 19 - 20 May 1976, CC - 76/WS/25, annex Ⅳ. 来源：http://unesdoc.unesco.org/images/0002/000213/021374eb.pdf

12 UNESCO, Final report of informal consultation of intergovernmental and non-governmental organizations in the implementation of the Convention concerning the protection of the world cultural and natural heritage, Morges, 19 - 20 May 1976, CC - 76/WS/25, para. 5. 来源：http://unesdoc.unesco.org/images/0002/000213/021374eb.pdf

13 UNESCO, Issues arising in connection with the implementation of the World Heritage Convention, Paris, 9 June 1977, CC - 77/conf.001/4, para. 15. 来源：http://whc.unesco.org/archive/1977/cc - 77-conf001 - 4e.pdf

14 UNESCO, Issues arising in connection with the implementation of the World Heritage Convention, Paris, 9 June 1977, CC - 77/conf.001/4, para. 16. 来源：http://whc.unesco.org/archive/1977/cc - 77-conf001 - 4e.pdf

15 UNESCO, Issues arising in connection with the implementation of the World Heritage Convention, Paris, 9 June 1977, CC‐77/conf.001/4, para. 17. 来源：http://whc.unesco.org/archive/1977/cc‐77-conf001‐4e.pdf

16 UNESCO, 首届保护世界文化和自然遗产政府间委员会（巴黎，1977年6月27日至7月1日）最终报告。来源：http://whc.unesco.org/archive/1977/cc‐77-conf001‐9e.pdf

17 UNESCO,《操作指南》,首届保护世界文化和自然遗产政府间委员会（巴黎，1977年6月27日至7月1日）最终报告。来源：http://whc.unesco.org/archive/1977/cc‐77-conf001‐8reve.pdf

18 UNESCO,《操作指南》,首届保护世界文化和自然遗产政府间委员会（巴黎，1977年6月27日至7月1日）最终报告。来源：http://whc.unesco.org/archive/1977/cc‐77-conf001‐8reve.pdf

19 UNESCO,《操作指南》,首届保护世界文化和自然遗产政府间委员会（巴黎，1977年6月27日至7月1日）最终报告。来源：http://whc.unesco.org/archive/1977/cc‐77-conf001‐8reve.pdf

20 这些术语有微妙的差异，表明有意采取不同的方法。就文化遗产而言，史迹和建筑群的指标是历史、艺术和科学；《名录》对遗址的要求有所不同，涵盖历史、美学、民族志或人类学等维度。就自然遗产而言，每个类别都有不同的角度。自然特征类遗产需要符合美学或科学指标；地质和地文形态类遗产以科学或保护作为评估标准；自然保护地基于科学、保护或自然美被评判。

21 UNESCO, Informal consultation of intergovernmental and non-governmental organizations in the implementation of the Convention concerning the protection of the world cultural and natural heritage, Morges, 19‐20 May 1976, CC‐76/WS/25, annexes II, III and IV. 来源：http://unesdoc.unesco.org/images/0002/000213/021374eb.pdf. ICOMOS和ICCROM的论文可见 Jokilehto, *World Heritage List*, pp. 56‐61.

22 Issues arising in connection with the implementation of the World Heritage

Convention, Paris, 9 June 1977, CC-77/conf.001/4, para. 3. 来源：http://whc.unesco.org/archive/1977/cc-77-conf001-4e.pdf

23 UNESCO,首届保护世界文化和自然遗产政府间委员会(巴黎,1977年6月27日至7月1日)最终报告。来源： http://whc.unesco.org/archive/1977/cc-77-conf001-9e.pdf; Peter H. Stott, "The World Heritage Convention and the National Park Service: The First Two Decades, 1972 - 1992," *The George Wright Forum*, 29/1 (2012), pp. 151-153.

24 Michel Parent, Comparative study of nominations and criteria for world cultural heritage, principles and criteria for inclusion of properties on the World Heritage List, Paris, 11 October 1979, CC-79/conf.003/11 annex.来源：http://whc.unesco.org/archive/1979/cc-79-conf003-11e.pdf;这一报告最终在微调后发表于Michel Parent, "La problématique du Patrimoine Mondial Culturel," *Momentum*, special issue (1984), pp. 33-49.

25 UNESCO,《操作指南》,第4届世界遗产委员会会议(巴黎,1980年9月1日至5日)报告员报告。来源：http://whc.unesco.org/archive/1980/opguide80.pdf

26 UNESCO,《操作指南》,第4届世界遗产委员会会议(巴黎,1980年9月1日至5日)报告员报告。来源：http://whc.unesco.org/archive/1980/opguide80.pdf

27 UNESCO,《操作指南》,第4届世界遗产委员会会议(巴黎,1980年9月1日至5日)报告员报告。来源：http://whc.unesco.org/archive/1980/opguide80.pdf

28 UNESCO,《操作指南》,第4届世界遗产委员会会议(巴黎,1980年9月1日至5日)报告员报告。来源：http://whc.unesco.org/archive/1980/opguide80.pdf

29 UNESCO,《操作指南》,第4届世界遗产委员会会议(巴黎,1980年9月1日至5日)报告员报告。来源：http://whc.unesco.org/archive/1980/opguide80.pdf

30 Michel Parent, Comparative study of nominations and criteria for world cultural heritage, principles and criteria for inclusion of properties on the World Heritage List, Paris, 11 October 1979, CC－79/conf. 003/11 annex, p.22.来源: http://whc.unesco.org/archive/1979/cc－79-conf003－11e.pdf

31 Michel Parent, Comparative study of nominations and criteria for world cultural heritage, principles and criteria for inclusion of properties on the World Heritage List, Paris, 11 October 1979, CC－79/conf. 003/11 annex, pp. 21, 24. 来源: http://whc.unesco.org/archive/1979/cc－79-conf003－11e.pdf

32 UNESCO,第3届世界遗产委员会会议(开罗和卢克索,1979年10月22日至26日)报告员报告。来源: http://whc.unesco.org/archive/1979/cc－79-conf003－13e.pdf

33 UNESCO,《操作指南》,第4届世界遗产委员会会议(巴黎,1980年9月1日至5日)报告员报告。来源: http://whc.unesco.org/archive/1980/opguide80.pdf

34 UNESCO, Informal consultation of intergovernmental and non-governmental organizations in the implementation of the Convention concerning the protection of the world cultural and natural heritage, Morges, 19－20 May 1976, CC－76/WS/25, annex Ⅳ, pp. 2－3. 来源: http://unesdoc.unesco.org/images/0002/000213/021374eb.pdf

35 UNESCO, Informal consultation of intergovernmental and non-governmental organizations in the implementation of the Convention concerning the protection of the world cultural and natural heritage, Morges, 19－20 May 1976, CC－76/WS/25, annex Ⅳ, p. 2. 来源: http://unesdoc.unesco.org/images/0002/000213/021374eb.pdf

36 UNESCO,《操作指南》,第4届世界遗产委员会会议(巴黎,1980年9月1日至5日)报告员报告。来源: http://whc.unesco.org/archive/1980/opguide80.pdf

37 比如南非的斯泰克方丹、斯瓦特科兰斯、科罗姆德拉伊和维罗恩斯的化石遗址,该项目于 2005 年以文化遗产标准列入《名录》。
38 UNESCO,Issues arising in connection with the implementation of the World Heritage Convention, Paris, 9 June 1977, CC－77/conf.001/4, para. 22. 来源: http://whc.unesco.org/archive/1977/cc－77-conf001－4e.pdf
39 UNESCO,《操作指南》,第 4 届世界遗产委员会会议(巴黎,1980 年 9 月 1 日至 5 日)报告员报告。来源: http://whc.unesco.org/archive/1980/opguide80.pdf
40 第三章介绍了《世界遗产公约》第 2 条与自然遗产标准 (ii)、(iii) 之间的不一致之处。
41 UNESCO,Issues arising in connection with the implementation of the World Heritage Convention, Paris, 9 June 1977, CC－77/conf.001/4, para. 22. 来源: http://unesdoc.unesco.org/images/0003/000309/030934eb.pdf
42 UNESCO,《操作指南》,第 4 届世界遗产委员会会议(巴黎,1980 年 9 月 1 日至 5 日)报告员报告。来源: http://whc.unesco.org/archive/1980/opguide80.pdf
43 UNESCO,《操作指南》,第 4 届世界遗产委员会会议(巴黎,1980 年 9 月 1 日至 5 日)报告员报告。来源: http://whc.unesco.org/archive/1980/opguide80.pdf
44 UNESCO, Informal consultation of intergovernmental andnon-governmental organizations in the implementation of the Convention concerning the protection of the world cultural and natural heritage, Morges, 19－20 May 1976, CC－76/WS/25, annex Ⅲ, p. 3. 来源: http://unesdoc.unesco.org/images/0002/000213/021374eb.pdf; 斯托弗认为"真实性的最初概念是受到了美国国家公园管理局定义的影响",参阅 Herb Stovel, "Effective use of authenticity and integrity as World Heritage qualifying conditions," *City & Time*, 2/3, p. 23. 来源: http://www.ct.ceci-br.org

45　UNESCO,《操作指南》,第4届世界遗产委员会会议(巴黎,1980年9月1日至5日)报告员报告。来源:http://whc.unesco.org/archive/1977/cc-77-conf001-8reve.pdf

46　Christina Cameron,"From Warsaw to Mostar: The World Heritage Committee and Authenticity," *Bulletin of the Association for Preservation Technology*,39/2-3(2008),pp.19-24.

47　ICOMOS,秘书长欧内斯特·艾伦·康纳利致世界遗产委员会主席菲鲁兹·巴格尔扎德(Firouz Bagerzadeh)的信,巴黎,1978年6月7日。来源:http://whc.unesco.org/archive/advisory_body_evaluation/030.pdf

48　UNESCO,首届世界遗产委员会主席团会议报告员报告。来源:http://whc.unesco.org/archive/1978/cc-78-conf010-3e.pdf

49　UNESCO, Consideration of nominations to the World Heritage List, third session of Bureau of the World Heritage Committee, Paris, 1 October 1979, para 4, CC-79/conf.015/2.来源:http://whc.unesco.org/archive/1979/cc-79-conf015-2e.pdf

50　Michel Parent, Comparative study of nominations and criteria for world cultural heritage, principles and criteria for inclusion of properties on the World Heritage List, Paris, 11 October 1979, CC-79/conf.003/11 annex, p.19.来源:http://whc.unesco.org/archive/1979/cc-79-conf003-11e.pdf

51　Michel Parent, Comparative study of nominations and criteria for world cultural heritage, principles and criteria for inclusion of properties on the World Heritage List, Paris, 11 October 1979, CC-79/conf.003/11 annex, p.20.来源:http://whc.unesco.org/archive/1979/cc-79-conf003-11e.pdf

52　UNESCO,第3届世界遗产委员会会议(开罗和卢克索,1979年10月22日至26日)报告员报告。来源:http://whc.unesco.org/archive/1979/cc-79-conf003-13e.pdf

53　ICOMOS World Heritage List No.30, Paris, May 1980.来源:http://

whc.unesco.org/archive/advisory_body_evaluation/030.pdf
54 UNESCO,第4届世界遗产委员会主席团会议(巴黎,1980年5月19日至22日)报告员报告。来源：http://whc.unesco.org/archive/1980/cc-80-conf017-4e.pdf
55 UNESCO,第4届世界遗产委员会会议(巴黎,1980年9月1日至5日)报告员报告。来源：http://whc.unesco.org/archive/1980/cc-80-conf016-10e.pdf
56 UNESCO,《操作指南》,第4届世界遗产委员会会议(巴黎,1980年9月1日至5日)报告员报告。来源：http://whc.unesco.org/archive/1980/opguide80.pdf
57 UNESCO, Informal consultation of intergovernmental and non-governmental organizations in the implementation of the Convention concerning the protection of the world cultural and natural heritage, Morges, 19-20 May 1976, CC-76/WS/25, annex Ⅳ, pp. 2-3. 来源：http://unesdoc.unesco.org/images/0002/000213/021374eb.pdf
58 UNESCO, Informal consultation of intergovernmental and non-governmental organizations in the implementation of the Convention concerning the protection of the world cultural and natural heritage, Morges, 19-20 May 1976, CC-76/WS/25, annex Ⅳ, pp. 3-4. 来源：http://unesdoc.unesco.org/images/0002/000213/021374eb.pdf
59 UNESCO,《操作指南》,第4届世界遗产委员会会议(巴黎,1980年9月1日至5日)报告员报告。来源：http://whc.unesco.org/archive/1980/opguide80.pdf
60 UNESCO, Informal consultation of intergovernmental and non-governmental organizations in the implementation of the Convention concerning the protection of the world cultural and natural heritage, Morges, 19-20 May 1976, CC-76/WS/25, annex Ⅳ, pp. 4-5. 来源：http://unesdoc.unesco.org/images/0002/000213/021374eb.pdf
61 UNESCO, Informal consultation of intergovernmental and non-govern-

mental organizations in the implementation of the Convention concerning the protection of the world cultural and natural heritage, Morges, 19-20 May 1976, CC-76/WS/25, annex Ⅱ, pp. 2-3. 来源：http://unesdoc.unesco.org/images/0002/000213/021374eb.pdf
62　UNESCO, Issues arising in connection with the implementation of the World Heritage Convention, Paris, 9 June 1977, CC-77/conf.001/4, para. 21. 来源：http://whc.unesco.org/archive/1977/cc-77-conf001-4e.pdf

第三章

1　《世界遗产名录》统计数据由 UNESCO 世界遗产中心负责日常更新，参阅 http://whc.unesco.org/en/list/stat
2　第二章的详细论述表明，公约草案的所有版本提出建立高度选择性的清单。
3　作者音频采访安妮·瑞戴，维也纳，2008年2月28日。
4　作者音频采访贝恩德·冯·德罗斯特，巴黎，2007年4月5日。
5　作者音频采访雅内·罗伯逊·韦纳，巴黎，2009年11月24日。
6　作者音频采访罗布·米尔恩，巴黎，2009年3月2日。
7　UNESCO,第2届世界遗产委员会会议（华盛顿，1978年9月5日至8日）报告员报告。来源：http://whc.unesco.org/archive/1978/cc-78-conf010-10reve.pdf
8　UNESCO,第3届世界遗产委员会会议（开罗和卢克索，1979年10月22日至26日）报告员报告。来源：http://whc.unesco.org/archive/1979/cc-79-conf003-13e.pdf
9　作者音频采访阿兹丁·贝绍伍什，巴西利亚，2010年7月28日。
10　作者音频采访哈尔·艾德斯维克，渥太华，2009年7月3日。
11　UNESCO,第5届世界遗产委员会会议（悉尼，1981年10月26日至30日）报告员报告。来源：http://whc.unesco.org/archive/1981/cc-81-

conf003-6e.pdf
12 IUCN Commission on National Parks and Protected Areas, *The World's Greatest Natural Areas: An Indicative Inventory of Natural Sites of World Heritage Quality* (Gland, 1982), p. 1.
13 作者音频采访杰夫·麦克尼利,格朗,2010 年 9 月 17 日。
14 作者音频采访阿德里安·菲利普斯,伦敦,2008 年 1 月 24 日。
15 作者音频采访冯·德罗斯特,2007 年。
16 作者音频采访弗朗索瓦·勒布朗,渥太华,2009 年 4 月 7 日。
17 作者音频采访莱昂·普雷苏耶,巴黎,2008 年 11 月 18 日。
18 UNESCO,第 5 届世界遗产委员会会议(悉尼,1981 年 10 月 26 日至 30 日)报告员报告。来源:http://whc.unesco.org/archive/1981/cc-81-conf003-6e.pdf
19 UNESCO,第 9 届世界遗产委员会会议(巴黎,1985 年 12 月 2 日至 6 日)报告员报告。来源:http://whc.unesco.org/archive/1985/sc-85-conf008-9e.pdf
20 UNESCO,第 9 届世界遗产委员会主席团会议(巴黎,1985 年 6 月 3 日至 5 日)报告。来源:http://whc.unesco.org/archive/1985/sc-85-conf007-9e.pdf
21 UNESCO,第 9 届世界遗产委员会会议(巴黎,1985 年 12 月 2 日至 6 日)报告员报告。来源:http://whc.unesco.org/archive/1985/sc-85-conf008-9e.pdf
22 作者音频采访吉姆·柯林森,温莎,2010 年 7 月 12 日。
23 作者音频采访柯林森。
24 UNESCO,第 12 届世界遗产委员会会议(巴西利亚,1988 年 12 月 5 日至 9 日)报告员报告。来源:http://whc.unesco.org/archive/1988/sc-88-conf001-13e.pdf
25 UNESCO,第 16 届世界遗产委员会会议(圣达菲,1992 年 12 月 2 日至 6 日)报告员报告。来源:http://whc.unesco.org/archive/1992/whc-92-conf002-12e.pdf

26 作者音频采访普雷苏耶。
27 UNESCO,第 21 届世界遗产委员会会议(那不勒斯,1997 年 12 月 1 日至 6 日)报告员报告。来源:http://whc.unesco.org/archive/1997/whc-97-conf208-17e.pdf
28 UNESCO, Examination of nominations at the twenty-first session of the Bureau of the World Heritage Committee in Paris, 23 – 28 June 1997, WHC-97/conf.204/3B. 来源:http://whc.unesco.org/archive/1997/whc-97-conf204-3be.pdf
29 亚历山大·巴尔萨摩(Alessandro Balsamo)与梅希蒂尔德·罗斯勒的交流,2012 年 8 月 20 日。
30 作者音频采访利西娅·弗拉德·博雷利,罗马,2010 年 5 月 6 日。
31 伯纳德·费尔登书面回复作者采访,诺里奇波堡,2007 年 12 月。
32 作者音频采访亨利·克利尔,伦敦,2008 年 1 月 24 日。
33 作者音频采访冯·德罗斯特,2007 年。
34 作者音频采访尤卡·约基莱赫托,罗马,2010 年 5 月 5 日。
35 作者音频采访松浦晃一郎,巴黎,2009 年 11 月 24 日。
36 作者音频采访柯林森。
37 作者音频采访弗朗切斯科·弗兰乔尼,罗马,2010 年 5 月 5 日。
38 作者音频采访郭旃,巴西利亚,2010 年 8 月 3 日。
39 作者音频采访雷吉娜·杜里格哈罗,巴黎,2009 年 11 月 25 日。
40 作者音频采访让-路易·卢克森,鲁汶,2009 年 3 月 26 日。
41 作者音频采访赫布·斯托弗,渥太华,2011 年 2 月 3 日。
42 作者音频采访纳塔拉詹·伊西瓦然,巴黎,2009 年 11 月 24 日。
43 作者音频采访吉姆·托塞尔,班夫,2010 年 8 月 11 日;Hemanta Mishra and Natarajan Ishwaran, "Summary and conclusions of the workshop on the World Heritage Convention held during the IV World Congress on National Parks and Protected Areas, Caracas, Venezuela, February 1992," Jim Thorsell (ed.), *World Heritage*, *Twenty Years Later* (Gland and Cambridge, 1992), p. 16. Based on papers presented at the World Heritage

and other workshops held during the Ⅳth World Congress on National Parks and Protected Areas, Caracas, Venezuela, February 1992.
44　UNESCO,第 22 届世界遗产委员会会议(京都,1998 年 11 月 30 日至 12 月 5 日)报告员报告。来源：http://whc.unesco.org/archive/1998/whc-98-conf203－18e.pdf
45　UNESCO,第 24 届世界遗产委员会会议(凯恩斯,2000 年 11 月 27 日至 12 月 2 日)报告员报告。来源：http://whc.unesco.org/archive/2000/whc-00-conf204-21e.pdf.(经过委员会持续协商,后来)每年提名项目限额逐渐增加到 45 项,每国 2 项。
46　Ralph O. Slatyer,"The Origin and Evolution of the World Heritage Convention," *Ambio*, 12/3－4 (1983), p. 139.
47　UNESCO,第 4 届世界遗产委员会会议(巴黎,1980 年 9 月 1 日至 5 日)报告员报告。来源：http://whc.unesco.org/archive/1980/opguide80.pdf
48　UNESCO,第 5 届世界遗产委员会会议(悉尼,1981 年 10 月 26 日至 30 日)报告员报告。来源：http://whc.unesco.org/archive/1981/cc-81－conf003-6e.pdf
49　UNESCO,第 7 届世界遗产委员会会议(佛罗伦萨,1983 年 12 月 5 日至 9 日)报告员报告。来源：http://whc.unesco.org/archive/1983/sc-83-conf009－8e.pdf
50　IUCN Commission on National Parks and Protected Areas, *The World's Greatest Natural Areas: An Indicative Inventory of Natural Sites of World Heritage Quality* (Gland, 1982), pp. 1－69; UNESCO,第 8 届世界遗产委员会会议(布宜诺斯艾利斯,1984 年 10 月 29 日至 11 月 2 日)报告员报告。来源：http://whc.unesco.org/archive/1984/sc-84-conf004－9e.pdf
51　作者音频采访麦克尼利。
52　作者音频采访米尔恩。
53　作者音频采访普雷苏耶。
54　克里斯蒂娜·卡梅伦和彼得拉·范登博恩(Petra van den Born)音频采访

吕西安·沙巴松,巴黎,2012年10月2日。
55 克里斯蒂娜·卡梅伦和彼得拉·范登博恩音频采访沙巴松。
56 作者音频采访罗伯逊·韦尔纳。
57 作者音频采访弗拉德·博雷利。
58 UNESCO,第8届世界遗产委员会会议(布宜诺斯艾利斯,1984年10月29日至11月2日)报告员报告。来源:http://whc.unesco.org/archive/1984/sc-84-conf004-9e.pdf
59 UNESCO,第8届世界遗产委员会会议(布宜诺斯艾利斯,1984年10月29日至11月2日)报告员报告。来源:http://whc.unesco.org/archive/1984/sc-84-conf004-9e.pdf
60 UNESCO,《操作指南》,1984年1月。来源:http://whc.unesco.org/archive/opguide84.pdf
61 UNESCO, Elaboration of guidelines for the identification and nomination of mixed cultural and natural properties and rural landscapes, Paris, 19 November 1985, SC/85/conf.008/3, paras. 2.2 - 2.8. 来源:http://whc.unesco.org/archive/1985/sc-85-conf008-3e.pdf
62 UNESCO,第9届世界遗产委员会会议(巴黎,1985年12月2日至6日)报告员报告。来源:http://whc.unesco.org/archive/1985/sc-85-conf008-9e.pdf
63 作者音频采访冯·德罗斯特,2007年。
64 UNESCO,第10届世界遗产委员会主席团会议(巴黎,1986年6月16日至19日)报告员报告。来源:http://whc.unesco.org/archive/1986/cc-86-conf001-11e.pdf
65 UNESCO,第11届世界遗产委员会主席团会议(巴黎,1987年6月23日至26日)报告员报告。来源:http://whc.unesco.org/archive/1987/sc-87-conf004-11e.pdf
66 UNESCO, Note on rural landscapes and the World Heritage Convention, Paris, 12 November 1987, SC-87/conf.005/inf. 4, paras. 5, 8.来源:http://whc.unesco.org/archive/1987/sc-87-conf005-inf4e.pdf

67 作者音频采访罗伯逊·韦尔纳。
68 作者音频采访柯林森。
69 UNESCO,第 12 届世界遗产委员会会议(巴西利亚,1988 年 12 月 5 日至 9 日)报告员报告。来源：http://whc.unesco.org/archive/1988/sc-88-conf001-13e.pdf
70 UNESCO,第 14 届世界遗产委员会会议(班夫,1990 年 12 月 7 日至 12 日)报告员报告。来源：http://whc.unesco.org/archive/1990/cc-90-conf004-13e.pdf
71 作者音频采访普雷苏耶。
72 UNESCO,第 15 届世界遗产委员会会议(迦太基,1991 年 12 月 9 日至 13 日)报告员报告。来源：http://whc.unesco.org/archive/1991/sc-91-conf002-15e.pdf
73 作者音频采访菲利普斯。
74 UNESCO, Report of the expert group on cultural landscapes, La Petite Pierre (France) 24–26 October 1992, Revision of the Operational Guidelines for the Implementation of the World Heritage Convention, Paris, 2 November 1992, WHC-92/conf.002/10/add., Ⅲ 41. 来源：http://whc.unesco.org/archive/1992/whc-92-conf002-10adde.pdf
75 UNESCO, Report of the expert group on cultural landscapes, La Petite Pierre (France) 24–26 October 1992, Revision of the Operational Guidelines for the Implementation of the World Heritage Convention, Paris, 2 November 1992, WHC-92/conf.002/10/add., Ⅰ-Ⅱ. 来源：http://whc.unesco.org/archive/1992/whc-92-conf002-10adde.pdf
76 Hemanta Mishra and Natarajan Ishwaran, "Summary and conclusions," p. 14; Nora J. Mitchell, "Considering the Authenticity of Cultural Landscapes," *Bulletin of the Association for Preservation Technology*, 39/2-3 (2008), pp. 25–32; Mechtild Rössler, "Applying Authenticity to Cultural Landscapes," *Bulletin of the Association for Preservation Technology*, 39/2-3 (2008), pp. 47–52.

77　UNESCO，Revision of the Operational Guidelines for the Implementation of the World Heritage Convention，Paris，11 October 1992，WHC-92/conf.002/10，paras. 6–7. 来源：http://whc.unesco.org/archive/1992/whc-92-conf002-10e.pdf

78　UNESCO，Report of the International Expert Meeting on Cultural Landscapes of Outstanding Universal Value，Templin，12–17 October 1993，Paris November 1993，WHC-93/inf. 4，para. 5. 来源：http://whc.unesco.org/archive/1993/whc-93-conf002-inf4e.pdf

79　如希望更深入地了解关于文化景观的探讨，可查阅以下资料：Bernd von Droste et al.，*Cultural Landscapes of Universal Value: Components of a Global Strategy* (New York, 1995)，pp. 1–464 以及 Mechtild Rössler on "World Heritage Cultural Landscapes: A UNESCO Flagship Programme 1992–2006," *Landscape Research*, 31/4 (2006)，pp. 333–353 和"Applying Authenticity to Cultural Landscapes," *Bulletin of the Association for Preservation Technology*, 39/ 2–3 (2008)，pp. 47–52.

80　作者音频采访柯林森。

81　克里斯蒂娜·卡梅伦和彼得拉·范登博恩音频采访阿卜杜勒阿齐兹·图里，巴黎，2011年6月22日。

82　作者音频采访普雷苏耶。

83　作者音频采访卡门·阿尼翁·费利乌，马德里，2009年6月18日。

84　UNESCO，第18届世界遗产委员会会议（普吉岛，1994年12月12日至17日）报告员报告。来源：http://whc.unesco.org/archive/1994/whc-94-conf003-16e.pdf

85　UNESCO，第19届世界遗产委员会会议（柏林，1995年12月4日至9日）报告员报告。来源：http://whc.unesco.org/archive/1995/whc-95-conf203-16e.pdf

86　UNESCO，第20届世界遗产委员会会议（梅里达，1996年12月2日至7日）报告员报告。来源：http://whc.unesco.org/archive/1996/whc-96-conf201-21e.pdf

87 关于世界自然遗产生态代表性的分析,可查阅 Helen Diane Hazen,*The Role of the World Heritage Convention in Protecting Natural Areas*(St. Paul,2006),pp. 33 - 63.
88 UNESCO,第 14 届世界遗产委员会会议(班夫,1990 年 12 月 7 日至 12 日)报告员报告。来源:http://whc.unesco.org/archive/1990/cc-90-conf004 - 13e.pdf;UNESCO,第 24 届世界遗产委员会会议(凯恩斯,2000 年 11 月 27 日至 12 月 2 日)报告员报告。来源:http://whc.unesco.org/archive/2000/whc-00-conf204-21e.pdf
89 UNESCO,第 6 届《公约》缔约国大会(巴黎,1987 年 10 月 30 日)会议纪要。来源:http://whc.unesco.org/archive/1987/cc-87-conf013-6e.pdf
90 UNESCO,第 7 届《公约》缔约国大会(巴黎,1989 年 11 月 9 日至 13 日)会议纪要。来源:http://whc.unesco.org/archive/1989/cc-89-conf013-6e.pdf
91 UNESCO, Means of ensuring an equitable representation of the different regions and cultures of the world on the World Heritage Committee, Paris, 2 November 1991, CLT-91/conf.013/4.来源:http://whc.unesco.org/archive/1991/clt-91 - conf013-4e.pdf
92 UNESCO, Proposals concerning equitable representation in the World Heritage Committee, Paris, 13 November 2000, WHC-2000/conf.204/6.来源:http://whc.unesco.org/archive/2000/whc-00-conf204-21e.pdf;可查阅第五章关于世界遗产委员会选举的深入探讨。
93 UNESCO,第 2 届世界遗产委员会会议(华盛顿,1978 年 9 月 5 日至 8 日)报告员报告。来源:http://whc.unesco.org/archive/1978/cc - 78-conf010-10reve.pdf
94 UNESCO,第 3 届世界遗产委员会会议(开罗和卢克索,1979 年 10 月 22 日至 26 日)报告员报告。来源:http://whc.unesco.org/archive/1979/cc - 79-conf003 - 13e.pdf
95 UNESCO,第 3 届世界遗产委员会会议(开罗和卢克索,1979 年 10 月 22 日至 26 日)报告员报告。来源:http://whc.unesco.org/archive/1979/cc - 79-conf003 - 13e.pdf

96　UNESCO,第 4 届世界遗产委员会会议(巴黎,1980 年 9 月 1 日至 5 日)报告员报告。来源:http://whc.unesco.org/archive/1980/cc-80-conf016-10e.pdf

97　UNESCO,第 4 届世界遗产委员会会议(巴黎,1980 年 9 月 1 日至 5 日)报告员报告。来源:http://whc.unesco.org/archive/1980/cc-80-conf016-10e.pdf

98　UNESCO,第 5 届世界遗产委员会会议(悉尼,1981 年 10 月 26 日至 30 日)报告员报告。来源:http://whc.unesco.org/archive/1981/cc-81-conf003-6e.pdf

99　UNESCO,第 6 届世界遗产委员会会议(巴黎,1982 年 12 月 13 日至 17 日)报告员报告。来源:http://whc.unesco.org/archive/1982/clt-82-conf015-8e.pdf

100　UNESCO,第 7 届世界遗产委员会会议(佛罗伦萨,1983 年 12 月 5 日至 9 日)报告员报告。来源:http://whc.unesco.org/archive/1983/sc-83-conf009-8e.pdf

101　Michel Parent, Comparative study of nominations and criteria for world cultural heritage, principles and criteria for inclusion of properties on the World Heritage List, Paris, 11 October 1979, CC-79/conf.003/11 annex. 来源:http://whc.unesco.org/archive/1979/cc-79-conf003-11e.pdf

102　UNESCO, ICOMOS 主席米歇尔·帕朗在第 7 届世界遗产委员会主席团会议上的发言,巴黎,1983 年 9 月 1 日,来源:http://whc.unesco.org/archive/1983/sc-83-conf009-inf2e.pdf

103　UNESCO,第 7 届世界遗产委员会会议(佛罗伦萨,1983 年 12 月 5 日至 9 日)报告员报告。来源:http://whc.unesco.org/archive/1983/sc-83-conf009-8e.pdf

104　UNESCO,第 8 届世界遗产委员会会议(布宜诺斯艾利斯,1984 年 10 月 29 日至 11 月 2 日)报告员报告。来源:http://whc.unesco.org/archive/1984/sc-84-conf004-9e.pdf

105 UNESCO,《操作指南》,1987 年 1 月。来源：http://whc.unesco.org/archive/opguide87.pdf
106 UNESCO,第 9 届世界遗产委员会会议（巴黎,1985 年 12 月 2 日至 6 日）报告员报告。来源：http://whc.unesco.org/archive/1985/sc-85-conf008-9e.pdf
107 UNESCO,第 11 届世界遗产委员会会议（巴黎,1987 年 12 月 7 日至 11 日）报告员报告。来源：http://whc.unesco.org/archive/1987/sc-87-conf005-9e.pdf
108 UNESCO,第 11 届世界遗产委员会会议（巴黎,1987 年 12 月 7 日至 11 日）报告员报告。来源：http://whc.unesco.org/archive/1987/sc-87-conf005-9e.pdf
109 梅希蒂尔德·罗斯勒和彼得拉·范登博恩音频采访阿马杜·马赫塔尔·姆博,巴黎,2009 年 10 月 22 日。
110 UNESCO,第 11 届世界遗产委员会会议（巴黎,1987 年 12 月 7 日至 11 日）报告员报告。来源：http://whc.unesco.org/archive/1987/sc-87-conf005-9e.pdf
111 UNESCO,第 12 届世界遗产委员会会议（巴西利亚,1988 年 12 月 5 日至 9 日）报告员报告。来源：http://whc.unesco.org/archive/1988/sc-88-conf001-13e.pdf
112 IUCN Commission on National Parks and Protected Areas, The World's Greatest Natural Areas: An Indicative Inventory of Natural Sites of World Heritage Quality (Gland, 1982), pp. 1-69.
113 Derek Linstrum, "An alternative approach? An interview with Anne Raidl," *Momentum*, special issue (1984), p. 52. 来源：http://www.international.icomos.org/monumentum/vol-special/vol-special_4.pdf
114 UNESCO,第 12 届世界遗产委员会会议（巴西利亚,1985 年 12 月 5 日至 9 日）报告员报告。来源：http://whc.unesco.org/archive/1988/sc-88-conf001-13e.pdf
115 UNESCO,第 13 届世界遗产委员会会议（巴黎,1989 年 12 月 11 日至 15

日）报告员报告。来源：http://whc.unesco.org/archive/1989/sc-89-conf004-12e.pdf

116 作者音频采访瑞戴。

117 作者音频采访赫布·斯托弗,渥太华,2011年3月16日。

118 UNESCO,第14届世界遗产委员会会议(班夫,1990年12月7日至12日)报告员报告。来源：http://whc.unesco.org/archive/1990/cc-90-conf004-13e.pdf

119 UNESCO,第15届世界遗产委员会会议(迦太基,1991年12月9日至13日)报告员报告。来源：http://whc.unesco.org/archive/1991/sc-91-conf002-15e.pdf；UNESCO, Global study on cultural properties, Paris, 6 November 1991, SC-91/conf.002/5, paras. 1-6. 来源：http://whc.unesco.org/archive/1991/sc-91-conf002-5e.pdf

120 UNESCO,第15届世界遗产委员会会议(迦太基,1991年12月9日至13日)报告员报告。来源：http://whc.unesco.org/archive/1991/sc-91-conf002-15e.pdf

121 作者音频采访瑞戴。

122 UNESCO,第14届世界遗产委员会会议(班夫,1990年12月7日至12日)报告员报告。来源：http://whc.unesco.org/archive/1990/cc-90-conf004-13e.pdf

123 UNESCO,第15届世界遗产委员会会议(迦太基,1991年12月9日至13日)报告员报告。来源：http://whc.unesco.org/archive/1991/sc-91-conf002-15e.pdf

124 Azedine Beschaouch, Towards an evaluation of the implementation of the Convention, Paris, December 1991, WHC-92/conf.002/3, annex IV. 来源：http://whc.unesco.org/archive/1992/whc-92-conf002-3e.pdf

125 UNESCO, Final report: The evaluation of the implementation of the Convention concerning the protection of the world cultural and natural heritage and the strategic orientations, Paris, 16 November 1992, WHC-92/conf.002/4, II B, III. 来源：http://whc.unesco.org/archive/1992/

whc-92-conf002-4e.pdf

126 UNESCO,第16届世界遗产委员会会议(圣达菲,1992年12月7日至14日)报告员报告。来源:http://whc.unesco.org/archive/1992/whc-92-conf002-12e.pdf

127 UNESCO,第17届世界遗产委员会会议(卡塔赫纳,1993年12月6日至11日)报告员报告。来源:http://whc.unesco.org/archive/1993/whc-93-conf002-14e.pdf

128 作者音频采访斯托弗,2011年3月。

129 作者音频采访克利尔。

130 UNESCO,Global study,Paris, 20 October 1993,WHC/93/conf.002/8, p. 5. 来源:http://whc.unesco.org/archive/1993/whc-93-conf002-8e.pdf

131 UNESCO,第18届世界遗产委员会会议(普吉岛,1994年12月12日至17日)报告员报告。来源:http://whc.unesco.org/archive/1994/whc-94-conf003-16e.pdf

132 UNESCO, Expert meeting on the global strategy and thematic studies for a representative World Heritage List, Paris, 13 October 1994, WHC-94/conf.003/inf. 6, p.3. 来源:http://whc.unesco.org/archive/1994/whc-94-conf003-inf6e.pdf

133 作者音频采访赫布·斯托弗,渥太华,2011年4月5日。

134 UNESCO, Expert meeting on the global strategy and thematic studies for a representative World Heritage List, Paris, 13 October 1994, WHC-94/conf.003/inf. 6, p. 4. 来源:http://whc.unesco.org/archive/1994/whc-94-conf003-inf6e.pdf

135 UNESCO,《操作指南》,1996年12月。来源:http://whc.unesco.org/archive/opguide96.pdf

136 也可参考 Sophia Labadi, "A Review of the Global Strategy for a Balanced, Representative and Credible World Heritage List 1994-2004," *Conservation and Management of Archaeological Sites*, 7/2 (2005),

pp. 89 - 102.
137 作者音频采访约基莱赫托。
138 作者音频采访斯托弗，2011 年 4 月。
139 UNESCO，第 18 届世界遗产委员会会议（普吉岛，1994 年 12 月 12 日至 17 日）报告员报告。来源：http://whc.unesco.org/archive/1994/whc-94-conf003 - 16e.pdf
140 Michel Parent, Comparative study of nominations and criteria for world cultural heritage, principles and criteria for inclusion of properties on the World Heritage List, Paris, 11 October 1979, CC - 79/conf.003/11 annex, p. 19. 来源：http://whc.unesco.org/archive/1979/cc - 79-conf003 - 11e.pdf
141 Léon Pressouyre, *The World Heritage Convention, Twenty Years Later* (Paris, 1996), pp. 11 - 14.
142 作者音频采访罗兰·席尔瓦，维多利亚，2011 年 10 月 12 日。
143 Knut Einar Larsen (ed.), *Nara Conference on Authenticity in Relation to the World Heritage Convention: Proceedings, Nara, Japan, 1 - 6 November 1994* (Paris, 1995), pp. 1 - 427.
144 作者音频采访松浦。
145 "Nara Document on Authenticity," Knut Einar Larsen (ed.), *Nara Conference on Authenticity in Relation to the World Heritage Convention: Proceedings, Nara, Japan, 1 - 6 November 1994* (Paris, 1995), p. xxix.
146 作者音频采访克利尔。
147 作者音频采访冯·德罗斯特，巴黎，2008 年 2 月 1 日。
148 作者音频采访卢克森。
149 作者音频采访卢克森。
150 作者音频采访约基莱赫托。
151 作者音频采访约基莱赫托。
152 作者音频采访郭旃。

153 UNESCO, Nara Document on Authenticity, experts meeting, 1-6 November 1994, Paris, 31 November 1994, WHC-94/conf.003/inf.008. 来源: http://whc.unesco.org/archive/1994/whc-94-conf003-inf8e.pdf

154 Christina Cameron, "From Warsaw to Mostar: The World Heritage Committee and Authenticity," *Bulletin of the Association for Preservation Technology*, 39/ 2-3 (2008), pp. 19-24.

155 UNESCO,《操作指南》, 2005 年 2 月 2 日。来源: http://whc.unesco.org/archive/opguide05-en.pdf

156 Herb Stovel,"Origins and influence of the Nara Document on Authenticity," *Bulletin of the Association for Preservation Technology*, 39/ 2-3 (2008), pp. 9-18; Nora J. Mitchell, "Considering the Authenticity of Cultural Landscapes," *Bulletin of the Association for Preservation Technology*, 39/ 2-3 (2008), pp. 25-32.

157 UNESCO, Progress report on the global strategy and thematic and comparative studies, Paris, 9 October 1997, WHC-97/conf.208/11. 来源: http://unesdoc.unesco.org/images/0011/001128/112878e.pdf

158 作者音频采访赫布·斯托弗,2011 年 4 月。

159 UNESCO, Progress report on the implementation of the global strategy and thematic studies, Paris, 2 October 1995, WHC-95/conf.203/8, para. A 1. 来源: http://whc.unesco.org/archive/1995/whc-95-conf203-8e.pdf

160 Dawson Munjeri et al. (eds.), African cultural heritage and the World Heritage Convention: First global strategy meeting in Harare, Zimbabwe, 11-13 October 1995. 来源: http://whc.unesco.org/uploads/events/documents/event-594-1.pdf; UNESCO, Synthetic report of the second meeting on global strategy of the African cultural heritage and the World Heritage in Addis Ababa, Ethiopia, 29 July-1 August 1996, Paris, 14 October 1996, WHC-96/conf.201/inf.7 来源: http://whc.unesco.org/archive/1996/whc-96-conf201-inf7e.pdf;

UNESCO, Report of the fourth global strategy meeting for West Africa, 16-19 September 1998, Porto Novo, Republic of Benin, Paris, 9 November 1998, WHC-98/conf.203/inf. 9. 来源: http://whc.unesco.org/archive/1998/whc-98-conf203-inf9e.pdf

161 作者音频采访格罗丽娅·道森,巴西利亚,2010年8月3日。

162 UNESCO, Synthetic report of the expert meeting on African cultural landscapes, Tiwi, Kenya, 9-14 March 1999, Paris, 25 May 1999, WHC-99/conf.204/inf. 4. 来源: http://whc.unesco.org/archive/1999/whc-99-conf204-inf4e.pdf; UNESCO, Synthetic report of the meeting on "authenticity and integrity in an African context," Great Zimbabwe National Monument, Zimbabwe, 26-29 May 2000, Paris, 9 October 2000, WHC-2000/conf.204/inf. 11. 来源: http://whc.unesco.org/archive/2000/whc-00-conf204-inf11e.pdf

163 UNESCO,第24届世界遗产委员会会议(凯恩斯,2000年11月27日至12月2日)报告员报告。来源: http://whc.unesco.org/archive/2000/whc-00-conf204-21e.pdf

164 UNESCO, L'Authenticité et l'intégrité dans un contexte africain: Réuniond' experts, Grand Zimbabwe, 26-9 mai 2000/Authenticity and integrity in an African context: Expert meeting, Great Zimbabwe, 26-29 May 2000, Galia Saouma-Ferero, ed. (Paris, 2001), pp. 1-204. 来源: http://unesdoc.unesco.org/images/0012/001225/122598mo.pdf

165 UNESCO, Progress report, synthesis and action plan on the global strategy for a representative and credible World Heritage List, Paris, 27 October 1998, WHC-98/conf. 203/12. 来源: http://whc.unesco.org/archive/1998/whc-98-conf203-12e.pdf; UNESCO, Progress report on the implementation of the regional actions described in the global strategy action plan adopted by the Committee at its twenty-second session, Paris, 21 October 1999, WHC-99/conf. 209/8. 来源: http://whc.unesco.org/archive/1999/whc-99-conf209-8e.pdf

166 UNESCO, Findings and recommendations of the third global strategy meeting, Suva, Fiji, 15-19 July 1997, Paris, 17 October 1997, WHC-97/conf.208/inf. 8, para. Ⅱ. 来源：http://whc.unesco.org/archive/1997/whc-97-conf208-inf8e.pdf

167 UNESCO,《操作指南》,1997年2月。来源：http://whc.unesco.org/archive/opguide97.pdf

168 作者音频采访松浦晃一郎。

169 UNESCO, Report of the regional thematic study meeting"Asian rice culture and its terraced landscapes," Manila, Philippines, 28 March-4 April 1995, 25 September 1995, WHC-95/conf.203/inf. 8, 2, 4. 来源：http://whc.unesco.org/archive/1995/whc-95-conf203-inf8e.pdf

170 UNESCO, Report of the Asia-Pacific workshop on associative cultural landscapes, Australia, 27-29 April 1995, Paris, 25 September 1995, WHC-95/conf.203/inf. 9. 来源：http://whc.unesco.org/archive/1995/whc-95-conf203-inf9e.pdf

171 UNESCO, Report of the expert meeting on European cultural landscapes of outstanding universal value, Poland, Austria, 21 April 1996, Paris, 30 April 1996. 来源：http://whc.unesco.org/archive/1996/whc-96-conf202-inf10e.pdf; UNESCO, Synthesis report of the expert meeting on management guidelines for cultural landscapes, Banská Stiavnica, Slovakia, 1-4 June 1999, Paris, 22 June 1999, WHC-99/conf.204/inf. 16. 来源：http://whc.unesco.org/archive/1999/whc-99-conf204-inf16e.pdf; UNESCO, Report of the regional thematic expert meeting on cultural landscapes in Eastern Europe, 29 September-3 October 1999, Bialystok, Poland, Paris, 20 October 1999, WHC-99/conf.209/inf. 14. 来源：http://whc.unesco.org/archive/1999/whc-99-conf209-inf14e.pdf

172 UNESCO, Report of the regional thematic meeting on cultural landscapes in the Andes, Arquipa/Chivay, Peru, 17-22 May 1998, Paris, 26 October 1998, WHC-98/conf.203/inf. 5, p. 6. 来源：http://whc.

unesco.org/archive/1998/whc-98-conf203-inf8e.pdf
173 有关创建北欧世界遗产办公室的更多详情,请参阅第五章的《世界遗产中心》一节。
174 UNESCO,第 21 届世界遗产委员会会议(那不勒斯,1997 年 12 月 1 日至 6 日)报告员报告。来源:http://whc.unesco.org/archive/1997/whc-97-conf208-17e.pdf
175 UNESCO,第 23 届世界遗产委员会会议(马拉喀什,1999 年 11 月 29 日至 12 月 4 日)报告员报告。来源:http://whc.unesco.org/archive/1999/whc-99-conf209-22e.pdf
176 有学者围绕世界遗产实践以及分散的地方现象如何成为具有全球重要性的世界遗产做了有趣的研究,可参阅 Jan Turtinen, *Globalising Heritage: On UNESCO and the Transnational Construction of a World Heritage* (Stockholm, 2000), pp. 1-25.
177 UNESCO, Report on the expert meeting on heritage canals, Paris, 31 October 1994, WHC-94/conf.003/inf.10, Ⅲ B. 来源:http://whc.unesco.org/archive/1994/whc-94-conf003-inf10e.pdf; UNESCO,《操作指南》,来源:http://whc.unesco.org/archive/opguide11-en.pdf
178 1999 年至 2005 年在对《操作指南》进行全面修订过程中,关于运河遗产的内容被纳入附件 3。
179 UNESCO, Report of the expert meeting on routes as a part of our cultural heritage in Madrid, November 1994, Paris, 30 November 1994, WHC-94/conf.003/inf.13, pp. 1-3. 来源:http://whc.unesco.org/archive/1994/whc-94-conf003-inf13e.pdf
180 UNESCO, Progress report, synthesis and action plan on the global strategy for a representative and credible World HeritageList, Paris, 27 October 1998, WHC-98/conf.203/12, pp. 8-11. 来源:http://whc.unesco.org/archive/1998/whc-98-conf203-12e.pdf; UNESCO, Progress report on the implementation of the regional actions described in the global strategy action plan adopted by the Committee at its twenty-second ses-

sion, Paris, 21 October 1999, WHC-99/conf.209/8, pp. 31 – 34. 来源：http://whc.unesco.org/archive/1999/whc-99-conf209 – 8e.pdf; Roderick T. Wells, *Earth's Geological History: A Contextual Framework for Assessment of World Heritage Fossil Site Nominations* (Gland: IUCN, 1996), pp. 1 – 43. 来源：http://www.unep-wcmc.org/medialibrary/2010/10/11/e51b9f6e/wh_fossil_sites.pdf

181 UNESCO, Report of the expert meeting on evaluation of general principles and criteria for nominations of natural World Heritage Sites, Parc national de la Vanoise, France, 22 – 24 March 1996, Paris, 15 April 1996, WHC-96/conf.202/inf. 9, para. 3. 来源：http://whc.unesco.org/archive/1996/whc-96-conf202-inf9e.pdf

182 UNESCO,《操作指南》,1996 年 2 月。来源：http://whc.unesco.org/archive/opguide96.pdf

183 UNESCO, Report of the expert meeting on evaluation of general principles and criteria for nominations of natural World Heritage Sites, Parc national de la Vanoise, France, 22 – 24 March 1996, Paris, 15 April 1996, WHC-96/conf.202/inf. 9, para. 2c. 来源：http://whc.unesco.org/archive/1996/whc-96-conf202-inf9e.pdf

184 UNESCO, Report of the expert meeting on evaluation of general principles and criteria for nominations of natural World Heritage Sites, Parc national de la Vanoise, France, 22 – 24 March 1996, Paris, 15 April 1996, WHC-96/conf.202/inf. 9. 来源：http://whc.unesco.org/archive/1996/whc-96-conf202-inf9e.pdf

185 UNESCO,第 21 届世界遗产委员会会议(那不勒斯,1997 年 12 月 1 日至 6 日)报告员报告。来源：http://whc.unesco.org/archive/1997/whc-97-conf208-17e.pdf

186 UNESCO,第 22 届世界遗产委员会会议(京都,1998 年 11 月 30 日至 12 月 5 日)报告员报告。来源：http://whc.unesco.org/archive/1998/whc-98-conf203 – 18e.pdf

187 Jukka Jokilehto,"World heritage: Defining the outstanding universal value," *City and Time*, 2/2 (2006), p. 3. 来源: http://www.ct.cecibr.org

188 UNESCO, Report of the World Heritage global strategy natural and cultural heritage expert meeting, 25 - 29 March 1998, Amsterdam, The Netherlands, Paris, 20 October 1998, WHC-98/conf.203/inf. 7. 来源: http://whc.unesco.org/archive/1998/whc-98-conf203-inf7e.pdf; Bernd von Droste et al. eds, *Linking Nature and Culture: Report of the Global Strategy Natural and Cultural Heritage Expert Meeting 25 to 29 March 1998*, *Amsterdam*, *The Netherlands* (The Hague: UNESCO/Ministry of Foreign Affairs, 1998), pp. 1 - 237.

189 关于普遍性和文化多样性对立的深入分析,可参阅 Jean Musitelli, "Opinion: World Heritage, between Universalism and Globalization," *International Journal of Cultural Property*, 11/2 (2002), pp. 327 - 330.

190 UNESCO,第 22 届世界遗产委员会会议(京都,1998 年 11 月 30 日至 12 月 5 日)报告员报告。来源:http://whc.unesco.org/archive/1998/whc-98-conf203 - 18e.pdf

191 作者音频采访克利尔。

192 作者音频采访雷·万纳,斯普林菲尔德,2011 年 5 月 18 日。

193 UNESCO,第 23 届世界遗产委员会会议(马拉喀什,1999 年 11 月 29 日至 12 月 4 日)报告员报告。来源:http://whc.unesco.org/archive/1999/whc-99-conf209-22e.pdf

194 UNESCO,第 22 届世界遗产委员会会议(京都,1998 年 11 月 30 日至 12 月 5 日)报告员报告。来源:http://whc.unesco.org/archive/1998/whc-98-conf203 - 18e.pdf

195 作者音频采访斯弗托夫,2011 年 2 月 11 日。

196 UNESCO, Examination of nominations of natural andcultural properties to the World Heritage List and the List of World Heritage in Danger, Paris, 7 May 1997, WHC-97/conf.204/3B. 来源: http://whc.unesco.

org/archive/1997/whc-97-conf204-3be.pdf. 1997 年,意大利最初申报了 17 项遗产,后被说服减少至 12 项。

197 作者音频采访弗朗西斯科·洛佩斯·莫拉莱斯,巴西利亚,2010 年 8 月 3 日。

198 UNESCO,第 12 届《公约》缔约国大会(巴黎,1999 年 10 月 28 日至 29 日)纪要。来源:http://whc.unesco.org/archive/1999/whc-99-conf206-7e.pdf

199 UNESCO,第 12 届《公约》缔约国大会(巴黎,1999 年 10 月 28 日至 29 日)纪要。来源:http://whc.unesco.org/archive/1999/whc-99-conf206-7e.pdf

200 Christina Cameron, "The Evolution of the Concept of Outstanding Universal Value," Nicholas Stanley-Price and Joseph King (ed.), (Rome, 2009), pp. 127–136.

201 作者音频采访斯托弗,2011 年 2 月。

202 作者音频采访曼杰利。

203 UNESCO, Synthetic report of the second meeting on global strategy of the African cultural heritage and the World Heritage in Addis Ababa, Ethiopia, 29 July–1 August 1996, Paris, 14 October 1996, WHC-96/conf.201/inf.7, Ⅱ. 来源:http://whc.unesco.org/archive/1996/whc-96-conf201-inf7e.pdf

204 作者音频采访普雷苏耶。

205 UNESCO,第 24 届世界遗产委员会会议(凯恩斯,2000 年 11 月 27 日至 12 月 2 日)报告员报告。来源:http://whc.unesco.org/archive/2000/whc-00-conf204-21e.pdf

第四章

1 关于《世界遗产公约》意义的更为全面的论述,请参阅第六章。
2 关于 1968 年 UNESCO 生物圈会议的更多详细信息,请参阅第一章。

3 关于 IUPN(后更名为 IUCN)的建立过程,请参阅第五章。
4 UNESCO, Conference for the establishment of the International Union for the Protection of Nature, Paris, 20 July 1948, NS/UIPN, p. 3. 来源：http://unesdoc.unesco.org/images/0015/001547/154739eb.pdf
5 关于 UNESCO 文化倡议的形成和发展,请参阅第一章;关于 ICOMOS 和 ICCROM 工作的介绍,请参阅第五章。
6 Jukka Jokilehto, ICCROM and the Conservation of Cultural Heritage. A History of the Organization's First 50 Years, 1959 – 2009 (Rome, 2011), pp. 1–174.
7 UNESCO,第 4 届世界遗产委员会会议(巴黎,1980 年 9 月 1 日至 5 日)报告员报告。来源：http://whc.unesco.org/archive/1980/cc-80-conf016-10e.pdf; ICOMOS evaluation of the site of Palmyra, Paris, May 1980, 来源：http://whc.unesco.org/archive/advisory_body_evaluation/023.pdf
8 UNESCO, Arno Heinz, République arabe syrienne, compte-rendu de mission, 13.3.-27.3.1978, p. 3.
9 ICOMOS evaluation for Mystras, Greece, 15 November 1989. 来源：http://whc.unesco.org/archive/advisory_body_evaluation/511.pdf
10 UNESCO,第 3 届世界遗产委员会会议(开罗和卢克索,1979 年 10 月 22 日至 26 日)报告员报告。来源：http://whc.unesco.org/archive/1979/cc-79-conf003–13e.pdf
11 UNESCO,第 4 届世界遗产委员会会议(巴黎,1980 年 9 月 1 日至 5 日)报告员报告。来源：http://whc.unesco.org/archive/1980/cc-80-conf016-10e.pdf
12 UNESCO,第 5 届世界遗产委员会会议(悉尼,1981 年 10 月 26 日至 30 日)报告员报告。来源：http://whc.unesco.org/archive/1981/cc-81-conf003-6e.pdf
13 UNESCO,第 9 届世界遗产委员会会议(巴黎,1985 年 12 月 2 日至 6 日)报告员报告。来源：http://whc.unesco.org/archive/1985/sc-85-conf008–9e.pdf

14 UNESCO,第 10 届世界遗产委员会会议（巴黎,1986 年 11 月 24 日至 28 日）报告员报告。来源：http://whc.unesco.org/archive/1986/cc-86-conf003-10e.pdf
15 UNESCO,第 11 届世界遗产委员会会议（巴黎,1987 年 12 月 7 日至 11 日）报告员报告。来源：http://whc.unesco.org/archive/1987/sc-87-conf005-9e.pdf
16 UNESCO,第 20 届世界遗产委员会会议（梅里达,1996 年 12 月 2 日至 7 日）报告员报告。来源：http://whc.unesco.org/archive/1996/whc-96-conf201-21e.pdf
17 作者音频采访哈尔·艾德斯维克,渥太华,2009 年 7 月 3 日。
18 UNESCO,第 20 届世界遗产委员会会议（梅里达,1996 年 12 月 2 日至 7 日）报告员报告。来源：http://whc.unesco.org/archive/1996/whc-96-conf201-21e.pdf
19 这一协作机制只涉及自然保护地,因为(除了《世界遗产公约》)没有其他基于特定地点的文化遗产保护国际协议。
20 UNESCO,第 6 届世界遗产委员会会议（巴黎,1982 年 12 月 13 日至 17 日）报告员报告。来源：http://whc.unesco.org/archive/1982/clt-82-conf015-8e.pdf
21 IUCN, Monitoring natural world heritage properties, Gland, 11 April 1983, SC-83/conf.009/6, paras. 1-4. 来源：http://whc.unesco.org/archive/1983/sc-83-conf009-6e.pdf; UNESCO,第 7 届世界遗产委员会会议（佛罗伦萨,1983 年 12 月 5 日至 9 日）报告员报告。来源：http://whc.unesco.org/archive/1983/sc-83-conf009-8e.pdf
22 UNESCO,第 7 届世界遗产委员会会议（佛罗伦萨,1983 年 12 月 5 日至 9 日）报告员报告。来源：http://whc.unesco.org/archive/1983/sc-83-conf009-8e.pdf
23 作者音频采访吉姆·托塞尔,班夫,2010 年 8 月 11 日。
24 UNESCO,第 7 届世界遗产委员会会议（佛罗伦萨,1983 年 12 月 5 日至 9 日）报告员报告。来源：http://whc.unesco.org/archive/1983/sc-83-

conf009-8e.pdf
25 UNESCO,第8届世界遗产委员会会议(布宜诺斯艾利斯,1984年10月29日至11月2日)报告员报告。来源：http://whc.unesco.org/archive/1984/sc-84-conf004-9e.pdf
26 UNESCO,第8届世界遗产委员会会议(布宜诺斯艾利斯,1984年10月29日至11月2日)报告员报告。来源：http://whc.unesco.org/archive/1984/sc-84-conf004-9e.pdf
27 UNESCO,第8届世界遗产委员会会议(布宜诺斯艾利斯,1984年10月29日至11月2日)报告员报告。来源：http://whc.unesco.org/archive/1984/sc-84-conf004-9e.pdf
28 UNESCO,第8届世界遗产委员会会议(布宜诺斯艾利斯,1984年10月29日至11月2日)报告员报告。来源：http://whc.unesco.org/archive/1984/sc-84-conf004-9e.pdf
29 UNESCO,第9届世界遗产委员会会议(巴黎,1985年12月2日至6日)报告员报告。来源：http://whc.unesco.org/archive/1985/sc-85-conf008-9e.pdf
30 UNESCO,第9届世界遗产委员会会议(巴黎,1985年12月2日至6日)报告员报告。来源：http://whc.unesco.org/archive/1985/sc-85-conf008-9e.pdf
31 UNESCO,第8届世界遗产委员会会议(布宜诺斯艾利斯,1984年10月29日至11月2日)报告员报告。来源：http://whc.unesco.org/archive/1984/sc-84-conf004-9e.pdf
32 UNESCO,第9届世界遗产委员会会议(巴黎,1985年12月2日至6日)报告员报告。来源：http://whc.unesco.org/archive/1985/sc-85-conf008-9e.pdf
33 UNESCO,第9届世界遗产委员会会议(巴黎,1985年12月2日至6日)报告员报告。来源：http://whc.unesco.org/archive/1985/sc-85-conf008-9e.pdf
34 UNESCO,第11届世界遗产委员会会议(巴黎,1987年12月7日至11

日)报告员报告。来源:http://whc.unesco.org/archive/1987/sc-87-conf005-9e.pdf

35　UNESCO,第13届世界遗产委员会会议(巴黎,1989年12月11日至15日)报告员报告。来源:http://whc.unesco.org/archive/1989/sc-89-conf004-12e.pdf

36　UNESCO,第13届世界遗产委员会会议(巴黎,1989年12月11日至15日)报告员报告。来源:http://whc.unesco.org/archive/1989/sc-89-conf004-12e.pdf

37　UNESCO, Monitoring of the state of conservation of World Heritage cultural properties, Paris, 15 October 1990, CC-90/conf.004/03. 来源:http://whc.unesco.org/archive/1990/cc-90-conf004-3e.pdf

38　UNESCO,第14届世界遗产委员会会议(班夫,1990年12月7日至12日)报告员报告。来源:http://whc.unesco.org/archive/1990/cc-90-conf004-13e.pdf

39　UNESCO,《操作指南》,2011年11月。来源:http://whc.unesco.org/archive/opguide11-en.pdf

40　作者音频采访普雷苏耶,巴黎,2008年11月18日。

41　作者音频采访普雷苏耶。

42　UNESCO,第16届世界遗产委员会会议(圣达菲,1992年12月7日至14日)报告员报告。来源:http://whc.unesco.org/archive/1992/whc-92-conf002-12e.pdf

43　UNESCO,《操作指南》,1994年2月。来源:http://whc.unesco.org/archive/opguide94.pdf

44　UNESCO,《操作指南》,1996年2月。来源:http://whc.unesco.org/archive/opguide96.pdf

45　UNESCO,《操作指南》,1996年2月。来源:http://whc.unesco.org/archive/opguide96.pdf

46　UNESCO,第21届世界遗产委员会会议(那不勒斯,1997年12月1日至6日)报告员报告。来源:http://whc.unesco.org/archive/1997/whc-97-

conf208-17e.pdf

47　UNESCO,第 23 届世界遗产委员会会议(马拉喀什,1999 年 11 月 29 日至 12 月 4 日)报告员报告。来源:http://whc.unesco.org/archive/1999/whc-99-conf209-22e.pdf

48　UNESCO,第 23 届世界遗产委员会会议(马拉喀什,1999 年 11 月 29 日至 12 月 4 日)报告员报告。来源:http://whc.unesco.org/archive/1999/whc-99-conf209-22e.pdf

49　Pedro Rosabal and Mechtild Rössler, "A model of teamwork: El Vizcaino," *World Conservation*, 2 (2001), 21

50　UNESCO,第 12 届《保护世界文化和自然遗产公约》缔约国大会(1999 年 10 月 28 日至 29 日)报告员报告。来源:http://whc.unesco.org/archive/1999/whc-99-conf206-7e.pdf

51　UNESCO,《操作指南》,第 4 届世界遗产委员会会议(巴黎,1980 年 9 月 1 日至 5 日)报告员报告。来源:http://whc.unesco.org/archive/1980/opguide80.pdf

52　UNESCO,第 5 届世界遗产委员会会议(悉尼,1981 年 10 月 26 日至 30 日)报告员报告。来源:http://whc.unesco.org/archive/1981/cc-81-conf003-6e.pdf

53　UNESCO,第 5 届世界遗产委员会会议(悉尼,1981 年 10 月 26 日至 30 日)报告员报告。来源:http://whc.unesco.org/archive/1981/cc-81-conf003-6e.pdf

54　UNESCO,第 5 届世界遗产委员会会议(悉尼,1981 年 10 月 26 日至 30 日)报告员报告。来源:http://whc.unesco.org/archive/1981/cc-81-conf003-6e.pdf

55　作者音频采访杰夫·麦克尼利,格朗,2010 年 9 月 17 日。

56　UNESCO,《操作指南》,首届保护世界文化和自然遗产政府间委员会(巴黎,1977 年 6 月 27 日至 7 月 1 日)最终报告。来源:http://whc.unesco.org/archive/1977/cc-77-conf001-8reve.pdf

57　UNESCO,《操作指南》,第 4 届世界遗产委员会会议(巴黎,1980 年 9 月 1

日至 5 日)报告员报告。来源：http://whc.unesco.org/archive/1980/opguide80.pdf；UNESCO,《操作指南》,1983 年 11 月。来源：http://whc.unesco.org/archive/opguide83.pdf

58　作者音频采访雅内·罗伯逊·韦尔纳,巴黎,2009 年 11 月 24 日。
59　伯纳德·费尔登书面回复作者采访,诺里奇波堡,2007 年 12 月。
60　作者采访费尔登。
61　作者音频采访吉姆·柯林森,温莎,2010 年 7 月 12 日。
62　UNESCO,第 16 届世界遗产委员会会议(圣达菲,1992 年 12 月 7 日至 14 日)报告员报告。来源：http://whc.unesco.org/archive/1992/whc-92-conf002-12e.pdf
63　UNESCO,《操作指南》,1992 年 3 月 27 日。来源：http://whc.unesco.org/archive/opguide92.pdf
64　UNESCO,《操作指南》,1994 年 2 月。来源：http://whc.unesco.org/archive/opguide94.pdf
65　UNESCO,《操作指南》,1994 年 2 月。来源：http://whc.unesco.org/archive/opguide94.pdf
66　UNESCO,2003 年,《保护非物质文化遗产公约》。来源：http://www.unesco.org/culture/ich/index.php?lg=en&pg=00006
67　UNESCO,《操作指南》,1999 年 3 月。来源：http://whc.unesco.org/archive/opguide99.pdf
68　作者音频采访松浦晃一郎,巴黎,2009 年 11 月 24 日。
69　作者音频采访伊藤延男,京都,2012 年 11 月 8 日。
70　UNESCO, Comparative table of the provisions of the revised draft convention concerning the protection of monuments, groups of buildings and sites of universal value, 由 UNESCO 总干事提交, and the provisions of the World Heritage Trust draft convention concerning the preservation and protection of natural areas and cultural sites of universal value, 由美国提交。来源：http://whc.unesco.org/archive/1972/shc-72-conf37-inf3e.pdf
71　UNESCO,《操作指南》,1996 年 2 月。来源：http://whc.unesco.org/ar-

chive/opguide96.pdf

72 UNESCO，1982，Examination of a proposal to establish a programme for monitoring the conditions of sites inscribed on the World Heritage List，Paris，CLT-82/CH/conf.014/2，paras.1.来源：http://whc.unesco.org/archive/1982/clt-82-conf014-2e.pdf

73 作者音频采访贝恩德·冯·德罗斯特，巴黎，2007年4月5日。

74 UNESCO，第6届世界遗产委员会主席团会议（巴黎，1982年6月21日至24日）报告员报告。来源：http://whc.unesco.org/archive/1982/clt-82-conf014-6e.pdf

75 作者音频采访冯·德罗斯特，2007年；另见UNESCO，Examination of a proposal to establish a programme for monitoring the conditions of sites inscribed on the World Heritage List，Paris，21 - 24 June 1982，CLT-82/CH/conf.014/2，para.3.来源：http://whc.unesco.org/archive/1982/clt-82-conf014-2e.pdf；UNESCO，Examen d'une proposition visant à l'établissement d'un programme de rapports sur l'état de preservation des sites inscrits sur la Liste du Patrimoine mondial，Paris，21 - 24 juin 1982，CLT-82/CH/conf.014/2，paras.3.来源：http://whc.unesco.org/archive/1982/clt-82-conf014-2f.pdf."A Gift from the Past to the Future：Natural and Cultural World Heritage，"Bernd von Droste，*Sixty Years of Science at UNESCO 1945 -2005* (Paris, 2006)，pp.397 - 398，该书中提及："我记得，文件中一处翻译错误严重影响了1982年的讨论，在法语版中，'监测(monitoring)'被（误）译为'控制(controlling)'，这破坏了整个讨论。"

76 UNESCO，第6届世界遗产委员会会议（巴黎，1982年12月13日至17日）报告员报告。来源：http://whc.unesco.org/archive/1982/clt-82-conf015-8e.pdf

77 UNESCO，第10届世界遗产委员会会议（巴黎，1986年11月24日至28日）报告员报告。来源：http://whc.unesco.org/archive/1986/cc-86-conf003 - 10e.pdf；UNESCO，Monitoring the status of conservation of properties inscribed on the World Heritage List：Report of the working

group on cultural properties。来源：http://whc. unesco. org/archive/1987/sc-87-conf004-5e. pdf

78　UNESCO,第 10 届世界遗产委员会主席团会议(巴黎,1986 年 6 月 16 日至 19 日)报告员报告。来源：http://whc. unesco. org/archive/1986/cc-86-conf001 – 11e. pdf；ICOMOS, Monitoring procedures for properties included on the World Heritage List, Paris, May 1986, CC – 86/conf.001/5, pp. 1 – 16. 来源：http://whc. unesco. org/archive/1986/cc-86-conf001 – 5e. pdf

79　作者音频采访赫布·斯托弗,渥太华,2011 年 3 月 16 日。80 UNESCO,第 10 届世界遗产委员会会议(巴黎,1986 年 11 月 24 日至 28 日)报告员报告。来源：http://whc. unesco. org/archive/1986/cc-86-conf003 – 10e. pdf

81　UNESCO,第 11 届世界遗产委员会会议(巴黎,1987 年 12 月 7 日至 11 日)报告员报告。来源：http://whc. unesco. org/archive/1987/sc-87-conf005-9e. pdf

82　UNESCO,第 11 届世界遗产委员会会议(巴黎,1987 年 12 月 7 日至 11 日)报告员报告。来源：http://whc. unesco. org/archive/1987/sc-87-conf005-9e. pdf

83　UNESCO,第 12 届世界遗产委员会会议(巴西利亚,1988 年 12 月 5 日至 9 日)报告员报告。来源：http://whc. unesco. org/archive/1988/sc-88-conf001 – 13e. pdf

84　UNESCO,第 13 届世界遗产委员会会议(巴黎,1989 年 12 月 11 日至 15 日)报告员报告。来源：http://whc. unesco. org/archive/1989/sc-89-conf004 – 12e. pdf

85　UNESCO,第 14 届世界遗产委员会会议(班夫,1990 年 12 月 7 日至 12 日)报告员报告。来源：http://whc. unesco. org/archive/1990/cc-90-conf004 – 13e. pdf

86　Von Droste, "A gift from the past to the future：natural and cultural world heritage", *Sixty Years of Science at UNESCO 1945 – 2005* pp. 389 – 400 来源：https://unesdoc. unesco. org/ark:/48223/pf0000149195?poslnSet=18&queryId=963089e9 – b754 – 4903 – 907a – 9ef7c6fc268c

87 UNESCO,第16届世界遗产委员会会议(圣达菲,1992年12月7日至14日)报告员报告。来源：http://whc.unesco.org/archive/1992/whc-92-conf002-12e.pdf

88 UNESCO,第9届《保护世界文化和自然遗产公约》缔约国大会(1993年10月29日至30日)报告员报告。来源：http://whc.unesco.org/archive/1993/whc-93-conf003-6e.pdf

89 1979年,世界保护监测中心由IUCN成立,1988年在IUCN、世界自然基金会和联合国环境规划署的支持下成为独立机构。自2000年以来,世界保护监测中心成为联合国环境规划署旗下的生物多样性专业评估机构。自20世纪80年代初以来,世界保护监测中心一直支持IUCN的世界遗产工作。

90 UNESCO, Report of the expert meeting on"Approaches to the monitoring of World Heritage properties：Exploring ways and means," Cambridge, U.K. (1 to 4 November 1993, Paris, 23 November 1993, WHC-93/conf.002/inf. 5, para. 2. 来源：http://whc.unesco.org/archive/1993/whc-93-conf002-inf5e.pdf

91 UNESCO,第17届世界遗产委员会会议(卡塔赫纳,1993年12月6日至11日)报告员报告。来源：http://whc.unesco.org/archive/1993/whc-93-conf002-14e.pdf

92 UNESCO,第17届世界遗产委员会会议(卡塔赫纳,1993年12月6日至11日)报告员报告。来源：http://whc.unesco.org/archive/1993/whc-93-conf002-14e.pdf

93 UNESCO,第17届世界遗产委员会会议(卡塔赫纳,1993年12月6日至11日)报告员报告。来源：http://whc.unesco.org/archive/1993/whc-93-conf002-14e.pdf

94 作者音频采访斯托弗,2011年4月。

95 UNESCO,第18届世界遗产委员会会议(普吉岛,1994年12月12日至17日)报告员报告。来源：http://whc.unesco.org/archive/1994/whc-94-conf003-16e.pdf

96　UNESCO,第 18 届世界遗产委员会会议(普吉岛,1994 年 12 月 12 日至 17 日)报告员报告。来源:http://whc.unesco.org/archive/1994/whc-94-conf003-16e.pdf

97　UNESCO,第 18 届世界遗产委员会会议(普吉岛,1994 年 12 月 12 日至 17 日)报告员报告。来源:http://whc.unesco.org/archive/1994/whc-94-conf003-16e.pdf

98　Herb Stovel,"*Monitoring world cultural heritage sites*," *ICOMOS Canada Bulletin*, 4/3 (1995), p. 15.

99　关于政治辩论更为全面的情况,请参阅第五章的《缔约国》一节。

100　UNESCO,第 11 届《保护世界文化和自然遗产公约》缔约国大会(巴黎,1997 年 10 月 27 日至 28 日)会议纪要。来源:http://whc.unesco.org/archive/1997/whc-97-conf205-7e.pdf

101　UNESCO,第 10 届《保护世界文化和自然遗产公约》缔约国大会(巴黎,1995 年 11 月 2 日至 3 日)会议纪要。来源:http://whc.unesco.org/archive/1995/whc-95-conf204-8e.pdf

102　UNESCO,第 10 届《保护世界文化和自然遗产公约》缔约国大会(巴黎,1995 年 11 月 2 日至 3 日)会议纪要。来源:http://whc.unesco.org/archive/1995/whc-95-conf204-8e.pdf

103　UNESCO,第 10 届《保护世界文化和自然遗产公约》缔约国大会(巴黎,1995 年 11 月 2 日至 3 日)会议纪要。来源:http://whc.unesco.org/archive/1995/whc-95-conf204-8e.pdf

104　值得注意的是,虽然会议未达成一致并将讨论推迟至 1997 年,但系统性报告程序的框架实际上基于委员会 1994 年的一项决定,被纳入 1996 年版《操作指南》。这是世界遗产委员会和缔约国大会之间的第一次重大分歧。

105　UNESCO,第 19 届世界遗产委员会会议(柏林,1995 年 12 月 4 日至 9 日)报告员报告。来源:http://whc.unesco.org/archive/1995/whc-95-conf203-16e.pdf

106　UNESCO,第 19 届世界遗产委员会会议(柏林,1995 年 12 月 4 日至 9

日)报告员报告。来源:http://whc.unesco.org/archive/1995/whc-95-conf203-16e.pdf

107　UNESCO,第11届《保护世界文化和自然遗产公约》缔约国大会(巴黎,1997年10月27日至28日)会议纪要。来源:http://whc.unesco.org/archive/1997/whc-97-conf205-7e.pdf

108　UNESCO,《操作指南》,1998年12月。来源:http://whc.unesco.org/archive/opguide99.pdf

109　Herman van Hooff, "Monitoring and Reporting in the Context of the World Heritage Convention and its Application in Latin America and the Caribbean," in *Monitoring World Heritage, Shared Legacy, Common Responsibility Associated Workshops 11-12 November 2002, Vicenza, Italy* (Paris, 2004), p. 34.

110　Herman van Hooff, "The monitoring and reporting of the state of properties inscribed on the World Heritage List," *ICOMOS Canada Bulletin*, 4/3 (1995), p. 14.

111　UNESCO,首届保护世界文化和自然遗产政府间委员会(巴黎,1977年6月27日至7月1日)最终报告。来源:http://whc.unesco.org/archive/1977/cc-77-conf001-9e.pdf

112　UNESCO,第3届世界遗产委员会会议(开罗和卢克索,1979年10月22日至26日)报告员报告。来源:http://whc.unesco.org/archive/1979/cc-79-conf003-13e.pdf 和 http://whc.unesco.org/archive/repcom79.htm#125

113　UNESCO,第8届世界遗产委员会会议(布宜诺斯艾利斯,1984年10月29日至11月2日)报告员报告。来源:http://whc.unesco.org/archive/1984/sc-84-conf004-9e.pdf

114　Harold K. Eidsvik, "Guest Comment: Plitvice National Park, World Heritage Site and the Wars in the Former Yugoslavia," *Environmental Conservation*, 20 (1993), p. 293, 来源:http://journals.cambridge.org/action/displayAbstract?fromPage=online&aid=5944072

115　作者音频采访艾德斯维克。
116　Von Droste, Gift from the Past, pp. 395–397.
117　UNESCO,第 16 届世界遗产委员会会议（圣达菲,1992 年 12 月 7 日至 14 日）报告员报告。来源：http://whc.unesco.org/archive/1992/whc-92-conf002-12e.pdf
118　UNESCO,第 22 届世界遗产委员会会议（京都,1998 年 11 月 30 日至 12 月 5 日）报告员报告。来源：http://whc.unesco.org/archive/1998/whc-98-conf203-18e.pdf
119　作者音频采访费德里科·马约尔,马德里,2009 年 6 月 18 日。
120　UNESCO,第 16 届世界遗产委员会主席团会议（巴黎,1992 年 6 月 6 日至 10 日）报告员报告。来源：http://whc.unesco.org/archive/1992/clt-92-conf003-12e.pdf
121　作者音频采访亨利·克利尔,伦敦,2008 年 1 月 24 日。
122　作者音频采访克利尔。
123　UNESCO,第 16 届世界遗产委员会会议（圣达菲,1992 年 12 月 7 日至 14 日）报告员报告。来源：http://whc.unesco.org/archive/1992/whc-92-conf002-12e.pdf
124　UNESCO,第 16 届世界遗产委员会会议（圣达菲,1992 年 12 月 7 日至 14 日）报告员报告。来源：http://whc.unesco.org/archive/1992/whc-92-conf002-12e.pdf
125　UNESCO,第 2 届世界遗产委员会会议（华盛顿,1978 年 9 月 5 日至 8 日）报告员报告。来源：http://whc.unesco.org/archive/1978/cc-78-conf010-10reve.pdf
126　UNESCO,第 3 届世界遗产委员会会议（开罗和卢克索,1979 年 10 月 22 日至 26 日）报告员报告。来源：http://whc.unesco.org/archive/1979/cc-79-conf003-13e.pdf
127　UNESCO,第 9 届世界遗产委员会会议（巴黎,1985 年 12 月 2 日至 6 日）报告员报告。来源：http://whc.unesco.org/archive/1985/sc-85-conf008-9e.pdf

128　UNESCO,第14届世界遗产委员会会议(班夫,1990年12月7日至12日)报告员报告。来源:http://whc.unesco.org/archive/1990/cc-90-conf004-13e.pdf

129　UNESCO,第16届世界遗产委员会会议(圣达菲,1992年12月7日至14日)报告员报告。来源:http://whc.unesco.org/archive/1992/whc-92-conf002-12e.pdf

130　UNESCO,第19届世界遗产委员会会议(柏林,1995年12月4日至9日)报告员报告。来源:http://whc.unesco.org/archive/1995/whc-95-conf203-16e.pdf

131　UNESCO,第19届世界遗产委员会会议(柏林,1995年12月4日至9日)报告员报告。来源:http://whc.unesco.org/archive/1995/whc-95-conf203-16e.pdf

132　UNESCO,第19届世界遗产委员会会议(柏林,1995年12月4日至9日)报告员报告。来源:http://whc.unesco.org/archive/1995/whc-95-conf203-16e.pdf

133　UNESCO,第20届世界遗产委员会会议(梅里达,1996年12月2日至7日)报告员报告。来源:http://whc.unesco.org/archive/1996/whc-96-conf201-21e.pdf

134　作者音频采访约翰·雷诺兹,斯普林菲尔德,2011年5月18日。

135　作者音频采访雷诺兹。

136　UNESCO,第20届世界遗产委员会会议(梅里达,1996年12月2日至7日)报告员报告。来源:http://whc.unesco.org/archive/1996/whc-96-conf201-21e.pdf

137　UNESCO,第21届世界遗产委员会会议(那不勒斯,1997年12月1日至6日)报告员报告。来源:http://whc.unesco.org/archive/1997/whc-97-conf208-17e.pdf

138　作者音频采访艾德斯维克。

139　作者音频采访艾德斯维克。

140　UNESCO, State of conservation of properties inscribed on the World

Heritage List，Paris，10 May 1995，WHC-95/conf.201/4，p.16.来源：http://whc.unesco.org/archive/1995/whc-95-conf201-4e.pdf

141　作者音频采访艾德斯维克。

142　作者音频采访艾德斯维克。

143　UNESCO，第19届世界遗产委员会会议（柏林，1995年12月4日至9日）报告员报告。来源：http://whc.unesco.org/archive/1995/whc-95-conf203-16e.pdf

144　UNESCO，第19届世界遗产委员会会议（柏林，1995年12月4日至9日）报告员报告。来源：http://whc.unesco.org/archive/1995/whc-95-conf203-16e.pdf

145　Todd S. Purdum,"Clinton unveils plan to halt gold mine near Yellowstone," *The New York Times*, 13 August 1996. 来源：http://www.nytimes.com/1996/08/13/us/clinton-unveils-plan-to-halt-gold-mine-near-yellowstone.html

146　作者音频采访艾德斯维克。

147　UNESCO，第11届世界遗产委员会会议（巴黎，1987年12月7日至11日）报告员报告。来源：http://whc.unesco.org/archive/1987/sc-87-conf005-9e.pdf

148　UNESCO，第22届世界遗产委员会会议（京都，1998年11月30日至12月5日）报告员报告。来源：http://whc.unesco.org/archive/1998/whc-98-conf203-18e.pdf

149　第六章就卡卡杜国家公园列入《濒危名录》和缔约国意见进行论述。

150　UNESCO，第3届世界遗产委员会特别会议（巴黎，1999年7月12日）报告员报告。来源：http://whc.unesco.org/archive/1999/whc-99-conf205-5reve.pdf

151　UNESCO，第22届世界遗产委员会会议（京都，1998年11月30日至12月5日）报告员报告。来源：http://whc.unesco.org/archive/1998/whc-98-conf203-18e.pdf

152　国际金属与环境理事会于2001年更名为国际采矿与环境理事会。

153 UNESCO,第 23 届世界遗产委员会会议(马拉喀什,1999 年 11 月 29 日至 12 月 4 日)报告员报告。来源:http://whc.unesco.org/archive/1999/whc-99-conf209-22e.pdf

154 UNESCO,第 23 届世界遗产委员会会议(马拉喀什,1999 年 11 月 29 日至 12 月 4 日)报告员报告。来源:http://whc.unesco.org/archive/1999/whc-99-conf209-22e.pdf

155 UNESCO,第 23 届世界遗产委员会会议(马拉喀什,1999 年 11 月 29 日至 12 月 4 日)报告员报告。来源:http://whc.unesco.org/archive/1999/whc-99-conf209-22e.pdf

156 UNESCO, IUCN and ICME, *Technical Workshop: World Heritage and Mining*, *Technical Workshop*, *21 - 23 September 2000*, *Gland*, *Switzerland* (Paris: UNESCO, 2001). 来源:http://unesdoc.unesco.org/images/0012/001231/123112e.pdf

157 UNESCO,第 24 届世界遗产委员会会议(凯恩斯,2000 年 11 月 27 日至 12 月 2 日)报告员报告。来源:http://whc.unesco.org/archive/2000/whc-00-conf204-21e.pdf

158 2003 年,国际金属与环境理事会在南非召开的世界公园大会上做出该承诺。2003 年 8 月 22 日,UNESCO 在新闻发布会上对此表示欢迎。来源:http://portal.unesco.org/en/ev.php-URL_ID=14151&URL_DO=DO_TOPIC&URL_SECTION=201.html. 壳牌公司于同年做出类似承诺,来源:http://liveassets.iucn.getunik.net/downloads/shell_biodiversity_commitment.pdf

159 UNESCO,第 3 届世界遗产委员会会议(开罗和卢克索,1979 年 10 月 22 日至 26 日)报告员报告。来源:http://whc.unesco.org/archive/1979/cc-79-conf003-13e.pdf

160 UNESCO,第 3 届世界遗产委员会会议(开罗和卢克索,1979 年 10 月 22 日至 26 日)报告员报告。来源:http://whc.unesco.org/archive/1979/cc-79-conf003-13e.pdf

161　UNESCO,《操作指南》,第 4 届世界遗产委员会会议(巴黎,1980 年 9 月 1 日至 5 日)报告员报告。来源: http://whc.unesco.org/archive/1980/opguide80.pdf

162　本书研究涵盖时段结束后,才发生将遗产从《世界遗产名录》上除名的情况,分别是 2007 年除名的阿曼阿拉伯羚羊保护区和 2009 年除名的德国德累斯顿的埃尔伯峡谷。

163　UNESCO,首届保护世界文化和自然遗产政府间委员会(巴黎,1977 年 6 月 27 日至 7 月 1 日)最终报告。来源: http://whc.unesco.org/archive/1977/cc-77-conf001-9e.pdf

164　UNESCO,首届保护世界文化和自然遗产政府间委员会(巴黎,1977 年 6 月 27 日至 7 月 1 日)最终报告。来源: http://whc.unesco.org/archive/1978/cc-78-conf010-10reve.pdf

165　UNESCO,第 3 届世界遗产委员会会议(开罗和卢克索,1979 年 10 月 22 日至 26 日)报告员报告。来源: http://whc.unesco.org/archive/1979/cc-79-conf003-13e.pdf

166　UNESCO,第 4 届世界遗产委员会会议(巴黎,1980 年 9 月 1 日至 5 日)报告员报告。来源: http://whc.unesco.org/archive/1980/cc-80-conf016-10e.pdf

167　UNESCO,第 5 届世界遗产委员会会议(悉尼,1981 年 10 月 26 日至 30 日)报告员报告。来源: http://whc.unesco.org/archive/1981/cc-81-conf003-6e.pdf

168　UNESCO,第 5 届世界遗产委员会会议(悉尼,1981 年 10 月 26 日至 30 日)报告员报告。来源: http://whc.unesco.org/archive/1981/cc-81-conf003-6e.pdf

169　UNESCO, *Investing in World Heritage: Past Achievements, Future Ambitions, A Guide to International Assistance* (Paris, 2002), p. 20. 来源: http://whc.unesco.org/documents/publi_wh_papers_02_en.pdf

170　UNESCO, *Investing in World Heritage*, pp. 47-48. 来源: http://whc.

unesco.org/documents/publi_wh_papers_02_en.pdf
171 作者音频采访麦克尼利。
172 进入 21 世纪，几个国家与 UNESCO 签订支持世界遗产活动的正式协议。

第五章

1 UNESCO,首届《保护世界文化和自然遗产公约》缔约国大会（内罗毕，1976 年 11 月 26 日）会议纪要。来源：http://whc.unesco.org/archive/1976/shc-76-conf014-col9e.pdf

2 UNESCO,首届《保护世界文化和自然遗产公约》缔约国大会（内罗毕，1976 年 11 月 26 日）会议纪要。来源：http://whc.unesco.org/archive/1976/shc-76-conf014-col9e.pdf

3 UNESCO,第 2 届《保护世界文化和自然遗产公约》缔约国大会（巴黎，1978 年 11 月 24 日）会议纪要。来源：http://whc.unesco.org/archive/1978/cc-78-conf011-6e.pdf

4 UNESCO,第 3 届《保护世界文化和自然遗产公约》缔约国大会（贝尔格莱德,1980 年 10 月 7 日）会议纪要。来源：http://whc.unesco.org/archive/1980/cc-80-conf018-6e.pdf

5 UNESCO,第 4 届《保护世界文化和自然遗产公约》缔约国大会（巴黎，1983 年 10 月 28 日）会议纪要。来源：http://whc.unesco.org/archive/1983/clt-83-conf022-6e.pdf

6 UNESCO,第 6 届《保护世界文化和自然遗产公约》缔约国大会（巴黎，1987 年 10 月 30 日）会议纪要。来源：http://whc.unesco.org/archive/1987/cc-87-conf013-6e.pdf

7 UNESCO,第 6 届《保护世界文化和自然遗产公约》缔约国大会（巴黎，1987 年 10 月 30 日）会议纪要。来源：http://whc.unesco.org/archive/1987/cc-87-conf013-6e.pdf

8 UNESCO,第 7 届《保护世界文化和自然遗产公约》缔约国大会（巴黎，

1989年11月9日至13日）会议纪要。来源：http://whc.unesco.org/archive/1989/cc-89-conf013-6e.pdf

9　UNESCO，第8届《保护世界文化和自然遗产公约》缔约国大会（巴黎，1991年11月2日）会议纪要。来源：http://whc.unesco.org/archive/1991/clt-91-conf013-6e.pdf

10　UNESCO，第7届《保护世界文化和自然遗产公约》缔约国大会（巴黎，1989年11月9日至13日）会议纪要。来源：http://whc.unesco.org/archive/1989/cc-89-conf013-6e.pdf

11　UNESCO，第9届《保护世界文化和自然遗产公约》缔约国大会（巴黎，1993年10月29日至30日）会议纪要。来源：http://whc.unesco.org/archive/1993/whc-93-conf003-6e.pdf

12　UNESCO，第9届《保护世界文化和自然遗产公约》缔约国大会（巴黎，1993年10月29日至30日）会议纪要。来源：http://whc.unesco.org/archive/1993/whc-93-conf003-6e.pdf

13　UNESCO，第10届《保护世界文化和自然遗产公约》缔约国大会（巴黎，1995年11月2日至3日）会议纪要。来源：http://whc.unesco.org/archive/1995/whc-95-conf204-8e.pdf

14　UNESCO，第11届《保护世界文化和自然遗产公约》缔约国大会（巴黎，1997年10月27日至28日）会议纪要。来源：http://whc.unesco.org/archive/1997/whc-97-conf205-7e.pdf

15　第四章详细论述了关于监测和报告的提议。新文本于1994年获得批准并发布于1996年版《操作指南》。

16　UNESCO，第10届《保护世界文化和自然遗产公约》缔约国大会（巴黎，1995年11月2日至3日）会议纪要。来源：http://whc.unesco.org/archive/1995/whc-95-conf204-8e.pdf

17　UNESCO，第11届《保护世界文化和自然遗产公约》缔约国大会（巴黎，1997年10月27日至28日）会议纪要。来源：http://whc.unesco.org/archive/1997/whc-97-conf205-7e.pdf

18　UNESCO，第12届《保护世界文化和自然遗产公约》缔约国大会（巴黎，

1999年10月28日至29日）会议纪要。来源：http://whc.unesco.org/archive/1999/whc-99-conf206-7e.pdf
19　UNESCO，《操作指南》，首届保护世界文化和自然遗产政府间委员会（巴黎，1977年6月27日至7月1日）最终报告。来源：http://whc.unesco.org/archive/1977/cc-77-conf001-8reve.pdf
20　UNESCO，《操作指南》，1994年2月。来源：http://whc.unesco.org/archive/opguide94.pdf。这四项职能一直保留，直到2005年版《操作指南》引入更为详细的职责介绍。
21　Peter H. Bennett, "Protecting the World's Cultural and Natural Heritage," Ottawa, 3 May 1978, Parks Canada, World Heritage archives, file 1972–1978.
22　作者音频采访贝恩德·冯·德罗斯特，巴黎，2008年2月1日。
23　作者音频采访雅内·罗伯逊·韦尔纳，巴黎，2009年11月24日。
24　作者音频采访莱昂·普雷苏耶，巴黎，2008年11月18日。
25　作者音频采访冯·德罗斯特，2008年。
26　作者音频采访弗朗索瓦·勒布朗，渥太华，2009年4月7日。
27　作者音频采访勒布朗。
28　作者音频采访勒布朗。
29　作者音频采访勒布朗。
30　UNESCO，第4届世界遗产委员会会议（巴黎，1980年9月1日至5日）报告员报告。来源：http://whc.unesco.org/archive/1980/opguide80.pdf
31　作者音频采访哈尔·艾德斯维克，渥太华，2009年7月3日。
32　作者音频采访罗布·米尔恩，巴黎，2009年3月2日。
33　作者音频采访吉姆·托塞尔，班夫，2010年8月11日。
34　即将卸任大会主席的拉尔夫·斯拉特耶尔的讲话，UNESCO，第7届世界遗产委员会会议（佛罗伦萨，1983年12月5日至9日）报告员报告。来源：http://whc.unesco.org/archive/1983/sc-83-conf009-8e.pdf
35　作者音频采访弗朗切斯科·弗兰乔尼，罗马，2010年5月5日。
36　作者音频采访普雷苏耶。

注 释 / 301

37　作者音频采访普雷苏耶。
38　作者音频采访罗伯逊·韦尔纳。
39　作者音频采访赫布·斯托弗,渥太华,2011年2月3日。
40　作者音频采访吉姆·柯林森,温莎,2010年7月12日。
41　作者音频采访冯·德罗斯特,2008年。
42　UNESCO,第4届世界遗产委员会会议(巴黎,1980年9月1日至5日)报告员报告。来源:http://whc.unesco.org/archive/1980/cc-80-conf016-10e.pdf
43　UNESCO,第5届世界遗产委员会主席团会议(巴黎,1981年5月4日至7日)报告。来源:http://whc.unesco.org/archive/1981/cc-81-conf002-4e.pdf
44　UNESCO,首届世界遗产委员会特别会议(巴黎,1981年9月10日至11日)报告员报告。来源:http://whc.unesco.org/archive/1981/cc-81-conf008-2reve.pdf
45　作者音频采访冯·德罗斯特,2008年。
46　ICOMOS, The Old City of Jerusalem (Al-Quds) and its Walls,巴黎,1981年4月。来源:http://whc.unesco.org/archive/advisory_body_evaluation/148.pdf
47　作者音频采访普雷苏耶。
48　ICOMOS, The Old City of Jerusalem (Al-Quds) and its walls,巴黎,1981年4月。来源:http://whc.unesco.org/archive/advisory_body_evaluation/148.pdf
49　UNESCO,首届世界遗产委员会特别会议(巴黎,1981年9月10日至11日)报告员报告。来源:http://whc.unesco.org/archive/1981/cc-81-conf008-2reve.pdf
50　作者音频采访冯·德罗斯特,2008年。
51　作者音频采访冯·德罗斯特,2008年。
52　作者音频采访勒布朗。
53　作者音频采访普雷苏耶。

54 作者音频采访普雷苏耶。
55 作者音频采访托塞尔。
56 作者音频采访罗伯逊·韦尔纳。
57 UNESCO,《操作指南》,1996 年 2 月。来源:http://whc.unesco.org/archive/opguide96.pdf
58 作者音频采访冯·德罗斯特,2008 年。
59 UNESCO,第 20 届世界遗产委员会会议(梅里达,1996 年 12 月 2 日至 7 日)报告员报告。来源:http://whc.unesco.org/archive/1996/whc-96-conf201-21e.pdf
60 第六章更加全面地探讨了未经缔约国同意将项目列入《濒危名录》的情况。
61 作者音频采访冯·德罗斯特,2008 年。
62 作者音频采访让-路易·卢克森,鲁汶,2009 年 3 月 26 日。
63 UNESCO, Strategic guidelines for the future, 16 November 1992, WHC-92/conf.002/4, para. II.4. 来源:http://whc.unesco.org/archive/1992/whc-92-conf002-4e.pdf
64 作者音频采访卢克森。
65 作者音频采访松浦晃一郎,巴黎,2009 年 11 月 24 日。
66 梅希蒂尔德·罗斯勒和彼得拉·范登博恩音频采访阿马杜·马赫塔尔·姆博,巴黎,2009 年 10 月 22 日。
67 克里斯蒂娜·卡梅伦和彼得拉·范登博恩音频采访阿卜杜勒阿齐兹·图里,巴黎,2009 年 6 月 24 日。
68 作者音频采访米尔恩。
69 作者音频采访安妮·瑞戴,维也纳,2008 年 2 月 28 日。
70 IUCN, 50 Years of Working for Protected Areas: A Brief History of IUCN World Commission on Protected Areas (Gland, 2010), p. 3. 来源: http://cmsdata.iucn.org/downloads/history_wcpa_15july_web_version_1.pdf,以下专著提供的数据略有不同 Martin Holdgate, The Green Web: A Union for World Conservation (London, 1999), pp. 29-31.

71　Holdgate, Green, pp. 17, 45.
72　第一章描述了 IUCN 公约草案的发展。
73　Holdgate, *Green*, p. 114.
74　IUCN, Resolutions of the Eleventh General Assembly of IUCN, Banff, 16 September 1972, res. 2. 来源：http://cmsdata.iucn.org/downloads/resolutions_recommendation_en.pdf
75　IUCN, Resolutions of the Fourteenth Session of the General Assembly of IUCN, Ashkhabad, 26 September – 5 October 1978, res. 17. 来源：http://cmsdata.iucn.org/downloads/resolutions_recommendation_en.pdf
76　IUCN, Resolutions of the Sixteenth Session of the General Assembly of IUCN, Madrid, 5 – 14 November 1984, res. 16/35. 来源：http://cmsdata.iucn.org/downloads/resolutions_recommendation_en.pdf
77　IUCN, Resolutions of the Nineteenth Session of the General Assembly of IUCN, Buenos Aires, 17 – 26 January 1994, res. 19/40. 来源：http://cmsdata.iucn.org/downloads/resolutions_recommendation_en.pdf
78　IUCN, *50 Years*, p. 3.
79　IUCN, *50 Years*, p. 5.
80　IUCN, *50 Years*, p. 9.
81　Hemanta Mishra and Natarajan Ishwaran, "Summary and conclusions of the workshop on the World Heritage Convention held during the IV World Congress on national parks and protected areas, Caracas, Venezuela, February 1992," *World Heritage, Twenty Years Later* (Gland and Cambridge, 1992), p. 14. Based on papers presented at the World Heritage and other workshops held during the IV th World Congress on National Parks and Protected Areas, Caracas, Venezuela, February 1992; UNESCO, Revision of the Operational Guidelines for the Implementation of the World Heritage Convention, Paris, 11 October 1992. 来源：http://whc.unesco.org/archive/1992/whc-92-conf002 – 10e.pdf
82　作者音频采访艾德斯维克。
83　艾德斯维克(Harold K. Eidsvik)致贝恩德・冯・德罗斯特关于世界遗产

筛查程序的信,莫尔日,1978 年 5 月 31 日。来源:http://whc.unesco.org/archive/advisory_body_evaluation/024.pdf

84 UNESCO,第 4 届世界遗产委员会会议(巴黎,1980 年 9 月 1 日至 5 日)报告员报告。来源:http://whc.unesco.org/archive/1980/cc-80-conf016-10e.pdf

85 作者音频采访杰夫·麦克尼利,格朗,2010 年 9 月 17 日。

86 IUCN Commission on National Parks and Protected Areas, *The World's Greatest Natural Areas: An Indicative Inventory of Natural Sites of World Heritage Quality* (Gland, 1982), pp. 1 - 69.

87 作者音频采访麦克尼利。

88 作者音频采访托塞尔。

89 作者音频采访托塞尔。

90 作者音频采访托塞尔。

91 IUCN, *50 Years*, pp. 9 - 10.

92 作者音频采访麦克尼利。

93 作者音频采访托塞尔。

94 作者音频采访弗兰乔尼。

95 IUCN Commission on National Parks and Protected Areas, *The World's Greatest Natural Areas: An Indicative Inventory of Natural Sites of World Heritage Quality* (Gland, 1982), pp. 1 - 69. UNESCO,第 8 届世界遗产委员会会议(布宜诺斯艾利斯,1984 年 10 月 29 日至 11 月 2 日)报告员报告。来源:http://whc.unesco.org/archive/1984/sc-84-conf004 - 9e.pdf

96 作者音频采访普雷苏耶。

97 UNESCO,第 9 届世界遗产委员会会议(巴黎,1985 年 12 月 2 日至 6 日)报告员报告。来源:http://whc.unesco.org/archive/1985/sc-85-conf008 - 9e.pdf;UNESCO,第 12 届世界遗产委员会会议(巴西利亚,1988 年 12 月 5 日至 9 日)报告员报告。来源:http://whc.unesco.org/archive/1988/sc-88-conf001 - 13e.pdf

98 UNESCO, Report of the expert meeting on evaluation of general principles and criteria for nominations of natural World Heritage Sites, Parc national de la Vanoise, France, 22 – 24 March 1996, Paris, 15 April 1996, WHC-96/conf.202/inf. 9, para. 2c. 来源：http://whc.unesco.org/archive/1996/whc-96-conf202-inf9e.pdf

99 UNESCO, Progress report, synthesis and action plan on the global strategy for a representative and credible World Heritage List, Paris, 27 October 1998, WHC-98/conf. 203/12, pp. 8 – 11. 来源：http://whc.unesco.org/archive/1998/whc-98-conf203 – 12e.pdf; UNESCO, Progress report on the implementation of the regional actions described in the global strategy action plan adopted by the Committee at its twenty-second session, Paris, 21 October 1999, WHC-99/conf. 209/8, pp. 31 – 34. 来源：http://whc.unesco.org/archive/1999/whc-99-conf209 – 8e.pdf. 可在以下网页找到所有研究：http://www.unep-wcmc.org/world-heritage-thematic-studies_519.html

100 UNESCO,第8届世界遗产委员会会议（布宜诺斯艾利斯,1984年10月29日至11月2日）报告员报告。来源：http://whc.unesco.org/archive/1984/sc-84-conf004 – 9e.pdf

101 UNESCO,第9届世界遗产委员会会议（巴黎,1985年12月2日至6日）报告员报告。来源：http://whc.unesco.org/archive/1985/sc-85-conf008 – 9e.pdf

102 UNESCO,第13届世界遗产委员会会议（巴黎,1989年12月11日至15日）报告员报告。来源：http://whc.unesco.org/archive/1989/sc-89-conf004 – 12e.pdf

103 Jim Thorsell, "From Strength to Strength: World Heritage in its 20th Year," *World Heritage: Twenty Years Later* (Gland and Cambridge, 1992), pp. 19 – 25. Based on papers presented at the World Heritage and other workshops held during the Ⅳth World Congress on National Parks and Protected Areas, Caracas, Venezuela, February 1992.

104 Jim Thorsell,"Nature's Hall of Fame: IUCN and the World Heritage Convention," *Parks*, 7/2 (1997), p. 7.
105 作者音频采访纳塔拉詹·伊西瓦然,巴黎,2009年11月24日。
106 作者音频采访艾德斯维克。
107 作者音频采访米尔恩。
108 作者音频采访赫布·斯托弗,渥太华,2011年3月16日。
109 Russell V. Keune,"An interview with Hiroshi Daifuku," *CRM: The Journal of Heritage Stewardship*, 8/1 and 2 (2011), p. 41. 来源:http://crmjournal.cr.nps.gov/03_spotlight_sub.cfm?issue=Volume%208%20Numbers%201%20and%202%20Winter%2FSummer%202011&page=4&seq=1
110 Raymond Lemaire,"Report of the President of ICOMOS Piero Gazzola 1965–1975: A tribute to Piero Gazzola," *Thirty Years of ICOMOS* (Paris, 1995), p. 87. 来源:http://openarchive.icomos.org/254
111 Lemaire,"Report of the President," p. 87.
112 *The Monument for the Man: Records of the II International Congress of Restoration* (Venice, 1964), Foreword. 来源:http://www.icomos.org/en/about-icomos/mission-and-vision/history?id=411:the-monument-for-the-man-records-of-the-ii-international-congress-of-restoration&catid=157:publications
113 作者音频采访勒布朗。
114 UNESCO,首届保护世界文化和自然遗产政府间委员会(巴黎,1977年6月27日至7月1日)最终报告。来源:http://whc.unesco.org/archive/1977/cc-77-conf001-9e.pdf
115 ICOMOS,秘书长欧内斯特·艾伦·康纳利(Ernest Allen Connally)致世界遗产委员会主席菲鲁兹·巴格尔扎德(Firouz Bagerzadeh)的信,巴黎,1978年6月7日。来源:http://whc.unesco.org/archive/advisory_body_evaluation/004.pdf
116 作者音频采访普雷苏耶。

117　作者音频采访勒布朗。
118　作者音频采访勒布朗。
119　作者音频采访普雷苏耶。
120　作者音频采访普雷苏耶。
121　UNESCO,第 5 届世界遗产委员会会议(悉尼,1981 年 10 月 26 日至 30 日)报告员报告。来源:http://whc.unesco.org/archive/1981/cc-81 - conf003-6e.pdf
122　斯拉特耶尔的讲话,p. 5。
123　作者音频采访普雷苏耶。
124　作者音频采访斯托弗,2011 年 2 月。
125　作者音频采访罗兰·席尔瓦,维多利亚,2011 年 10 月 12 日。
126　作者音频采访斯托弗,2011 年 2 月。
127　作者音频采访斯托弗,2011 年 2 月;作者音频采访罗兰·席尔瓦。
128　作者音频采访卢克森。
129　作者音频采访斯托弗,2011 年 2 月。
130　作者音频采访亨利·克利尔,伦敦,2008 年 1 月 24 日。
131　作者音频采访冯·德罗斯特,2008 年。
132　作者音频采访斯托弗,2011 年 2 月。
133　作者音频采访雷·万纳,斯普林菲尔德,2011 年 5 月 18 日。
134　作者音频采访罗兰·席尔瓦。
135　作者音频采访斯托弗,2011 年 2 月。
136　作者音频采访卢克森。
137　作者音频采访米尔恩。
138　作者音频采访冯·德罗斯特,2008 年。
139　UNESCO,第 4 届世界遗产委员会会议(巴黎,1980 年 9 月 1 日至 5 日)报告员报告。来源:http://whc.unesco.org/archive/1980/cc-80-conf016-10e.pdf
140　UNESCO,第 6 届世界遗产委员会会议(巴黎,1982 年 12 月 13 日至 17 日)报告员报告。来源:http://whc.unesco.org/archive/1982/clt-82-conf015-

8e.pdf
141 UNESCO,第 7 届世界遗产委员会会议(佛罗伦萨,1983 年 12 月 5 日至 9 日)报告员报告。来源：http://whc.unesco.org/archive/1983/sc-83-conf009-8e.pdf
142 UNESCO,第 10 届世界遗产委员会主席团会议(巴黎,1986 年 6 月 16 日至 19 日)报告员报告。来源：http://whc.unesco.org/archive/1986/cc-86-conf001-11e.pdf
143 UNESCO,第 12 届世界遗产委员会会议(巴西利亚,1988 年 12 月 5 日至 9 日)报告员报告。来源：http://whc.unesco.org/archive/1988/sc-88-conf001-13e.pdf
144 UNESCO, Comparative and related studies carried out by ICOMOS, 1992-1996, twentieth session of the World Heritage Committee in Merida, 2-7 December 1996, Paris, 18 September 1996, WHC-96/conf. 201/inf. 11, pp. 1-8. 来源：http://whc.unesco.org/archive/1996/whc-96-conf201-inf11e.pdf
145 UNESCO,第 8 届世界遗产委员会会议(布宜诺斯艾利斯,1984 年 10 月 29 日至 11 月 2 日)报告员报告。来源：http://whc.unesco.org/archive/1984/sc-84-conf004-9e.pdf. 可参阅第四章费尔登关于该项目的评论。
146 UNESCO,第 7 届世界遗产委员会会议(佛罗伦萨,1983 年 12 月 5 日至 9 日)报告员报告。来源：http://whc.unesco.org/archive/1983/sc-83-conf009-8e.pdf
147 UNESCO,第 13 届世界遗产委员会会议(巴黎,1989 年 12 月 11 日至 15 日)报告员报告。来源：http://whc.unesco.org/archive/1989/sc-89-conf004-12e.pdf
148 作者音频采访赫布·斯托弗,渥太华,2011 年 4 月 5 日。
149 作者音频采访图里。
150 作者音频采访弗兰乔尼。
151 Michel Batisse, "The struggle to save our world heritage," *Environment*, 34/10 (1992), p. 17.

152 作者音频采访道森·曼杰利,巴西利亚,2010年8月3日。
153 作者音频采访冯·德罗斯特,2008年。
154 UNESCO,联合国教科文组织第9届大会记录,巴黎,1957年。来源:http://unesdoc.unesco.org/images/0011/001145/114585e.pdf
155 作者音频采访尤卡·约基莱赫托,罗马,2020年5月5日。156 Jukka Jokilehto, *ICCROM and the Conservation of Cultural Heritage. A History of the Organization's First 50 Years*, 1959 – 2009 (Rome, 2011), p. 80.
157 作者音频采访斯托弗,2011年3月和4月。
158 UNESCO, Final report of informal consultation of intergovernmental and non-governmental organizations in the implementation of the Convention concerning the protection of the world cultural and natural heritage, Morges, 19 – 20 May 1976。来源:http://unesdoc.unesco.org/images/0002/000213/021374eb.pdf
159 ICCROM未派员出席1980年、1994年和1987年委员会会议。
160 作者音频采访约基莱赫托。
161 作者音频采访瑞戴。
162 Bernard Feilden and Jukka Jokilehto, Management Guidelines for World Cultural Heritage Sites (Rome, 1993), pp. 1 – 122; Jokilehto, *ICCROM*, p. 107.
163 Herb Stovel, *Risk Preparedness: A Management Manual for World Cultural Heritage* (Rome, 1998), pp. 1 – 145.
164 UNESCO, Strategy for training in the field of natural heritage, Paris, 1 October 1995, WHC-95/conf.203/inf. 11A; Training strategy in the conservation of cultural heritage sites, Paris, 11 October 1995, WHC-95/conf.203/inf. 11B. 来源:http://whc.unesco.org/archive/1995/whc-95-conf203-inf11be.pdf
165 UNESCO,第19届世界遗产委员会会议(柏林,1995年12月4日至9日)报告员报告。来源:http://whc.unesco.org/archive/1995/whc-95-

conf203-16e.pdf
166 作者音频采访斯托弗，2011年2月。
167 作者音频采访斯托弗，2011年4月。
168 作者音频采访斯托弗，2011年2月。
169 作者音频采访普雷苏耶。
170 作者音频采访斯托弗，2011年4月。
171 作者音频采访瑞戴。
172 UNESCO，首届保护世界文化和自然遗产政府间委员会（巴黎，1977年6月27日至7月1日）最终报告。来源：http://whc.unesco.org/archive/1977/cc-77-conf001-9e.pdf
173 UNESCO，第2届世界遗产委员会会议（华盛顿，1978年9月5日至8日）报告员报告。来源：http://whc.unesco.org/archive/1978/cc-78-conf010-10reve.pdf
174 UNESCO，第3届世界遗产委员会会议（开罗和卢克索，1979年10月22日至26日）报告员报告。来源：http://whc.unesco.org/archive/1979/cc-79-conf003-13e.pdf；UNESCO，第5届世界遗产委员会会议（悉尼，1981年10月26日至30日）报告员报告。来源：http://whc.unesco.org/archive/1981/cc-81-conf003-6e.pdf
175 UNESCO，第6届世界遗产委员会会议（巴黎，1982年12月13日至17日）报告员报告。来源：http://whc.unesco.org/archive/1982/clt-82-conf015-8e.pdf
176 UNESCO，第9届世界遗产委员会会议（巴黎，1985年12月2日至6日）报告员报告。来源：http://whc.unesco.org/archive/1985/sc-85-conf008-9e.pdf
177 UNESCO，第12届《保护世界文化和自然遗产公约》缔约国大会（1999年10月28日至29日）报告员报告。来源：http://whc.unesco.org/archive/1988/sc-88-conf001-13e.pdf
178 作者音频采访冯·德罗斯特，2007年。
179 作者音频采访冯·德罗斯特，2007年。

180 作者音频采访冯·德罗斯特,2007年。
181 作者音频采访穆尼·布什纳基,巴黎,2009年2月29日。
182 UNESCO,第16届世界遗产委员会会议(圣达菲,1992年12月7日至14日)报告员报告。来源:http://whc.unesco.org/archive/1992/whc-92-conf002-12e.pdf
183 作者音频采访费德里科·马约尔,马德里,2009年6月18日。
184 作者音频采访冯·德罗斯特,2007年。
185 UNESCO,第17届世界遗产委员会会议(卡塔赫纳,1993年12月6日至11日)报告员报告。来源:http://whc.unesco.org/archive/1993/whc-93-conf002-14e.pdf
186 作者音频采访冯·德罗斯特,2007年。
187 UNESCO,第17届世界遗产委员会会议(卡塔赫纳,1993年12月6日至11日)报告员报告。来源:http://whc.unesco.org/archive/1993/whc-93-conf002-14e.pdf
188 UNESCO,第18届世界遗产委员会会议(普吉岛,1994年12月12日至17日)报告员报告。来源:http://whc.unesco.org/archive/1994/whc-94-conf003-16e.pdf;UNESCO,第20届世界遗产委员会会议(梅里达,1996年12月2日至7日)报告员报告。来源:http://whc.unesco.org/archive/1996/whc-96-conf201-21e.pdf
189 UNESCO,第16届世界遗产委员会会议(圣达菲,1992年12月7日至14日)报告员报告。来源:http://whc.unesco.org/archive/1992/whc-92-conf002-12e.pdf
190 作者音频采访布什纳基。
191 作者音频采访斯托弗,2011年4月。
192 作者音频采访克利尔。
193 作者音频采访托塞尔。
194 作者音频采访阿德里安·菲利普斯,伦敦,2008年1月24日。
195 作者音频采访斯托弗,2011年4月。
196 作者音频采访郭旃,巴西利亚,2010年8月3日。

197　UNESCO,第 20 届世界遗产委员会会议(梅里达,1996 年 12 月 2 日至 7 日)报告员报告。来源:http://whc.unesco.org/archive/1996/whc-96-conf201-21e.pdf

198　UNESCO,第 17 届世界遗产委员会会议(卡塔赫纳,1993 年 12 月 6 日至 11 日)报告员报告。来源:http://whc.unesco.org/archive/1993/whc-93-conf002-14e.pdf

199　几位参会者确认了事件发生顺序。官方报告中心会议伊始就告知委员会有关情况的陈述是错误的。UNESCO,第 19 届世界遗产委员会会议(柏林,1995 年 12 月 4 日至 9 日)报告员报告。来源:http://whc.unesco.org/archive/1995/whc-95-conf203-16e.pdf

200　UNESCO,第 19 届世界遗产委员会会议(柏林,1995 年 12 月 4 日至 9 日)报告员报告。来源:http://whc.unesco.org/archive/1995/whc-95-conf203-16e.pdf

201　UNESCO,第 19 届世界遗产委员会会议(柏林,1995 年 12 月 4 日至 9 日)报告员报告。来源:http://whc.unesco.org/archive/1995/whc-95-conf203-16e.pdf

202　UNESCO,第 21 届世界遗产委员会会议(那不勒斯,1997 年 12 月 1 日至 6 日)报告员报告。来源:http://whc.unesco.org/archive/1997/whc-97-conf208-17e.pdf

203　作者音频采访弗兰乔尼。

204　UNESCO,第 17 届世界遗产委员会会议(卡塔赫纳,1993 年 12 月 6 日至 11 日)报告员报告。来源:http://whc.unesco.org/archive/1993/whc-93-conf002-14e.pdf

205　UNESCO,第 17 届世界遗产委员会会议(卡塔赫纳,1993 年 12 月 6 日至 11 日)报告员报告。来源:http://whc.unesco.org/archive/1993/whc-93-conf002-14e.pdf

206　UNESCO,第 17 届世界遗产委员会会议(卡塔赫纳,1993 年 12 月 6 日至 11 日)报告员报告。来源:http://whc.unesco.org/archive/1993/whc-93-conf002-14e.pdf

207　作者音频采访弗兰乔尼。

208　UNESCO,第 18 届世界遗产委员会会议(普吉岛,1994 年 12 月 12 日至 17 日)报告员报告。来源:http://whc.unesco.org/archive/1994/whc-94-conf003-16e.pdf

209　UNESCO,第 18 届世界遗产委员会会议(普吉岛,1994 年 12 月 12 日至 17 日)报告员报告。来源:http://whc.unesco.org/archive/1994/whc-94-conf003-16e.pdf

210　UNESCO,第 18 届世界遗产委员会会议(普吉岛,1994 年 12 月 12 日至 17 日)报告员报告。来源:http://whc.unesco.org/archive/1994/whc-94-conf003-16e.pdf

211　Charles de Haes and David Mitchell, Strategic recommendations for promoting and fundraising for World Heritage, October, 1994, Paris, 18 November 1994, WHC-94/conf.003/11 add. 来源:http://whc.unesco.org/archive/1994/whc-94-conf003-11adde.pdf

212　UNESCO,第 18 届世界遗产委员会会议(普吉岛,1994 年 12 月 12 日至 17 日)报告员报告。来源:http://whc.unesco.org/archive/1994/whc-94-conf003-16e.pdf

213　UNESCO,第 20 届世界遗产委员会会议(梅里达,1996 年 12 月 2 日至 7 日)报告员报告。来源:http://whc.unesco.org/archive/1996/whc-96-conf201-21e.pdf

214　UNESCO,第 20 届世界遗产委员会会议(梅里达,1996 年 12 月 2 日至 7 日)报告员报告。来源:http://whc.unesco.org/archive/1996/whc-96-conf201-21e.pdf

215　UNESCO,第 21 届世界遗产委员会会议(那不勒斯,1997 年 12 月 1 日至 6 日)报告员报告。来源:http://whc.unesco.org/archive/1997/whc-97-conf208-17e.pdf

216　UNESCO, Preservation and presentation of cultural and natural heritage, DG note 98/53, Paris, 23 November 1998, Kyoto, 30 November 1998,

WHC-98/conf.203/11 add，annex 4. 来源：http://whc.unesco.org/archive/1998/whc-98-conf203-11adde.pdf

217　UNESCO，第22届世界遗产委员会会议(京都，1998年11月30日至12月5日)报告员报告。来源：http://whc.unesco.org/archive/1998/whc-98-conf203-18e.pdf

218　作者音频采访松浦。

219　作者音频采访罗伯逊·韦尔纳。

220　作者音频采访冯·德罗斯特，2007年。

221　作者音频采访米尔恩。

222　1980年至今的交流传播项目概述可见以下博士论文：Juan Shen, *Patrimoine et audiovisuel, l'enjeu de la médiation scientifique dans la communication des connaissances* (Paris, 2010).

223　作者音频采访柯林森。

224　UNESCO，首届保护世界文化和自然遗产政府间委员会(巴黎，1977年6月27日至7月1日)最终报告。来源：http://whc.unesco.org/archive/1977/cc-77-conf001-9_en.pdf

225　UNESCO，第2届世界遗产委员会会议(华盛顿，1978年9月5日至8日)报告员报告。来源：http://whc.unesco.org/archive/1978/cc-78-conf010-10reve.pdf

226　UNESCO，第12届世界遗产委员会会议(巴西利亚，1988年12月5日至9日)报告员报告。来源：http://whc.unesco.org/archive/1988/sc-88-conf001-13e.pdf

227　研讨会文件包括一份关于管理指南的创新文件，参阅 Herb Stovel, *Safeguarding Historic Urban Ensembles in a Time of Change: A Management Guide* (Hull, 1991), pp. 1-71.

228　世界遗产委员会主席致环保团体关于墨西哥埃尔比斯开诺捕鲸保护区项目的第二封信，巴黎，1999年5月25日。来源：http://whc.unesco.org/uploads/news/news-151-1.pdf

229 UNESCO,第 23 届世界遗产委员会会议(马拉喀什,1999 年 11 月 29 日至 12 月 4 日)报告员报告。来源：http://whc.unesco.org/archive/1999/whc-99-conf209-22e.pdf
230 作者音频采访松浦。

第六章

1 1979 年澳大利亚 ICOMOS 委员会关于保护具有文化意义地点的指南《布拉章程》(Burra Charter,先后于 1981 年、1988 年和 1999 年修订)提议拓展对遗产价值的理解。文件通过面向遗产地点的广泛概念而非特定的史迹和遗址,通过引入包含美学、历史、科学和社会价值并具有文化意义的新概念,影响了国际实践。1999 年的修订转向对非物质和关联性价值的认可。来源:http://australia.icomos.org/wp-content/uploads/Burra-Charter_1979.pdf
2 作者音频采访赫布·斯托弗,渥太华,2011 年 4 月 5 日。
3 1992 年《公约》20 周年前夕及之后开展了关于世界遗产体系及其相关政策的重要评估。参阅 Jim Thorsell and Jacqueline Sawyer (eds), *World Heritage Twenty Years Later* (Gland, 1992), pp. 1 – 191; Azedine Beschaouch, Towards an evaluation of the implementation of the Convention, Paris, December 1991, WHC-92/conf.002/3, annex Ⅳ. 来源: http://whc.unesco.org/archive/1992/whc-92-conf002-3e.pdf; Jim Thorsell, *World Heritage Convention: Effectiveness 1992 – 2002 and lessons for governance* (Gland, 2003), pp. 1 – 22.
4 Jukka Jokilehto et al., *The World Heritage List: What is OUV? Defining the Outstanding Universal Value of Cultural World Heritage Properties* (Berlin, 2008), pp. 1 – 111.
5 作者音频采访卡特琳·迪梅尼,巴黎,2009 年 11 月 25 日。
6 作者音频采访尤卡·约基莱赫托,罗马,2020 年 5 月 5 日。
7 UNESCO,第 11 届《保护世界文化和自然遗产公约》缔约国大会(巴黎,

1997年10月27日至28日)会议纪要。来源：http://whc.unesco.org/archive/1997/whc-97-conf205-7e.pdf

8　彼得·H.本内特(Peter H. Bennett)致M.拉莱缇希-拉吉希(M. Raletich-Rajicic)的信，渥太华，1978年11月24日。

9　项目于2007年更名为"前纳粹德国奥斯维辛-比克瑙集中营(1940—1945年)"。

10　关于此标准非物质维度的进一步思考，可参阅UNESCO, Report of the international World Heritage expert meeting on criterion (vi) and associative values held in Warsaw, 28-30 March 2012. 来源：http://whc.unesco.org/uploads/events/documents/event-827-15.pdf

11　UNESCO,第20届世界遗产委员会会议(梅里达，1996年12月2日至7日)报告员报告。来源：http://whc.unesco.org/archive/1996/whc-96-conf201-21e.pdf

12　作者音频采访雷·万纳，斯普林菲尔德，2011年5月18日。

13　克里斯蒂娜·卡梅伦和彼得拉·范登博恩音频采访阿卜杜勒阿齐兹·图里，巴黎，2009年11月24日。

14　作者音频采访贝恩德·冯·德罗斯特，巴黎，2008年2月1日。

15　UNESCO, Final report of informal consultation of intergovernmental and non-governmental organizations in the implementation of the Convention concerning the protection of the world cultural and natural heritage, Morges, 19-20 May 1976, 来源：http://unesdoc.unesco.org/images/0002/000213/021374eb.pdf

16　Michel Parent, Comparative study of nominations and criteria for world cultural heritage, principles and criteria for inclusion of properties on the World Heritage List, Paris, 11 October 1979, CC-79/conf.003/11 annex, p. 22. 来源：http://whc.unesco.org/archive/1979/cc-79-conf003-11e.pdf

17　UNESCO,《操作指南》，1994年2月。来源：http://whc.unesco.org/archive/opguide94.pdf

18　UNESCO,《操作指南》,1996 年 2 月。来源:http://whc.unesco.org/archive/opguide96.pdf
19　UNESCO,第 21 届世界遗产委员会会议(那不勒斯,1997 年 12 月 1 日至 6 日)报告员报告。来源:http://whc.unesco.org/archive/1997/whc-97-conf208-17e.pdf
20　UNESCO,第 15 届世界遗产委员会会议(迦太基,1991 年 12 月 9 日至 13 日)报告员报告。来源:http://whc.unesco.org/archive/1991/sc-91-conf002-15e.pdf
21　作者音频采访汉斯·卡斯帕里,美因茨,2011 年 7 月 1 日。
22　UNESCO,《保护世界文化和自然遗产公约》,巴黎,1972 年。来源:http://whc.unesco.org/archive/convention-en.pdf
23　UNESCO,第 15 届世界遗产委员会会议(迦太基,1991 年 12 月 9 日至 13 日)报告员报告。来源:http://whc.unesco.org/archive/1991/sc-91-conf002-15e.pdf
24　UNESCO,第 15 届世界遗产委员会会议(迦太基,1991 年 12 月 9 日至 13 日)报告员报告。来源:http://whc.unesco.org/archive/1991/sc-91-conf002-15e.pdf
25　作者音频采访弗朗切斯科·弗兰乔尼,罗马,2010 年 5 月 5 日。
26　UNESCO,第 22 届世界遗产委员会会议(京都,1998 年 11 月 30 日至 12 月 5 日)报告员报告。来源:http://whc.unesco.org/archive/1998/whc-98-conf203-18e.pdf
27　即将卸任大会主席的拉尔夫·斯拉特耶尔的讲话,UNESCO,第 7 届世界遗产委员会会议(佛罗伦萨,1983 年 12 月 5 日至 9 日)报告员报告。来源:http://whc.unesco.org/archive/1983/sc-83-conf009-8e.pdf
28　UNESCO,第 3 届世界遗产委员会特别会议(巴黎,1999 年 7 月 12 日)报告员报告。来源:http://whc.unesco.org/archive/1999/whc-99-conf205-5reve.pdf
29　UNESCO,第 3 届世界遗产委员会特别会议(巴黎,1999 年 7 月 12 日)报告员报告。来源:http://whc.unesco.org/archive/1999/whc-99-conf205-

5reve.pdf
30　作者音频采访弗兰乔尼。
31　在 2000 年前后《操作指南》重大修订过程中,列入《濒危名录》是否需要缔约国同意的问题再次出现。UNESCO 法律顾问认为,惯例(委员会的决定)显示无需缔约国同意即可将项目列入《濒危名录》。但许多缔约国持相反意见。可参阅第 6 届世界遗产委员会特别会议(巴黎,2003 年 3 月 17 日至 22 日)报告员报告,会议纪要。来源:http://whc.unesco.org/archive/2003/whc03-6extcom-inf08e.pdf。以及 UNESCO,第 6 届世界遗产委员会特别会议(巴黎,2003 年 3 月 17 日至 22 日)的决定。来源:http://whc.unesco.org/archive/6extcom.htm#6extcom4
32　作者音频采访莱昂·普雷苏耶,巴黎,2008 年 11 月 18 日。
33　作者音频采访卡斯帕里。
34　作者音频采访吉姆·柯林森,温莎,2010 年 7 月 12 日。
35　作者音频采访雅内·罗伯逊·韦尔纳,巴黎,2009 年 11 月 24 日。
36　作者音频采访卡门·阿尼翁·费利乌,马德里,2009 年 6 月 18 日。
37　作者音频采访让-路易·卢克森,鲁汶,2009 年 3 月 26 日。
38　作者音频采访罗布·米尔恩,巴黎,2009 年 3 月 2 日。
39　作者音频采访纳塔拉詹·伊西瓦然,巴黎,2009 年 11 月 24 日。
40　作者音频采访哈尔·艾德斯维克,渥太华,2009 年 7 月 3 日。
41　作者音频采访利西娅·弗拉德·博雷利,罗马,2010 年 5 月 6 日。
42　Arthur Pederson, *Managing Tourism at World Heritage Sites: A Practical Manual for World Heritage Site Managers* (Paris, 2002), p. 16.
43　作者音频采访郭旃,巴西利亚,2010 年 8 月 3 日。
44　作者音频采访卢克森。
45　作者音频采访卢克森。
46　有关奥斯维辛-比克瑙、耶路撒冷老城、昆士兰湿热带地区、"W"国家公园和卡卡杜国家公园案例的细节,可参阅第五章。
47　作者音频采访哈拉尔德·普拉赫特,美因茨,2011 年 7 月 1 日。
48　Léon Pressouyre, *The World Heritage Convention, Twenty Years Later*

(Paris, 1996), p. 46.
49　作者音频采访弗兰乔尼。
50　作者音频采访道森·曼杰利,巴西利亚,2010 年 8 月 3 日。
51　作者音频采访罗伯逊·韦尔纳。
52　作者音频采访曼杰利。
53　作者音频采访普雷苏耶。
54　作者音频采访弗兰乔尼。
55　作者音频采访阿德里安·菲利普斯,伦敦,2008 年 1 月 24 日。
56　作者音频采访罗伯逊·韦尔纳。
57　作者音频采访米尔恩。
58　作者音频采访普雷苏耶。
59　作者音频采访迪梅尼。
60　作者音频采访斯托弗,2011 年 4 月。
61　作者音频采访斯托弗,渥太华,2011 年 2 月 3 日。
62　作者音频采访斯托弗,2011 年 4 月。
63　作者音频采访弗朗索瓦·勒布朗,渥太华,2009 年 4 月 7 日。
64　作者音频采访费德里科·马约尔,马德里,2009 年 6 月 18 日。
65　作者音频采访卢克森。
66　作者音频采访阿兹丁·贝绍伍什,巴西利亚,2010 年 7 月 28 日。
67　作者音频采访曼杰利。
68　Laurajane Smith, *The Uses of Heritage* (Abingdon, 2006), pp. 28–30.
69　作者音频采访斯托弗,2011 年 4 月。
70　作者音频采访卢克森。
71　作者音频采访杰夫·麦克尼利,格朗,2010 年 9 月 17 日。
72　作者音频采访卢克森。
73　作者音频采访亨利·克利尔,伦敦,2008 年 1 月 24 日。
74　作者音频采访贝绍伍什。
75　作者音频采访卢克森。
76　作者音频采访菲利普斯。

77　作者音频采访吉姆·托塞尔,班夫,2010 年 8 月 11 日；Thorsell, World Heritage Convention, p. 21.
78　UNESCO,第 12 届《保护世界文化和自然遗产公约》缔约国大会(1999 年 10 月 28 日至 29 日)会议纪要。来源：http://whc.unesco.org/archive/1999/whc-99-conf206-7e.pdf
79　梅希蒂尔德·罗斯勒和彼得拉·范登博恩音频采访阿马杜·马赫塔尔·姆博,巴黎,2009 年 10 月 22 日。
80　作者音频采访马约尔。
81　作者音频采访郭旃。

参考文献

手稿

IUCN, Gland, Resolutions of the first to the nineteenth General Assembly of IUCN, 1948-1994.

John F. Kennedy Presidential Library and Museum, Washington, Samuel E. Belk personal papers, International Cooperation Year committee reports, box 10, 1965-1966.

Nixon, Richard, Special message to the Congress proposing the 1971 environmental program, 8 February 1971, art. IV.

Parks Canada, Gatineau, World Heritage archives, file 1972-1978.

UNESCO, Paris, Records of the third to the seventeenth session of the General Conference of UNESCO, 1948-1972.

UNESCO Archives, Paris, World Heritage files, 1968-2000.

Université de Montréal, Canada Research Chair on Built Heritage, interviews with World Heritage pioneers, 2006-2012.

University of Maryland, Hornbake Library, Papers of Ernest A. Connally, 1967-1997.

United States National Parks Service, Washington, World Heritage archives, file 1973-1975.

已发表的一级文献

Adams, Alexander B., *First World Conference on National Parks* (Washington: US Department of the Interior, 1962).

Batisse, Michel, "The Struggle to Save Our World Heritage," *Environment*, 34/10 (1992): 12-32.

Eidsvik, Harold K., "Guest Comment: Plitvice National Park, World Heritage Site and the Wars in the Former Yugoslavia," *Environmental Conservation*, 20 (1993): 293.

Feilden, Bernard and Jukka Jokilehto, *Management Guidelines for World Cultural Heritage Sites* (Rome: ICCROM, 1993).

Van Hooff, Herman, "The Monitoring and Reporting of the State of Properties Inscribed on the World Heritage List," *ICOMOS Canada Bulletin*, 4/3 (1995): 12-14.

ICOMOS Australia, *The Australia ICOMOS Guidelines for the Conservation of Places of Cultural Significance* (Burra Charter) (n.p.: Australia ICOMOS, 1979).

IUCN, *Proceedings of the Ninth General Assembly at Lucerne 25 June-2 July 1966* (Morges: IUCN, 1967).

IUCN Commission on National Parks and Protected Areas, *The World's Greatest Natural Areas: An Indicative Inventory of Natural Sites of World Heritage Quality* (Gland: IUCN, 1982).

IUCN International Commission on National Parks, *United Nations List of National Parks and Equivalent Reserves: Part Two and Addenda to Part One* (Morges: IUCN, 1962).

Larsen, Knut Einar (ed.), *Nara Conference on Authenticity in Relation to the World Heritage Convention: Proceedings*, Nara, Japan, 1-6 November 1994 (Paris: UNESCO World Heritage Centre/Japan Agency for Cultural Affairs, 1995).

Linstrum, Derek, "An alternative approach? An interview with Anne Raidl," *Momentum*, special issue (1984): 50-55.

Mishra, Hemanta and N. Ishwaran, "Summary and conclusions of the workshop on the World Heritage Convention held during the IV World Congress on National Parks and Protected Areas, Caracas, Venezuela, February 1992," *World Heritage, Twenty Years Later* (Gland and Cambridge: IUCN, 1992). Based on papers presented at the World Heritage and other workshops held during the IV th World Congress on National Parks and Protected Areas, Caracas, Venezuela, February 1992.

Parent, Michel, "La problématique du Patrimoine Mondial Culturel," *Momentum*, special issue (1984): 33-49.

Purdum, Todd S., "Clinton unveils plan to halt gold mine near Yellowstone," *The New York Times*, 13 August 1996.

Saouma-Ferero, Galia (ed.), *L'Authenticité et l'intégrité dans un contexte africain: Réuniond' experts, Grand Zimbabwe, 26-29 mai 2000/Authenticity and integrity in an African context: Expert meeting, Great Zimbabwe, 26-29 May 2000* (Paris: UNESCO, 2001).

Slatyer, Ralph O., "The Origin and Evolution of the World Heritage Convention," *Ambio*, 12/3-4 (1983): 138-140.

Stovel, Herb, *Safeguarding Historic Urban Ensembles in a Time of Change: A Management Guide* (Hull: Parks Canada, 1991).

Stovel, Herb, "Monitoring world cultural heritage sites," *ICOMOS Canada Bulletin*, 4/3 (1995): 15-20.

Stovel, Herb, *Risk Preparedness: A Management Manual for World Cultural Heritage* (Rome: ICCROM, 1998).

Thorsell, Jim, "From Strength to Strength: World Heritage in its 20th Year," *World Heritage, Twenty Years Later*. Based on papers presented at the World Heritage and other workshops held during the IV th World Congress on National Parks and Protected Areas, Caracas, Venezuela, February 1992 (Gland and Cambridge: IUCN, 1992): 19-26.

Thorsell, Jim, "Nature's Hall of Fame: IUCN and the World Heritage Convention," *Parks*, 7/2 (1997): 7.

Thorsell, Jim (ed.), *World Heritage: Twenty Years Later*. Based on papers presented at the World Heritage and other workshops held during the IVth World Congress on National Parks and Protected Areas, Caracas, Venezuela, February 1992 (Gland and Cambridge: IUCN, 1992).

Thorsell, Jim and Jim Paine, "An IUCN/WCMC perspective on safeguarding the integrity of cultural heritage properties," *ICOMOS Canada Bulletin*, 4/3 (1995): 21-23.

The Athens Charter for the Restoration of Historic Monuments (Athens: First International Congress of Architects and Technicians of Historic Monuments, 1931).

The Monument for the Man: Records of the II International Congress of Restoration (Venice: ICOMOS, 1964).

UNESCO, IUCN and ICME, *Technical Workshop: World Heritage and Mining, 21 - 23 September 2000, Gland, Switzerland* (Paris: UNESCO, 2001).

Wells, Roderick T., *Earth's Geological History: A Contextual Framework for Assessment of World Heritage Fossil Site Nominations* (Gland: IUCN, 1996).

二级文献

Association des anciens fonctionnaires de l'UNESCO (ed.), *L'UNESCO racontée par ses anciens* (Paris: UNESCO, 2006).

Batisse, Michel and Gérard Bolla, *The Invention of World Heritage* (Paris: Association of Former UNESCO Staff Members, 2005).

Cameron, Christina, "From Warsaw to Mostar: The World Heritage Committee and Authenticity," *Bulletin of the Association for Preservation Technology*, 39/2-3 (2008): 19-24.

Cameron, Christina, "The Evolution of the Concept of Outstanding Universal Value," *Conserving the Authentic: Essays in Honour of Jukka Jokilehto*, Nicholas Stanley-Price and Joseph King (eds) (Rome: ICCROM, 2009): 127-136.

Cameron, Christina and Mechtild Rössler, "Voices of the Pioneers: UNESCO's World Heritage Convention 1972-2000," *Journal of Cultural Heritage Management and Sustainable Development*, 1/1 (2011): 42-54.

Cameron, Christina and Mechtild Rössler, "The Shift Towards Conservation: Early History of the 1972 World Heritage Convention and Global Heritage Conservation," *Understanding Heritage: Perspectives in Heritage Studies*, Marie-Theres Albert, Roland Bernecker and Britta Rudolff (eds) (Berlin/Boston: De Gruyter, 2013), 69-76.

Von Droste, Bernd, "A Gift from the Past to the Future: Natural and Cultural World Heritage," in UNESCO, *Sixty Years of Science at UNESCO, 1945-2005* (Paris: UNESCO, 2006): 389-400.

Von Droste, Bernd et al., *Cultural Landscapes of Universal Value: Components of a Global Strategy* (New York: Gustav Fischer Verlag Jena, 1995).

Von Droste, Bernd et al. (eds), *Linking Nature and Culture: Report of the Global Strategy Natural and Cultural Heritage Expert Meeting, 25 to 29 March 1998, Amsterdam, Netherlands* (The Hague: UNESCO/Ministry of Foreign Affairs, 1998).

Francioni, Francesco, "Thirty Years on: Is the World Heritage Convention Ready for the 21st Century?," *The Italian Yearbook of International Law*, 12 (2002): 1-38.

Francioni, Francesco and Federico Lenzerini (eds), *The 1972 World Heritage*

Convention: A Commentary (Oxford: Oxford University Press, 2008).

Gillespie, Alexander, *Protected Areas and International Environmental Law* (Leiden/Boston: Martinus Nijhoff, 2008).

Hazen, Helen Diane, *The Role of the World Heritage Convention in Protecting Natural Areas* (St. Paul: University of Minnesota unpublished doctoral thesis, 2006).

Holdgate, Martin, *The Green Web: A Union for World Conservation* (London: Earthscan, 1999).

Van Hooff, Herman, "Monitoring and Reporting in the Context of the World Heritage Convention and its Application in Latin America and the Caribbean," in *Monitoring World Heritage, Shared Legacy, Common Responsibility Associated Workshops, 11 – 12 November 2002, Vicenza, Italy* (Paris: UNESCO World Heritage Centre, 2004): 32 – 38.

IUCN, *50 Years of Working for Protected Areas: A Brief History of IUCN World Commission on Protected Areas* (Gland: IUCN, 2010).

Jerome, Pamela, (ed.), "Special Edition on Authenticity," *Bulletin of the Association for Preservation Technology*, 39/2 – 3 (2008): 1 – 71.

Jokilehto, Jukka, "Considerations on Authenticity and Integrity in World Heritage Context," *City and Time*, 2/1 (2006): 1 – 16.

Jokilehto, Jukka, "World Heritage: Defining the Outstanding Universal Value," *City and Time*, 2/2 (2006): 1 – 10.

Jokilehto, Jukka, et al., *The World Heritage List: What is OUV? Defining the Outstanding Universal Value of Cultural World Heritage Properties* (Berlin: Hendrik Bässler Verlag, 2008).

Jokilehto, Jukka, *ICCROM and the Conservation of Cultural Heritage: A History of the Organization's First 50 Years, 1959 – 2009* (Rome: ICCROM, 2011).

Keune, Russell V., "An Interview with Hiroshi Daifuku," *CRM: The Journal of Heritage Stewardship*, 8/1 and 2 (2011): 31 – 45.

Labadi, Sophia, "A Review of the Global Strategy for a Balanced, Representative and Credible World Heritage List 1994 – 2004," *Conservation and Management of Archaeological Sites*, 7/2 (2005): 89 – 102.

Lemaire, Raymond, "Report of the President of ICOMOS Piero Gazzola 1965 – 1975: A Tribute to Piero Gazzola," *Thirty Years of ICOMOS* (Paris: ICOMOS, 1995).

McCormick, John, *Reclaiming Paradise: The Global Environmental Movement* (Bloomington: Indiana University Press, 1991).

McCormick, John, The Global Environmental Movement (Chichester: Wiley, 1995).

Maurel, Chloé, Histoire de l'UNESCO – les trente premières années, 1945 – 1974 (Paris: l'Harmattan, 2012).

Mitchell, Nora J., "Considering the Authenticity of Cultural Landscapes," *Bulletin of the Association for Preservation Technology*, 39/ 2 – 3 (2008): 25 – 32.

Musitelli, Jean, "Opinion: World Heritage Between Universalism and Globalization," *International Journal of Cultural Property*, 11/2 (2002): 323 – 336.

Pederson, Arthur, *Managing Tourism at World Heritage Sites: A Practical Manual for World Heritage Site Managers* (Paris: UNESCO World Heritage Centre, 2002).

Poisson, Olivier, "Le patrimoine mondial, trente ans," *Monumental, Revue scientifique et technique des monuments historiques*, 1 (2008): 8 – 12.

Pressouyre, Léon, *The World Heritage Convention, Twenty Years Later* (Paris: UNESCO, 1996).

Reeves, Richard, *President Nixon: Alone in the White House* (New York: Simon & Schuster, 2001).

Rosabal, Pedro and Mechtild Rössler, "A model of teamwork: El Vizcaino," *World Conservation*, 2 (2001): 21.

Rössler, Mechtild, "World Heritage Cultural Landscapes: A UNESCO Flagship Programme 1992 – 2006," *Landscape Research*, 31/4 (2006): 333 – 353.

Rössler, Mechtild, "Applying Authenticity to Cultural Landscapes," *Bulletin of the Association for Preservation Technology*, 39/ 2 – 3 (2008): 47 – 52.

Rössler, Mechtild, "La liste du patrimoine mondial en péril: un outil de la Convention de 1972," *Monumental*, *Revue scientifique et technique des monuments historiques*, 1 (2008): 33.

Shen, Juan, *Patrimoine et audiovisuel, l'enjeu de la médiation scientifique dans la communication des connaissances* (Paris: Université Panthéon-Assas Paris II doctoral thesis, 2010).

Smith, Laurajane, *The Uses of Heritage* (Abingdon: Routledge, 2006).

Stanley-Price, Nicholas and Joe King (eds), Conserving the Authentic: Essays in Honour of Jukka Jokilehto (Rome: ICCROM, 2009).

Stott, Peter H., "The World Heritage Convention and the National Park Service, 1962 – 1972," *The George Wright Forum*, 28/3 (2011): 279 – 290.

Stott, Peter H., "The World Heritage Convention and the National Park Service: The First Two Decades, 1972 – 1992," *The George Wright Forum*, 29/1 (2012): 148 – 175.

Stovel, Herb, "An Advisory Body View of the Development of Monitoring for World Cultural Heritage," in *Monitoring World Heritage, Shared Legacy, Common Responsibility Associated Workshops 11 – 12 November 2002, Vicenza, Italy* (Paris: UNESCO World Heritage Centre, 2002): 17 – 21.

Stovel, Herb, "Effective Use of Authenticity and Integrity as World Heritage Qualifying Conditions," *City and Time*, 2/3 (2007): 21 – 36.

Stovel, Herb, "Origins and Influence of the Nara Document on Authenticity," *Bulletin of the Association for Preservation Technology*, 39/ 2 – 3

(2008): 9-18.
Thorsell, Jim, *World Heritage Convention: Effectiveness 1992 - 2002 and Lessons for Governance* (Gland: IUCN, 2003).
Titchen, Sarah, On the Construction of Outstanding Universal Value: UNESCO's World Heritage Convention (Convention Concerning the Protection of the World Cultural and Natural Heritage, 1972) and the Identification and Assessment of Cultural Places for Inclusion in the World Heritage List (Canberra: Australian National University unpublished doctoral thesis, 1995).
Train, Russell E., "World Heritage: A Vision for the Future," *World Heritage 2002: Shared Legacy, Common Responsibility* (Paris: UNESCO World Heritage Centre, 2003).
Turtinen, Jan, *Globalising Heritage: On UNESCO and the Transnational Construction of a World Heritage* (Stockholm: Stockholm Center for Organizational Research, 2000).
UNESCO, *Investing in World Heritage: Past Achievements, Future Ambitions. A Guide to International Assistance* (Paris: UNESCO World Heritage Centre, 2002).
UNESCO, *Linking Universal and Local Values: Managing a Sustainable Future for World Heritage* (Paris: UNESCO World Heritage Centre, 2004).
UNESCO, *60 ans d'histoire de l'UNESCO. Actes du colloque international*, Paris, 16 - 18 novembre 2005 (Paris: UNESCO, 2007).
"UNESCO's World Heritage Sites: A Danger List in Danger," *The Economist*, 26 August 2010.
World Heritage 2002: Shared Legacy, Common Responsibility (Paris: UNESCO, 2003).

Many Voices, One Vision: The Early Years of the World Heritage Convention / by Christina Cameron & Mechtild Rössler / ISBN: 9781138248083

Copyright © 2013 Christina Cameron and Mechtild Rössler

Authorized translation from English language edition published by Routledge, part of Taylor & Francis Group LLC; All rights reserved; 本书原版由 Taylor & Francis 出版集团旗下 Routledge 出版公司出版，并经其授权翻译出版。版权所有，侵权必究。

Nanjing University Press is authorized to publish and distribute exclusively the Chinese (Simplified Characters) language edition. This edition is authorized for sale throughout Mainland of China. No part of the publication may be reproduced or distributed by any means, or stored in a database or retrieval system, without the prior written permission of the publisher. 本书中文简体翻译版授权由南京大学出版社独家出版并限在中国大陆地区销售。未经出版者书面许可，不得以任何方式复制或发行本书的任何部分。

Copies of this book sold without a Taylor & Francis sticker on the cover are unauthorized and illegal.

本书封面贴有 Taylor & Francis 公司防伪标签，无标签者不得销售。

江苏省版权局著作权合同登记　图字：10 - 2022 - 301 号

图书在版编目（CIP）数据

百川归海：《世界遗产公约》的诞生和早期发展 /（加）克里斯蒂娜·卡梅伦,（德）梅希蒂尔德·罗斯勒著；申玉彪，魏侠译. — 南京：南京大学出版社, 2022.11
 ISBN 978 - 7 - 305 - 26174 - 9

Ⅰ.①百… Ⅱ.①克… ②梅… ③申… ④魏… Ⅲ.①文化遗产—保护—国际条约—研究 Ⅳ.①G112

中国版本图书馆 CIP 数据核字（2022）第 179154 号

出版发行	南京大学出版社
社　　址	南京市汉口路 22 号　　邮　　编　210093
出 版 人	金鑫荣
书　　名	百川归海：《世界遗产公约》的诞生和早期发展
著　　者	［加拿大］克里斯蒂娜·卡梅伦（Christina Cameron）
	［德　国］梅希蒂尔德·罗斯勒（Mechtild Rössler）
译　　者	申玉彪　魏　侠
责任编辑	梁承露
校　　对	陈　明
照　　排	南京紫藤制版印务中心
印　　刷	徐州绪权印刷有限公司
开　　本	635×965　1/16　印张 22.5　字数 245 千
版　　次	2022 年 11 月第 1 版　2022 年 11 月第 1 次印刷
ISBN	978 - 7 - 305 - 26174 - 9
定　　价	135.00 元
网　　址	http://www.njupco.com
官方微博	http://weibo.com/njupco
官方微信	njupress
销售热线	(025)83594756

* 版权所有，侵权必究
* 凡购买南大版图书，如有印装质量问题，请与所购图书销售部门联系调换